·教育部经济管理类主干课程教材·

Zhengzhi Jingjixue

政治经济学

（第四版）

主 编 刘春生

中国人民大学出版社
·北京·

第四版前言

本书自 2009 年出版以来，深受广大读者厚爱，并于 2016 年进行了第三版的修订。自党的十九大以来，政治经济学研究与理论观点发生了许多引人瞩目的变化，为此，我们对本书进行重新修订和编写。本书第四版在坚持马克思主义基本理论、观点的基础上吸收了最新学术成果与分析方法，客观反映了当前政治经济学的新变化，以更好地适应新时期高等学校财经类专业教学的需要。

当代的政治经济学是一门具有中国特色的经济学科，它不但包含了马克思主义的研究成果，而且博采众长，兼收并蓄，积极从中国改革开放的经验中吸取营养，探讨在新的时代背景下，社会主义市场经济的发展模式与轨迹。本书吸收了党的十九大以来政治经济学的最新研究成果和理论观点，深刻反映了建设中国特色社会主义市场经济过程中的新情况与新变化。

本书撰写分工如下：刘春生、侯彦博负责全书的统稿定稿；刘春生、董文浩撰写修订了前言、导论；董文浩、栾奕、王梓萱负责第 1、2、3、6 章；李佳琪、刘迎新负责第 4、5、7 章；王宁、李佳亿、陈传昕、王世豪负责第 8、9、10、11 章。

本书在编写过程中得到了有关院校领导与教师的热心帮助，并参考借鉴了国内外一些专家学者的著述，在此一并致谢。

由于作者水平有限，书中难免有疏漏之处，望广大读者不吝指正。

编者

第一版前言

政治经济学是高等院校的马列理论课，也是高等财经院校经济和管理类专业的专业基础和核心课程。该课程的建设和发展对于高等财经教育具有基础性、先导性和前瞻性的意义和作用，始终是财经类学科专业建设的重点。

改革开放30年以来，中国的经济学教育发生了翻天覆地的变化。马克思主义政治经济学在众多经济学者的共同努力下，不仅内容体系更为完整丰富，同时也适应了时代日新月异的变化。马克思主义政治经济学是对当代两种社会经济制度运行规律的科学阐述，随着当代资本主义和社会主义不断出现新现象、新问题，政治经济学的教学内容也在发生着深刻的变化。中华人民共和国成立后，我国政治经济学的教学体系基本上沿用苏联的体系，资本主义部分基本上是照搬经典作家对当时资本主义的分析，社会主义部分的编写是在否认社会主义存在商品经济的前提条件下，从生产、流通、分配、消费几个环节论述计划经济的发展模式。20世纪70年代末，资本主义发生了很大变化，我国改革开放的实践也对理论本身提出了挑战，这时的政治经济学教材开始更多地探讨商品、货币等问题。随着改革开放的进一步深入，以及世界经济全球化的逐步加深，政治经济学的教学内容也做出了重大调整。可以说，当代的政治经济学是一门具有中国特色的经济学科，它不但包含了马克思主义的研究成果，而且博采众长，兼收并蓄，积极从中国改革开放的经验中吸取营养，探讨在新的时代背景下，社会主义市场经济的发展模式与轨迹。

为了更好地为社会主义建设培养具有坚定政治方向的合格人才，同时反映政治经济学教学改革的优秀成果，我们组织相关学者编写了这本教材。本书在广泛征求经济学界诸多大师学者意见的基础上汇集了众多教学与研究工作者的建议，他们严谨治学，勇于开拓，力求打造精品教材。参与本书编写工作的人员都是各大高校的学者精英，长期工作在政治经济学教学的前沿，具有雄厚的理论基础、丰富的实战经验和锐意进取的创新精神。

本书具有以下特点：首先，内容结构涵盖了高等院校政治经济学的全部知识要点，注重基本原理、理论和知识的讲解由浅入深，循序渐进。同时文字精练、逻辑严密、简洁易懂。其次，观点新颖。本书积极吸收国内外政治经济学关于资本主义和社会主义的最新研究成果，借鉴当代西方经济学的某些理论，强调原理的科学性、稳定性和预见性，坚持“不唯书、不唯上、不唯风”的精神，主张“思想应当解放而不僵化，学风应当严谨而不风化”。最后，紧跟时代步伐，资料数据反映了当代中国经济改革发展的伟大变化和社会主义市场经济建设的最新成果。

本书共分四部分。第一部分是导言，介绍政治经济学的研究对象、研究方法以及学习政治经济学的意义。第二部分是对商品经济的分析，阐述商品经济及其规律和社会化生产及其规律。第三部分是对资本主义经济的分析，阐明马克思主义政治经济学的基本原理，揭示资本主义的本质、矛盾和历史趋势，分析当代资本主义经济的新情况和新问题，阐明资本主义市场经济的运行机制、国家对经济的干预及国际经济关系。第四部分是对社会主义经济的分析，从社会主义初级阶段出发，阐述社会主义基本经济制度、社会主义市场经济的有关理论和一系列重大问题，如社会主义社会的经济发展、收入分配以及对外经济关系等。授课教师可以根据需要，自行选择上述内容进行教学。

本书撰稿分工如下：刘春生撰写前言、导论，并负责全书的统稿定稿；王建军负责第1、2、5、6、7章；刘春生、幸丽霞负责第4、9章；刘怡娟、姜艳霞负责第11章；谢京华负责第3、8、10章；刘怡娟负责本书的课后习题。

本书在编写过程中得到了有关院校领导与教师的热心帮助，并参考和借鉴了国内外一些专家学者的著述，在此一并致谢。

由于作者水平有限，书中难免有疏漏之处，望广大读者不吝指正。

编者

目　录

导　论

政治经济学的对象和任务

马克思主义政治经济学是马克思主义理论的重要组成部分。学习马克思主义政治经济学，首先要了解它的来源和产生发展的历史，要掌握它的研究对象和任务。

第一节　政治经济学的产生与发展

一、政治经济学的起源

政治经济学的产生是与资本主义生产方式的产生和发展分不开的。15 世纪的地理大发现促进了海外贸易的发展，也推动了西欧资本主义工商业的兴起。16、17 世纪，荷兰和英国先后爆发了资产阶级革命，为资本主义的发展开辟了道路。随着工业和贸易的迅速扩张，财富的生产和流通成为社会生活中越来越重要的一个方面，相关的理论探讨也逐步展开。从 15 世纪开始，欧洲先后出现了重商主义和重农主义经济理论，对财富的性质和来源等经济问题进行了研究。1776 年，英国学者亚当·斯密出版了《国民财富的性质和原因的研究》，首次对资本主义生产方式进行了系统的研究，标志着政治经济学作为一门独立的学科诞生了。

二、马克思主义政治经济学形成的历史背景、理论来源

马克思主义政治经济学形成于19世纪40年代到60年代。恩格斯于1843年底至1844年初写作了《政治经济学批判大纲》，为马克思主义政治经济学奠定了第一块基石。马克思于1844年开始研究政治经济学，他在《1844年经济学哲学手稿》中揭示了资本主义社会中劳动与资本的对立，开始对资本主义制度进行批判性研究。1847年，马克思在《哲学的贫困》一书中指出，经济范畴只不过是生产方面社会关系的理论表现，即其抽象，这表明他开始运用历史唯物主义原理研究经济问题。19世纪50年代马克思定居伦敦后，开始潜心研究政治经济学，在《1857—1858年经济学手稿》中，马克思已经建立了自己的绝大部分经济理论；1867年《资本论》第一卷的出版，标志着马克思主义政治经济学的形成。马克思主义政治经济学的形成，是资本主义发展的必然产物。

第一，资本主义生产方式的发展及其固有矛盾的激化，为马克思和恩格斯研究资本主义生产方式内在本质及其发展趋势提供了充分条件。18世纪末至19世纪中叶，英、法、德等国的产业革命使资本主义生产方式最终确立并彻底取代了封建主义生产方式。资本主义生产方式最初是适应生产力发展的要求的，它极大地推动了生产力的空前发展。但是随着生产力的不断发展，资本主义生产方式所固有的一系列矛盾也日益暴露、激化。1825年，英国爆发了资本主义历史上第一次经济危机，此后每隔8～10年就爆发一次。经济危机的反复爆发，表明资本主义制度已经发展到它的成熟阶段，它的矛盾和问题也充分暴露，这为马克思和恩格斯对资本主义制度的基本特征和发展趋势进行科学研究提供了充分条件。

第二，无产阶级力量的壮大及其与资产阶级的矛盾成为社会的主要矛盾，呼唤着无产阶级政治经济学理论的诞生。伴随资本主义生产方式的确立和资产阶级成为统治阶级，无产阶级与资产阶级的矛盾成为社会的主要矛盾。19世纪40年代在西欧先后爆发了英国的宪章运动、法国里昂的丝织工人起义、德国西里西亚的纺织工人起义，这些工人运动表明无产阶级作为独立的政治力量登上了历史舞台。无产阶级的革命实践呼唤着属于自己的革命理论的指导。

> 资本主义制度的基本特征是雇佣劳动制度，资本对劳动的强制和剥削必然导致资产阶级与无产阶级的矛盾。

第三，英国资产阶级古典政治经济学和空想社会主义思想为马克思主义政治经济学的产生提供了思想或理论来源。马克思、恩格斯继承了古典政治经济学的劳动价值论，并做了科学的修正和发展，把它作为自己理论的基础，同时他们也继承了空想社会主义的科学成分，批判了它们的空想因素，创立了马克思主义政治经济学。

三、马克思主义政治经济学的发展

马克思主义政治经济学是开放、发展的科学理论体系，它始终紧跟时代的步伐，根据时代条件的变化不断地发展和完善自己。从它产生至今的100多年里，一代又一代的马克思主义者将马克思主义政治经济学的基本原理与自身的实践相结合，并运用马克思

主义政治经济学所提供的世界观和方法论，对实际的社会经济问题进行了大量的理论思考，提出了许多创造性的理论和观点，极大地丰富和发展了马克思主义政治经济学。

列宁在19世纪末20世纪初，根据资本主义发展中出现的以垄断为突出特征的一系列新变化、新特点，提出了垄断是资本主义发展的最高阶段的著名论断，深刻分析了垄断资本主义的特征，创立了垄断资本主义或帝国主义理论。同时，他还通过对资本主义发展不平衡的深刻分析，提出了社会主义革命可以首先在一国或数国取得胜利的新结论。另外，列宁还对现实社会主义的经济关系实质和经济运行问题做了开创性研究。

斯大林在领导苏联社会主义建设的实践中，对社会主义经济建设的许多重大理论问题也做了新的探索。他提出公有制根据程度高低有全民所有制和集体所有制两种形式，这已经为许多社会主义国家的实践所证实。

以毛泽东同志为代表的中国共产党人将马克思主义的普遍原理同中国革命和建设的实践相结合，实现了马克思主义同中国实际相结合的第一次飞跃。他们根据中国半殖民地半封建社会的实际，创造性地提出了新民主主义革命的理论和纲领，以及社会主义改造和社会主义建设的有关理论，成功地指导了中国革命和建设。

以邓小平同志为代表的中国共产党人在深刻分析和把握当今国际局势以及资本主义、社会主义两大社会形态发展的新特点的基础上，结合我国改革开放和现代化建设的崭新实践，实现了马克思主义同中国实际相结合的第二次飞跃，创立了建设有中国特色社会主义理论，开创了我国社会主义建设新局面。

以江泽民同志为核心的中国共产党第三代中央领导集体，根据当今全球一体化的大形势以及中国改革开放的具体情况，提出了“三个代表”重要思想，实现了社会主义经济理论的一系列创新和重大发展。

以胡锦涛同志为核心的中国共产党第四代中央领导集体，把马克思主义基本原理和当前国际国内形势结合起来，审时度势，提出了坚持科学发展观，建设社会主义和谐社会的重大战略，实现了马克思主义政治经济学理论的又一次创新，成为新时期我国改革开放和社会发展的指导思想。面对极复杂的国内外经济形势和多样的经济现象提出必须牢固树立创新、协调、绿色、开放、共享的发展理念，加快构建开放型经济新体制，认识、适应并引领新常态，加强供给侧结构性改革，进一步丰富了中国特色社会主义政治经济学。

以习近平同志为核心的新一代党和国家领导人，根据国内外形势的变化，创造性地提出了习近平新时代中国特色社会主义思想，实现了马克思主义政治经济学原理的又一次创新，成为中国特色社会主义进入新时代的指导思想。面对愈加严峻的外部环境和我国经济发展进入新常态等一系列深刻变化提出统筹推进“五位一体”总体布局，协调推进“四个全面”战略布局，坚定道路自信、理论自信、制度自信、文化自信，贯彻绿色发展理念，为中国特色社会主义政治经济学注入了新的内涵。

由此可见，马克思主义政治经济学需要随着时代的变化而不断发展，它具有与时俱进的理论品质。

第二节　政治经济学的研究对象与任务

一、物质资料生产过程是政治经济学的起点

物质资料生产是人类社会生存与发展的基础，人类生存所必需的各种物质资料只有靠物质资料生产过程来提供，而一个社会的教育、科学、文化、卫生等非生产领域的发展乃至整个社会的进步也都有赖于物质资料生产部门劳动生产率的提高。人类最基本的社会关系和社会制度首先是在物质资料生产过程中形成的，在此之上才形成其他社会关系和制度。只有从物质资料生产过程出发，才能理解全部社会关系和各种制度。因此，物质资料生产过程是马克思主义政治经济学研究的出发点。

物质资料生产过程首先表现为劳动过程。劳动过程是人类使用劳动工具，作用于劳动对象，生产出所需的物质资料的过程。因此，劳动过程要顺利进行，必须具备三个基本要素：劳动者的劳动、劳动资料、劳动对象。劳动者的劳动是指劳动者耗费自己的体力和脑力改变自然物使之适合人类需要的有目的的活动。人能够生产的体力和脑力的总和，构成人的劳动力。劳动就是劳动力的支出，是人的体力和脑力的生产耗费。劳动对象是人们把自己的劳动加于其上的一切东西。它包括两类：一类是天然的劳动对象，如原始森林、地下矿藏等；另一类是已被劳动加工过的劳动对象，如生产家具用的木材、冶金用的矿石等，这部分通常被称为原料或原材料。劳动资料也叫劳动手段，是人们用来影响或改变劳动对象的一切物质资料。其中最主要的是生产工具，还有生产用的器具以及土地、厂房、仓库、道路等。上述三个要素中，劳动对象和劳动资料的总和就是生产资料，人的劳动表现为生产劳动，物质资料的生产过程或劳动过程就是生产的三个要素相结合发生作用的过程，生产过程的结果便是劳动产品。

物质资料生产过程包括相互联系、相互制约的四个环节：生产（直接的生产过程）、分配、交换、消费。其中生产是决定性的环节，生产的性质、对象、水平和规模决定着分配、交换、消费的性质、对象、水平、结构和规模，但分配、交换、消费对生产有反作用。它们既是生产的实现，又是生产连续进行的条件，分配、交换、消费对生产发展有重大影响。生产过程、分配过程、交换过程和消费过程共同构成物质资料生产的总过程，构成全部社会经济活动。

> 物质资料生产过程包括生产、分配、交换、消费。生产是起点，消费是终点。分配和交换是连接生产和消费的中间环节。

二、社会生产关系是政治经济学的研究对象

人类在物质资料生产过程中形成两种关系：一是人与自然的关系，二是人与人的关系。人与自然的关系，反映着社会的生产力水平。人类在多大程度上能够利用自然条件生产出自己需要的物质资料，既取决于自然资源的丰度，又取决于生产的技术水平。人与人

的关系，反映的是生产过程中不同地位的集团或个人之间的物质利益关系，也就是生产关系。人类生产活动的集体性质决定了人们在生产过程中必然会发生各种各样的联系。比如谁占有生产资料，谁来安排资源的使用，谁在哪个岗位上完成什么样的工作，谁决定产品的分配，按什么样的标准分配，等等。这些问题的解决方式界定了每个成员的经济利益，从而形成了人与人之间的经济关系。这些关系的总和就构成了社会生产关系。

生产关系包括三个层次的关系：一是生产资料所有制关系，这是生产关系最基本的内容，它决定生产关系其他内容的性质；二是劳动关系，就是人们在生产过程中的地位以及不同地位的劳动者之间的相互关系；三是产品分配关系。这三个层次的关系是相互联系、相互作用的。

生产关系又渗透在社会生产总过程的生产、分配、交换、消费四个环节之中，包括这四个环节中形成的全部经济关系。

政治经济学研究的是人类生产过程中形成的各种经济关系，也就是生产关系。

三、必须联系生产力和上层建筑来考察生产关系

生产力，即社会生产力，是人类利用、征服和改造自然并获取物质财富的现实的社会力量，它反映了生产过程中人与自然的关系。生产力由人的因素和物的因素构成。人的因素指劳动者，劳动者指具有一定劳动技能和生产经验，并实现物质资料生产的人，是生产力的首要因素，起着能动的主体作用；物的因素指生产资料，其中主要是生产工具。

> 生产力与生产关系之间存在着对立统一的关系。生产力决定生产关系，生产关系对生产力有反作用。

生产力是生产的物质内容，生产关系是生产的社会形式。生产力与生产关系之间存在着既相互统一又相互矛盾的对立统一关系。首先，生产力决定生产关系。生产力是社会生产过程中最活跃、最革命的因素，生产关系的具体形式必须适应生产力发展的要求，有什么样的生产力就要求有什么样的生产关系；生产力的发展变化必定引起生产关系的发展和变革。其次，生产关系对生产力有反作用，生产关系是生产力发展的社会条件，当生产关系适应生产力的发展状况时，会促进生产力的发展；当它不适应生产力的发展状况时，会阻碍生产力的发展。生产力与生产关系的矛盾是人类社会的基本矛盾，它推动着人类社会不断向前发展。

政治经济学研究生产关系，但生产关系是由生产力决定的，是受到上层建筑影响的，因此要揭示生产关系的内在本质和发展规律，就必须研究它们的相互关系。生产关系的具体内容是由生产力的具体状况决定的，离开了生产力是无法理解生产关系的性质的；生产力的累积和变化是生产关系变化发展的最终决定力量，不考虑生产力的变化发展，就不可能科学地揭示生产关系变化发展的一般规律；生产关系对生产力具有反作用，因而通过联系生产力来研究生产关系的变化发展，可以更好地促进生产力的发展。

一定社会中占统治地位的生产关系的总和构成该社会的经济基础，建立在一定经济基础之上并与该经济基础相适应的政治法律制度和社会意识形态构成社会的上层建筑。经济基础与上层建筑之间存在着对立统一的辩证关系。经济基础决定上层建筑，而上层建筑对

经济基础有反作用。这种反作用表现在：与现存经济基础相适应的上层建筑对经济基础的巩固和完善具有保护和促进作用，而当经济基础落后于生产力的发展时，上层建筑也会利用自身的力量维护这种落后的经济基础，延缓它的变革和瓦解，并阻碍新的适应生产力发展要求的经济基础的产生和扩展。上层建筑对经济基础的这种反作用，决定了我们必须联系上层建筑的具体形式来考察和理解特定的生产关系，只有如此，我们才能理解人类社会历史中生产关系变化发展的曲折性和复杂多样性。

当生产关系适应生产力的状况时，就能推动生产力的发展；反之，就会阻碍生产力的发展。

四、马克思主义政治经济学的研究任务

马克思主义政治经济学通过对社会生产关系的研究，揭示了客观经济规律。

经济规律是经济现象和经济过程中内在的、本质的、必然的联系，它体现着经济过程的必然趋势。如同其他规律一样，经济规律也是客观的，不以人的意志为转移。具体表现在：首先，经济规律是在一定的客观经济条件基础上产生的，并随着经济条件的变化而变化，这些客观条件的存在和变化都是不以人的意志为转移的。其次，经济规律的作用是客观的，不管人们承认与否、认识与否，它们始终按照自己的要求起作用，人们不能创造经济规律，也不能制定或任意改造它。任何人违背或是企图臆造经济规律，都会受到无情的惩罚。经济规律具有客观性，但这并不意味着人们在经济规律面前无能为力。人们在经济规律面前可以发挥主观能动性，这表现在：人们能够发现、认识和掌握经济规律，并学会正确地利用它们；人们通过研究各种条件下经济规律的作用，结合现存的经济条件，选择和利用经济规律中对自己有利的实现形式；人们还可以通过改变现存的经济条件，来限制某些经济规律发挥作用的范围。

马克思主义政治经济学就是要揭示生产关系产生、发展、变化的规律，即经济规律。

经济规律作为一种社会规律，具有不同于自然规律的一些特点：第一，自然规律大多是长久不变的，而绝大多数经济规律只在一定的社会历史阶段发挥作用。第二，自然规律可以离开人类的活动而独立存在并发挥作用，而经济规律是离不开人类活动的，任何经济规律最终都必须通过人类的经济活动才能得到体现。第三，自然规律是超阶级的，对所有人都一样。而经济规律由于涉及人类的社会活动，往往会对不同的人群产生不同的影响。在阶级社会，人们认识和利用经济规律都有一定的阶级背景，并与一定阶级或社会集团的利益相联系。

经济规律可以有多种划分方法。按经济规律形成的条件和作用范围的大小，可以分为三类：第一类是一切社会形态共有的普遍经济规律。这是在任何社会形态中都普遍起作用的经济规律，如生产关系一定要适合生产力性质的规律，劳动生产率不断提高的规律等。这类经济规律表现人类所有社会形态经济发展过程中最一般的、共同的本质联系。它们作为不同社会经济形态规律系统中的构成部分，在作用的形式上受到不同的规律系统的制约而表现出差别。第二类是若干社会形态共有的经济规律。这是在具有某种相同经济条件的几种社会形态中共同起作用的经济规律，如商品经济的价值规律、价格

规律、供求规律、竞争规律、货币流通规律等。这类规律表现几个社会形态经济运行过程中共同的内在联系。第三类是某一特定社会形态占支配地位的特有经济规律。这是只在某个特定社会形态中起支配作用的经济规律，如资本主义社会中的私人剩余价值规律、社会主义社会中的按劳分配规律。这类规律表现特定社会形态经济发展过程中特殊的本质联系。

第三节 政治经济学的研究方法

一、唯物辩证法

唯物辩证法是马克思主义政治经济学研究的根本方法。唯物辩证法认为，世界是普遍联系的，又是不断变化发展的，变化发展的根源在于事物内部和事物之间的矛盾，正是事物内部诸要素之间和事物之间矛盾的对立和斗争，推动着事物的发展变化。事物发展变化既有量变，也有质变，量变是事物变化的必要准备，质变是事物变化的必然结果，事物的发展变化是量变和质变不断交替的过程。事物的发展是一个否定之否定的过程，经过两次否定、三个环节，事物的运动发展表现出一定的曲折性和循环性。事物的发展不是直线式的，而是波浪式前进，螺旋式上升。

唯物辩证法作为认识世界和研究问题的基本方法，在马克思主义政治经济学研究中得到生动体现。政治经济学要研究生产关系及其运动规律，揭示人类社会经济形态的发展变化，就必须运用矛盾分析方法，从研究和揭示不同社会生产关系的内在矛盾及其运动入手。马克思所创立的政治经济学，正是从剖析资本主义社会的经济细胞——商品入手，从一般商品生产和商品交换的矛盾到资本主义商品生产和商品交换的矛盾，从资本主义经济运行过程中的矛盾到资本主义经济制度本身的矛盾，层层深入地揭示出现代社会的一切矛盾或一切矛盾的胚芽，并由此论证了资本主义必将由社会主义所取代的客观历史趋势。

二、历史唯物主义方法

历史唯物主义方法是马克思和恩格斯的伟大贡献。马克思和恩格斯把复杂的社会现象从本质上归结为经济关系，即生产关系，并进一步把生产关系的变化归结为生产力的发展变化，从物质资料生产过程出发，理解和把握全部的经济关系以及相应的政治关系和社会关系。马克思和恩格斯没有把人类社会看作一幅静止不动的图画，而是看作一个不断变化发展的过程，并把社会发展的基本动力归结于生产力和生产关系的矛盾运动，从而揭示了社会发展的一般规律。马克思还揭示了阶级矛盾和斗争在私有制社会中的重要作用。他指出，有产阶级和无产阶级之间的冲突和斗争贯穿于阶级社会的始终，是阶级社会发展的直接动力，这为透过私有制经济的各种复杂的表面现象来把握其本质提供了有力的分析工具。

历史唯物主义方法还注重从生产力、上层建筑同生产关系的作用与反作用的内在联系中，阐明生产关系变化机制及其发展规律，注重对经济权利、经济制度及其历史变迁的研究。这种具有历史纵深感的经济学分析方法，同资产阶级政治经济学从抽象的“经济人”出发，舍弃各种复杂的社会现实，简单地运用逻辑推理试图建立一套超越社会制度的经济理论的研究方法相比，无疑更为科学和合理。

三、科学抽象法

所谓科学抽象法，是指通过对大量丰富而复杂现象的分类和归纳，舍弃表面的、偶然的因素，从中抽象出具有一般性和长久性的本质因素的研究方法。科学抽象在认识中有重要作用。任何科学，如要揭示事物的本质，都必须经过科学的抽象过程，对经济研究而言尤其如此。这是因为分析经济问题既不能用显微镜，也不能用化学试剂，两者都必须用抽象力来代替。这里所说的“抽象力”，指的就是人们运用头脑对所研究对象的抽象思维能力。运用这种能力进行科学抽象的过程，也就是毛泽东所说的从感性认识上升到理性认识的过程，即将丰富的材料加以去粗取精，去伪存真，由此及彼，由表及里，以便形成概念和理论的系统过程。例如，马克思在《资本论》中通过对利润、利息和地租等资本主义社会的各种剥削形式的科学抽象，提出了“剩余价值”这一概念，从而揭示了资本家剥削雇佣工人的资本主义生产的本质和资本主义剥削的根源。

四、分析与综合、历史与逻辑相统一的方法

分析与综合相统一，就是先将现象或问题的各个组成部分加以分解，研究每个部分的性质和作用，然后将这些组成部分按照事物的本来面目合成一个有机整体，对事物的总体性质和功能进行研究的方法。没有分析，对事物的认识就无法深化；没有综合，就不可能把握事物的全貌。把分析与综合结合起来，才能科学地揭示事物的构造、性质和功能。马克思对资本主义制度的分析，就成功地运用了分析与综合相统一的方法。马克思首先分析了资本主义生产过程，然后研究了资本主义流通和分配过程，最后把资本主义生产和流通结合起来，从总体上进行分析，揭示了资本主义制度的一般特征和历史命运。

所谓历史与逻辑相统一，就是在认识事物或现象的过程中，既要从事物发展的历史过程出发，找出它产生、演变和发展的脉络，又要对事物进行抽象，按照范畴或概念的逻辑关系，进行合理的推理和演绎。历史从哪里开始，思维过程也应从哪里开始，但历史经常出现跳跃或曲折，这就必须运用逻辑的方法。它可以摆脱直观的历史形式和起扰乱作用的偶然性，进行逻辑推理。不过，这又不能是脱离历史过程的纯粹抽象推理。它必须结合历史由低级到高级的发展，通过思维推理，以概括的理论形式，从简单概念到复杂概念，重现历史的真实。所以，这种逻辑的研究方法与历史的研究方法是有机统一的。

除此之外，在政治经济学的研究中，还需要运用规范方法和实证方法相结合以及定性分析和定量分析相结合等认识手段，甚至可以适当借鉴系统论、伦理学和心理学等某些方法和范畴。所有这些共同构成了马克思主义政治经济学的方法论体系。马克思正是彻底批判了资产阶级经济学家的唯心论和形而上学，出色地运用了这些方法论，才成功地创建了工人阶级的政治经济学。当代马克思主义政治经济学也要贯彻和发展这一科学的方法论体系。

第四节 学习政治经济学的意义

政治经济学是一门科学，科学的理论不仅可以帮助人们正确地认识和理解世界，还能够指导人们利用规律合理地改造世界。马克思主义政治经济学是马克思和恩格斯等无产阶级学者运用科学方法研究资本主义制度，总结各个历史时期社会主义实践经验，在此基础上建立的科学理论体系，它对于我们正确地认识资本主义、正确地认识社会主义，以及处理和解决经济生活中的各种问题都具有重要的指导意义。

第一，马克思主义政治经济学是认识当代资本主义的科学理论武器。马克思写作《资本论》的时候，资本主义还处于自由竞争时期。今天的资本主义与150多年前相比，已经发生了明显的变化。科学技术的发展创造出巨大的生产力，资本主义社会的生产方式、流通方式乃至生活方式都相应地发生了巨大的变化。尽管如此，作为资本主义制度基本要素的资本主义私人占有方式、市场经济以及雇佣劳动制度并没有发生改变，所以马克思和恩格斯关于资本主义制度的基本理论仍然适用。当代资本主义表现出前所未有的复杂性、多样性和易变性，如果仅从表面现象出发，我们是很难对资本主义制度有一个正确的、清醒的认识的。通过学习马克思主义政治经济学，我们可以了解和掌握资本主义制度最本质的东西，并学会透过资本主义纷繁复杂的社会现象，寻找其一般的、制度性的因素，从而帮助我们正确认识当代资本主义的本质及其发展趋势。

第二，马克思主义政治经济学也是正确认识社会主义现实的理论指南。社会主义由理想变为现实，已经有100多年了。其间社会主义有过发展高潮，但自20世纪90年代以来，社会主义步入了低谷，苏联解体和东欧剧变，使社会主义面临着前所未有的严峻挑战。在这种局势下，许多人对社会主义产生了疑惑，甚至产生了怀疑和动摇，这就要求我们必须从理论上对社会主义是否比资本主义具有优越性，社会主义是否具有生命力这样的问题给出充分的答案。要做到这一点，我们必须立足现实，同时必须认真学习和深刻领会马克思主义政治经济学的有关理论，认清资本主义制度为少数资本家服务这一本质，认清它的矛盾和问题，认清它的历史局限性，认清社会主义制度取代资本主义制度的历史必然性，同时也要认识到社会主义取代资本主义是一个漫长的历史过程，其间出现曲折和反复是历史发展的正常现象，这样才能站得更高，看得更远，才不会被一时的现象所迷惑。

第三，马克思主义政治经济学是我们党制定正确的经济发展战略、路线和政策的重要指导思想，对于我们处理和解决日常生活中面临的一些经济问题也具有指导意义。党的十一届三中全会以来，我国开始了全面的经济改革。从承包制到股份制，从有计划的商品经济到社会主义市场经济，所有这些改革和发展都是在马克思主义政治经济学的基本理论指导下进行的。我们始终坚持社会主义公有制的主体地位不动摇，这就保证了我们改革的社会主义性质，也保证了改革稳步顺利进行，避免了像苏联那样使国家解体、民族分裂、经济滑坡、社会动荡的改革。在结合现实的基础上学习马克思主义政治经济学，我们更能够体会到其理论的科学性对指导实践的重要性。

马克思主义政治经济学揭示了商品经济的一般特征，揭示了市场经济运行的一般规律，这有助于我们解决日常生活中遇到的一些经济问题。例如，马克思对商品价格运动规律的分析，有助于我们理解市场上商品价格的运动和变化，并根据条件的变化，做出对自己有利的决策；马克思关于市场经济条件下企业有效经营需要满足的条件的分析，对于企业经营者降低经营成本、提高经济效益具有一定的帮助。

本章小结

1. 马克思主义政治经济学的来源及其产生、发展是资本主义生产方式发展的必然产物，马克思主义政治经济学的理论来源是古典政治经济学和空想社会主义。

2. 马克思主义政治经济学的研究对象是生产关系，必须联系生产力和上层建筑来研究生产关系。

3. 马克思主义政治经济学研究的任务是揭示经济规律。唯物辩证法是马克思主义政治经济学研究的根本方法。

练习与思考

一、名词解释

生产关系　　生产力　　生产方式　　经济基础

上层建筑　　辩证唯物主义　　历史唯物主义

二、不定项选择题

1. 生产关系是人们在生产过程中结成的（　　）。

A. 人与自然的关系　　B. 人与人的物质利益关系

C. 分工协作关系　　D. 管理和被管理的关系

2. 下列现象中属于上层建筑的有（　　）。

A. 生产资料所有制形式　　B. 政治法律制度

C. 社会风俗习惯　　D. 社会意识形态

E. 国家政权

三、问答题

1. 为什么说马克思主义政治经济学具有与时俱进的理论品质？

2. 如何理解生产关系？为什么要从物质资料生产过程出发研究生产关系？

3. 研究生产关系为什么必须联系生产力和上层建筑？

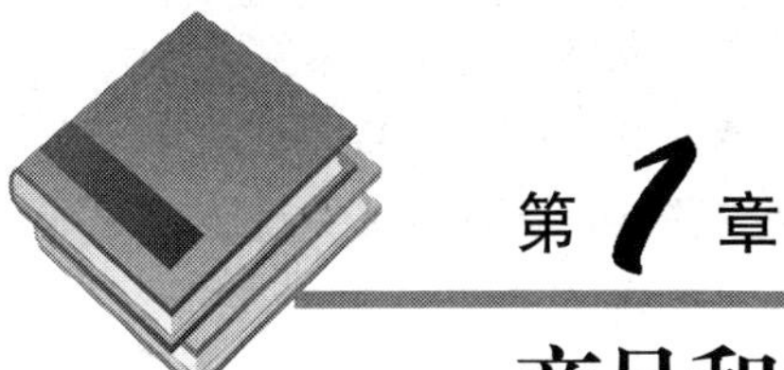

第1章 商品和价值

马克思主义政治经济学的分析是从商品开始的，因为商品是商品经济社会的组成细胞，通过对它的研究可以窥见市场经济中社会经济关系的基本内容。商品经济作为人类互相交换劳动的一种经济形式，早在原始社会末期就已出现，它历经几种不同的社会形态，出现过诸如简单商品经济、资本主义商品经济和社会主义商品经济等几种不同类型。虽然不同类型的商品经济各有其特点，但又有共同的一般特征和运动规律。

第一节　商品及其内在矛盾

一、商品的二因素：使用价值和价值

商品是用来交换的劳动产品，具有使用价值和价值两个因素或两种属性，是使用价值和价值的统一。

（一）使用价值

使用价值就是物品的有用性，即物品能够满足人们某种需要的属性。商品的使用价值是由它的自然属性决定的，自然属性不同，其使用价值也就不同。如粮食可以充饥，衣服可以御寒。同一种商

品也可以有多种使用价值，如煤可以作为燃料，也可以作为化工原料等。而且，随着科学技术的进步和生产力的发展，同一商品的多种使用价值不断为人们所认识。

> 商品的定义表明：商品既不完全等同于一般物品，它是劳动产品；也不等同于一切劳动产品，只有用来交换的劳动产品才能成为商品。

由于使用价值是由商品的物理、化学、生物等自然属性决定的，所以它并不是商品所特有的，而是一切物品共有的。无论在什么社会制度下，使用价值总是构成社会财富的物质内容，是人类社会赖以生存和发展的物质基础。使用价值本身并不反映人们之间的社会生产关系。

使用价值是商品必须具备的一个因素或一种属性。但是，并非一切具有使用价值的物品都是商品。有用的物品要成为商品，还必须用来交换，即具有交换价值。与一般物品的使用价值相比，商品的使用价值具有特殊性：第一，它必须是劳动产品的使用价值。第二，它必须是满足他人需要或社会需要的使用价值。第三，它必须通过交换使使用价值转移到社会上需要它的人手中。这样，商品的使用价值就成了交换价值的物质承担者。

（二）交换价值和价值

商品的交换价值是商品能够通过买卖和其他商品相交换的属性，交换价值表现为一种使用价值同另一种使用价值相交换的量的关系或比例。例如，1 只羊能换 2 把斧子，这只羊的交换价值就是 2 把斧子。在市场上，由于一种商品可以和多种其他商品相交换，因而就会有多种交换价值。而且，各种商品相交换的比例还会因时因地不断发生变化。因此，商品的交换价值要以商品的不同使用价值为前提，但它们在质上又不能相互比较。这是因为不同商品的使用价值在质上是不同的，不同质的东西在量上是无法进行比较的。不同的使用价值之所以能以一定的比例进行交换，是因为在各种使用价值的背后，存在着一种共同的东西，这种共同的东西只有量的差别，而在质上是相同的，这种同质的东西就是价值。

如果把商品体的使用价值抽去，也就是把商品体的自然属性抽去，就只剩下一个属性，即它们作为人类劳动产品，都是无差别的人类劳动的自然凝结，都耗费了一定的人类劳动。正是由于一切商品中含有共同的东西——价值，它们才可以按照一定的量的比例相交换。价值体现商品生产者之间相互比较和交换劳动的经济关系，是商品的社会属性。作为价值，各种商品在质上都是相同的，只有量的差别，因而可以进行比较和交换。所以，价值是交换价值的基础或内容，交换价值是价值的表现形式。商品的价值是内在的、抽象的，不能自己表现出来，只有通过与另一种商品相交换，才能获得表现，而交换价值则是外在的具体表现形式。价值是一种绝对量，而交换价值是一种相对量，即通过两种商品的价值比较而相对地表现出来的量，它可以与价值相一致，也可以随着供求关系的变化而与价值背离。因而，商品所具有的两个因素或两种属性，不是使用价值和交换价值，而是使用价值和价值。任何有用的物品都具有使用价值，但只有当这种物品作为商品交换时，才具有价值。所以，价值是商品的本质属性。

（三）使用价值和价值的关系

使用价值和价值是商品的两个因素或属性，两者之间存在着相互依存、相互对立的对立统一关系。

> 商品是使用价值和价值的统一体。

一方面，商品的使用价值与价值是统一的，互相依存，缺一不可。价值的存在要以使用价值的存在为前提，凡是没有使用价值的东西，即使人们为了它付出了大量的劳动，也不会有价值。因此，使用价值是价值的物质承担者，价值存在于商品的使用价值之中。

另一方面，使用价值和价值又是互相对立、互相排斥的。使用价值反映了商品的自然属性，而价值则反映了人们互相交换劳动的社会属性。使用价值并不以价值的存在为前提，这是因为一切有用的物品虽然都有使用价值，但不是一切有用的物品都具有价值。商品生产者生产的目的是获得价值，而为了获得价值，就必须生产自己不需要的使用价值。在交换过程中，使用价值和价值进行着相反的运动。任何人都不可能在占有商品使用价值的同时，又占有商品的价值。由此可见，商品的使用价值和价值对同一商品生产者来说是互相分离的，二者不可兼得。只有通过商品交换，把商品卖出去，才能使商品生产者实现商品的价值，使商品的消费者获得使用价值，从而商品的内在矛盾才能得以解决。

二、生产商品的劳动二重性：具体劳动和抽象劳动

> 商品有使用价值和价值二重性，是因为生产它的劳动有二重性：具体劳动和抽象劳动。

商品的二因素或属性是由生产商品的劳动二重性决定的。劳动二重性指的就是生产商品时耗费的具体劳动和抽象劳动。

（一）具体劳动

具体劳动是指人们在各种特定的具体形式下所进行的劳动。人们在生产商品的劳动过程中，由于劳动目的、劳动对象、操作方法和使用的劳动资料各不相同，因而生产的使用价值也各不相同。例如，木匠为了制作某种木制品，其劳动对象是木料，使用的工具是斧子、锯子、刨子等，经过特定的制作过程生产出满足人们需要的产品。而裁缝的劳动与木匠的劳动在具体形态上完全不同，从而生产出完全不同的服装。因此，具体劳动创造商品的使用价值。

各种具体劳动，由于质的差别，可以进行分类，从而形成不同的部门或行业，即形成了社会分工。具体劳动的种类和形式随着社会生产力的发展、科学技术的进步和人们需求的改变而不断地发生变化。

具体劳动“并不是它所生产的使用价值即物质财富的唯一源泉”[①]。具体劳动只有同自然物质相结合，才能创造出使用价值。具体劳动体现了劳动的自然属性，反映了人和自然的关系，是人类社会存在与发展的永恒条件。

（二）抽象劳动

生产商品的劳动，从劳动的抽象形态看就是抽象劳动。生产商品的劳动除了质的差别

---

① 马克思，恩格斯．马克思恩格斯全集：第23卷．北京：人民出版社，1972：57.

和具体形式不同外，还有共同的、同质的一面。这就是不管劳动的具体形式如何，它们都是人类劳动力的支出，即人们体力和脑力劳动的支出。无论是木匠还是裁缝，他们在劳动过程中都要消耗劳动力，消耗自己的体力和脑力。这种撇开劳动的具体形式的无差别的一般人类劳动就是抽象劳动。抽象劳动形成商品的价值，反映了人与人之间的社会关系，是劳动的社会属性。各种不同的商品之所以能互相比较，彼此交换，就是由于这些商品中都凝结着抽象的、无差别的一般人类劳动，都具有价值。

（三）具体劳动和抽象劳动的关系

具体劳动和抽象劳动是生产商品的劳动二重性。生产商品的劳动，一方面是与生产其他商品不同的具体劳动，另一方面又是与生产其他商品相同的抽象劳动。正是这种生产商品的劳动二重性决定了商品的二因素：具体劳动产生使用价值，抽象劳动形成价值。正如马克思所指出的："一切劳动，从一方面看，是人类劳动力在生理学意义上的耗费；作为相同的或抽象的人类劳动，它形成商品价值。一切劳动，从另一方面看，是人类劳动力在特殊的有一定目的的形式上的耗费；作为具体的有用劳动，它生产使用价值。"[①]

具体劳动和抽象劳动存在着对立统一的辩证关系。从统一性方面来看，具体劳动和抽象劳动是生产商品同一劳动的两个方面，而不是两种劳动或两次劳动。没有具体劳动也就没有抽象劳动，抽象劳动存在于具体劳动之中。具体劳动创造使用价值的过程，同时又是抽象劳动形成价值的过程。所以，具体劳动和抽象劳动是同时包含在生产商品的同一劳动过程之中的。从对立性方面来看，具体劳动和抽象劳动又是矛盾的、不同的。具体劳动是特殊的千差万别的劳动，是劳动的具体形式，反映人与自然之间的关系，是劳动的自然属性。具体劳动作为人类社会存在和发展的基础，是一个永恒的范畴。而抽象劳动则是劳动的社会属性，是商品生产所特有的范畴，商品生产的历史性，决定了形成价值的抽象劳动的历史性。

（四）劳动二重性学说的重要意义

生产商品的劳动二重性是马克思首先揭示并进行论证的，是理解马克思主义政治经济学的枢纽。

首先，劳动二重性学说为劳动价值论奠定了坚实的、科学的理论基础。虽然在马克思之前的古典政治经济学家提出了劳动创造价值的学说，但是他们都不理解形成价值的劳动的特性和实质，因此碰到许多无法解决的矛盾，从而不能形成科学的理论。只有马克思在劳动二重性的基础上科学地论证了什么劳动形成价值、在什么条件下形成价值以及价值的实质和价值量决定等一系列问题，才使劳动价值论建立在科学的基础上。

其次，劳动二重性学说也为剩余价值理论奠定了科学基础。马克思正是运用了劳动二重性学说，才把资本主义生产过程区分为劳动过程和价值增值过程，从而揭示出剩余价值的真正来源，披露了资本家剥削的秘密。

最后，劳动二重性学说还为其他一系列政治经济学理论提供了理论依据。马克思正是

① 马克思，恩格斯．马克思恩格斯全集：第23卷．北京：人民出版社，1972：60．

从科学的劳动价值论出发，在剩余价值理论的基础上，创立了资本有机构成理论、资本积累理论、资本主义再生产理论等，从而建立起科学的政治经济学体系。

三、个别劳动和社会劳动

在商品生产过程中，一方面，由于不同的生产者都具有自己独立的利益要求，生产什么、生产多少、如何生产完全是各个生产者的私事，劳动产品也归私人占有和支配，使得生产商品的劳动具有私人劳动的性质，形成个别劳动。另一方面，由于社会分工的存在和发展，每个商品生产者生产的商品都是为了满足他人的需要，而自己所需要的商品也总是靠他人供给，这就使商品生产者之间互相联系、互相依存。因而，商品生产者的劳动是社会总劳动的一部分，具有社会劳动的性质，形成社会劳动。

劳动产品之所以采取商品的形式或劳动之所以采取价值的形式，是由个别劳动和社会劳动的矛盾决定的。个别劳动和社会劳动的对立在商品生产中表现为具体劳动和抽象劳动的对立，进而产生使用价值和价值的对立。这就是马克思所说的“商品内在的使用价值和价值的对立，私人劳动同时必须表现为直接社会劳动的对立，特殊的具体的劳动同时只是当作抽象的一般的劳动的对立，物的人格化和人格的物化的对立，——这种内在的矛盾在商品形态变化的对立中取得了发展的运动形式”①。

在商品经济条件下，个别劳动要转化为社会劳动必须经过市场交换。或者说，商品经济的内在矛盾产生于商品生产过程，而矛盾的解决则是在商品流通过程（市场）。个别劳动能否成为社会劳动，就要看个别劳动的产品能否为市场即流通过程所接受。

商品进入市场并被市场所接受，对商品生产者来说，具有决定性的意义。商品生产者的个别劳动能否转化为社会劳动，以及在多大程度上为社会所承认，直接关系到商品生产者的命运。如果商品生产者的商品卖不出去，他的个别劳动就不能得到补偿，商品生产者就可能破产。如果商品只能卖出一部分，商品生产者的个别劳动就不能全部转化为社会劳动，就会出现亏损，在竞争中就处于不利地位。

第二节　商品的价值量

商品的价值不仅有质的规定，还有量的规定，是质与量的统一。从质的方面来看，商品的价值是无差别的一般人类劳动的凝结。从量的方面来看，商品的价值是由凝结在商品中的劳动量决定的。劳动量是由劳动时间来衡量的，因为劳动时间是衡量劳动量的天然尺度。因此，商品的价值量取决于生产商品的劳动时间，商品的价值量与生产商品的劳动时间成正比。

---

① 马克思，恩格斯. 马克思恩格斯全集：第23卷. 北京：人民出版社，1972：133.

一、个别劳动时间和社会必要劳动时间

虽然商品的价值量是由生产商品的劳动时间决定的，但是，由于不同商品生产者生产商品的主客观条件不同，生产同种商品实际耗费的劳动时间即个别劳动时间也各不相同。个别劳动时间是指个别商品生产者生产某种商品实际耗费的劳动时间。由个别劳动时间形成的价值是商品的个别价值。商品的价值量并不是由各个商品生产者所耗费的个别劳动时间决定的。如果商品的价值量由个别劳动时间决定，那么商品生产就会鼓励懒惰、落后，生产力也就无从发展。

社会必要劳动时间是在现有的社会正常的生产条件下，在社会平均的劳动熟练程度和劳动强度下制造某种使用价值所需要的劳动时间。

商品的价值量是由生产某种商品的社会必要劳动时间决定的，“社会必要劳动时间是在现有的社会正常的生产条件下，在社会平均的劳动熟练程度和劳动强度下制造某种使用价值所需要的劳动时间”[①]。社会必要劳动时间必须满足以下两个条件：一是生产的客观标准条件，即在当时同一生产部门里生产大多数产品所具有的生产条件，其中最主要的就是劳动工具。二是生产的主观标准条件，即在当时同一生产部门里生产大多数产品所达到的平均劳动熟练程度和劳动强度。所以，决定商品价值量的社会必要劳动时间，不但由现有的社会正常生产条件决定，而且由社会平均的劳动熟练程度和劳动强度决定。

社会必要劳动时间对于商品生产者来说是至关重要的。如果商品生产者生产单位产品的个别劳动时间高于社会必要劳动时间，那么多余的劳动耗费将不会被社会所承认，也得不到补偿，在市场竞争中会处于不利地位，就会亏损甚至破产。如果商品生产者生产单位商品的个别劳动时间低于社会必要劳动时间，而商品生产者仍按照社会必要劳动时间决定的价值量出售他的商品，在竞争中就会处于有利地位，并能获得更多的收益。例如，在社会标准生产条件下，同样生产一匹布，不同的商品生产者花费的劳动时间分别为 4 小时、6 小时、8 小时，假定 6 小时是社会必要劳动时间，结果，花费 4 小时的商品生产者用 4 小时创造了相当于 6 小时的价值，这意味着该生产者可以得到 2 小时的额外收入；而花费 8 小时的商品生产者用 8 小时创造了只相当于 6 小时的价值，这意味着该生产者有 2 小时的劳动没有得到社会认可。因此，社会必要劳动时间刺激商品生产者改进技术，提高社会劳动生产率，促进社会生产力的发展，对于商品经济的发展起着十分重要的作用。

二、简单劳动和复杂劳动

生产商品的劳动有简单劳动和复杂劳动之分。简单劳动是指事先不需要经过专门训练和学习，一般劳动者都能胜任的劳动。复杂劳动是指事先需要经过专门训练和学习，具有

---

① 马克思，恩格斯．马克思恩格斯全集：第 23 卷．北京：人民出版社，1972：52.

一定文化知识和技能的劳动者才能从事的劳动。

简单劳动和复杂劳动的区别不是由自然的或生理的条件决定的，而是由社会条件特别是由社会分工和科技发展水平的差别决定的。所以，复杂劳动和简单劳动的区别是相对的。随着科学技术的发展以及文化教育水平的提高，过去的复杂劳动现在可能已经或正在变成简单劳动。复杂劳动和简单劳动在不同的国家（地区）和不同的文化时代，具有不同的衡量标准。但在同一个国家的一定时期内，它们的衡量标准又是相对稳定的。

商品的价值量是由生产这种商品的社会必要劳动时间决定的，如果社会必要劳动时间是以简单劳动为计量尺度的，那么在计算复杂劳动所创造的价值量时，就应当把复杂劳动折合为多倍的简单劳动。马克思认为："比较复杂的劳动只是自乘的或不如说多倍的简单劳动，因此，少量的复杂劳动等于多量的简单劳动。"① 这是因为，复杂劳动"是这样一种劳动力的表现，这种劳动力比普通劳动力需要较高的教育费用，它的生产要花费较多的劳动时间，因此它具有较高的价值。既然这种劳动力的价值较高，它也就表现为较高级的劳动，也就在同样长的时间内物化为较多的价值"②。

同一时间内复杂劳动创造的价值多倍于简单劳动创造的价值会发生在两种场合：一是在不同商品之间的比较，复杂劳动创造的产品价值高于简单劳动创造的产品价值；二是在同一产品生产中不同劳动者之间的比较，复杂劳动者比简单劳动者在同一时间内创造更高的价值。由于存在复杂劳动和简单劳动的差别，相应地产生复杂劳动者和简单劳动者的收入分配差距也就理所应当了。

三、劳动生产率和商品价值量的关系

劳动生产率是指劳动者在一定时间内生产某种使用价值的效率，通常用单位劳动时间内生产的产品数量表示，也可用生产单位产品所耗费的劳动时间来表示。在同一时间内生产的产品数量越多，或生产单位产品所耗费的劳动时间越少，劳动生产率就越高；反之，则越低。劳动生产率的高低取决于多种因素，其中主要有：劳动者的平均熟练程度，科学的发展水平及其应用程度，生产过程的社会结合，生产资料的规模和效能，以及自然条件，等等。上述因素对劳动生产率的影响程度，随着生产部门性质的不同而不同，也随着科技发展水平的不同而不同。例如，自然条件这一因素的影响，在农业和采掘业中，比在加工工业中要大得多。当现代科技广泛地应用到农业和采掘业时，自然条件的作用便相对减弱。

劳动生产率和商品价值量有着密切的关系。马克思认为："不管生产力发生了什么变化，同一劳动在同样的时间内提供的价值量总是相同的。"③ 可见，商品价值量只同劳动时间相关。在同样的劳动时间内具有较高生产率的劳动者，相对于生产率较低的劳动者而

① 马克思，恩格斯．马克思恩格斯全集：第23卷．北京：人民出版社，1972：58.

② 同①223.

③ 同①60.

言，可以创造更多的使用价值，但这并不意味着较高生产率的劳动者能够创造更多的价值。这是因为提高劳动生产率只是指同一劳动时间内创造了更多的使用价值，而在同一劳动时间内仍然凝结着相同的价值总量。劳动生产率的高低会使单位使用价值中凝结着不同的价值量，生产率较高的劳动者生产的单位产品中的价值少于生产率较低的劳动者生产的单位产品价值。例如，原来生产1匹布需要8小时，每匹布的价值是8小时劳动，而当生产率提高时，8小时能够生产2匹布，使用价值增加了1倍。从价值总量来看，仍然是8小时的劳动，但是每匹布的价值下降了，它已经不再包含8小时劳动，而只有4小时劳动。

由此可见，劳动生产率越高，单位时间内生产的商品数量越多，则生产每一单位产品所需要的劳动时间便越少，从而单位时间内生产的商品的价值量便越小。反之，劳动生产率越低，单位时间内生产的商品数量越少。劳动生产率同商品的使用价值成正比，同商品的价值量成反比。需要指出的是，这里所说的影响社会必要劳动时间从而影响商品价值量的劳动生产率，指的是部门平均劳动生产率。如果部门平均劳动生产率不变，只是个别企业劳动生产率发生变化，那么单位商品的价值量不变。但是，就同一个部门内部的各个生产者而言，个别劳动生产率高于部门平均劳动生产率的生产者，他生产的商品所包含的个别劳动时间少于社会必要劳动时间，但在市场上仍然按由社会必要劳动时间决定的价值量出售，所以能够获得更多的收益。

第三节　市场经济和价值规律

一、市场经济

市场经济是指通过市场机制对资源配置起决定性作用的经济，即通过价格和市场体系对个人和企业的经济活动进行协调，实现资源优化配置的一种经济运行方式。市场经济是在商品经济基础之上发展起来的，是商品经济发展的高级阶段。市场经济的一般规定性主要表现在：(1) 一切经济活动都被直接或间接地纳入市场关系之中；(2) 企业是自主经营、自负盈亏、自我发展和自我约束的市场主体；(3) 政府不直接干预企业的生产经营活动，而主要是通过经济政策来调节经济运行；(4) 所有经济活动都是在一整套法律法规体系的约束下进行的。市场经济的基本构成要素有：(1) 规范的市场主体；(2) 完善的市场体系；(3) 规范的市场运行规则；(4) 有效的宏观调控体系。

资源配置指的是在经济运行过程中，各种现实的生产性资源，如资本、劳动力、土地、技术等在不同部门之间的分配方向上的使用。在任何社会中，都会存在生产资源的稀缺性和人们欲望的无限性之间的矛盾，这种矛盾产生了资源配置的问题，即用有限的资源去满足人们的哪些需要。

在马克思的经济学视角里，资源配置被归结为社会总劳动时间在各种产品生产上的分配问题。对此，马克思曾说："社会必须合理地分配自己的时间，才能实现符合社会全部需要的生产。因此，时间的节约，以及劳动时间在不同的生产部门之间有计划的分配，在共同生产的基础上仍然是首要的经济规律。这甚至在更加高得多的程度上成为规律。”①

在现代经济学中，资源配置主要有两种方式：计划资源配置方式和市场资源配置方式。

计划资源配置方式的基本特征是：中央和地方各级计划机构是资源配置的直接决策者，不仅掌握着国家宏观经济决策权，而且掌握着微观企业经营决策权。计划指标是以行政命令的形式层层下达的，信息传导也是通过行政渠道纵向传递的，而不是通过供求关系横向实现的。企业的责任只是完成中央下达的计划指标，企业发展的动力都来源于外部。

市场资源配置方式的基本特征是：独立的市场主体是资源配置的直接决策者，因此，经济决策是分散进行的，各个不同的市场主体的分散决策通过市场供求关系联系起来，形成总体的经济活动。生产要素在企业间自由流动，生产的规模和结构取决于市场需求。资源配置是通过市场价格与竞争机制进行调节的，不仅对市场主体具有约束和刺激作用，而且使资源配置得到有效利用。

我国已步入全面深化改革的关键时期，经济体制改革任务更加艰巨。依靠市场的自发调节，通过市场主体依照一定规则进行市场交易活动，能够自动实现资源的优化配置。不过，完全通过市场来配置资源也有其力所不及的地方，它的局限性主要体现在：市场调节是一种自发调节，市场主体的分散决策难以自动地实现整个国民经济的发展战略和目标，容易造成宏观经济总量和结构的失衡。同时，市场对于外部不经济的调控也很乏力，容易刺激生产者的短期行为和资源浪费。此外，市场机制还会引起诸如生态失衡、环境污染、公共物品供给不足以及收入分配差距过大等社会问题。因此，客观上需要政府介入市场主导的资源配置活动。

二、价值规律及其作用

> 价值规律是商品经济的基本规律。

价值规律的基本内容是：商品的价值量是由生产商品的社会必要劳动时间决定的，商品交换依据商品的价值进行，实行等价交换。价值规律既支配商品生产，又支配商品流通，是商品经济的基本规律。

在现实经济中出现的价格受供求关系的影响围绕价值上下波动，并不是对价值规律的否定，而恰恰是价值规律起作用的表现形式。这是因为：(1) 商品价格始终是以价值为基础上下波动的；(2) 从商品交换的总体来看，价格的涨落会相互抵消，商品的平均价格和价值是相等的；(3) 价格的变化也会影响供求关系，在价格的不断波动中，使供求趋于平衡，从而使价格接近价值。

价值规律的作用主要体现在以下三个方面：

第一，价值规律自发地调节生产资料和劳动力在社会生产各个部门之间的分配，调节

① 马克思，恩格斯．马克思恩格斯全集：第46卷上．北京：人民出版社，1979：120.

商品生产和商品流通。

价值规律的这种调节作用，是通过市场竞争和价格波动以及与此相联系的市场上商品供给与需求之间比例的变动来实现的。当某种商品的价格上涨到价值以上时，表明供不应求，生产者感到生产这种商品特别有利，便纷纷扩大生产，从而使投在这种商品生产部门的生产资料和劳动力增加。反之，当某种商品价格跌到价值以下时，就表明这种商品的供给超过社会需求，商品生产者感到继续生产将会无利可图，于是便纷纷缩减生产，由此引起这种商品生产部门的生产资料和劳动力减少。价值规律就是这样通过市场价格涨落，自发地指挥着商品生产者的活动，使社会各种商品的生产大体上可以维持适当的比例。

第二，价值规律刺激商品生产者改进技术，改善管理，提高劳动生产率。

根据价值规律的要求，商品是按照社会必要劳动时间决定的价值量来交换的。因此，那些劳动生产率较高、个别劳动耗费较少，从而使商品的个别价值较低的商品生产者，按照由社会必要劳动时间决定的社会价值来出售商品，就可以获得较多的收入。他们还可以在社会价值以下来销售商品，这样做不仅可以获利，而且可以有效地打击竞争对手。反之，那些劳动生产率较低、个别劳动耗费较多，从而使商品的个别价值较高的生产者，按照社会价值出售商品，就只能获得较少的收入，甚至亏本、破产。因此，各个商品生产者为获得更多的收益和在竞争中的有利位置，便通过积极改进生产方法，采用先进技术，改善经营管理来提高劳动生产率。竞争迫使每个生产者都这样做，结果便促进了整个社会生产力的发展。

第三，价值规律能够导致商品生产者优胜劣汰。

由于各个商品生产者的生产条件各不相同，生产的技术水平和经营管理水平也不相同，因此生产同种商品耗费的个别劳动时间就不同。条件好的生产者，个别劳动耗费低于社会必要劳动耗费；而条件差的生产者，个别劳动耗费就高于社会必要劳动耗费。这样，在市场竞争中，前者处于有利位置，就能够不断扩大生产规模，而后者只能处于不利位置，在竞争中败下阵来。因此，价值规律能够导致商品生产者之间的优胜劣汰。

第四节　劳动价值论

一、劳动价值论及其地位

马克思主义劳动价值论的基本观点是，无差别的一般人类劳动形成商品的价值，商品的价值量由社会必要劳动时间决定。劳动是商品价值的唯一源泉，这就是价值创造的一元论。劳动价值论认为只有物质生产领域的活劳动，也就是生产性劳动，才是价值的唯一源泉，而绝大部分非物质生产领域的劳动属于非生产性劳动，是不创造价值的。作为生产要素的资本和土地都不创造价值，但却参与价值的分配，或者说资本家和地主是不劳而获的。正是在此基础上，马克思建立起了自己独特的剩余价值理论，并得出资本主义必将被社会主义取代的结论。马克思劳动价值论的突出特点是：特别强调劳动力要素的贡献，坚持劳动价值一元论；排除了资本和土地在价值创造中的作用。

马克思的《资本论》及马克思主义政治经济学，是一个逻辑严密、结构完整、博大精深的理论体系，而劳动范畴和劳动价值论在其中处于基石般的地位。马克思是在批判地继承了英国古典政治经济学的基础上，创立了自己独特的劳动范畴和劳动价值论，并在此基础上建立起了自己的剩余价值理论，由此发现了剩余价值的源泉和秘密，从理论上论证了社会主义取代资本主义的历史必然性。这个建立在劳动价值论基础上的剩余价值学说和唯物史观一起，被恩格斯称为马克思毕生的“两个伟大发现”。

二、劳动价值论面临的挑战

马克思创立劳动价值论是100多年前的事情，当时资本主义工业化还处于初级阶段，物质生产部门在经济结构中处于举足轻重的地位。经过100多年的发展，为了缓和各种矛盾，资本主义在科技革命浪潮的不断推动下，注意吸收社会主义的一些积极因素，加大了自身调整、完善的力度，经济得到长足发展，发达资本主义国家人均国民生产总值迅速增长，一般人均年收入达2万～4万美元。资本家剥削工人的手段也有了很大改变，劳动者向白领化、知识化转变，劳动条件大为改善，工资收入总体趋于上升，生活水平不断提高。世界形势发生了重大变化，进入了新时代。

1. 科技革命特别是信息技术的发展，使劳动的形态发生了重大变化。新世纪出现了现代的科技劳动、管理劳动和服务劳动。其中，科技不仅作用于生产，而且涌现出大量的高科技产业；管理不仅有企业的微观经济管理、国家的宏观经济管理，而且有介于两者之间的行业管理或中介组织管理；服务不仅有为生活提供的服务，而且越来越为生产提供服务。劳动形态的变化导致财富的构成也发生重大转移：价值构成的主体已经不是工业经济时代的体力劳动创造的价值，而是知识经济时代一大批智能型劳动者创造的价值；管理劳动不仅创造价值，而且在价值形成中发挥了重要作用；服务劳动不仅构成了财富的主要来源，而且积聚了大量的劳动人口。在发达资本主义国家，服务业创造的价值在国内生产总值中占60%～70%，服务业的劳动人口占就业人口的70%左右。

2. 原来意义上的非物质生产部门在加速发展。现代市场经济发展的结果，必然导致产业结构的升级换代，传统的产业结构发生了巨大变化，100多年前的物质生产部门在当代社会总劳动中所占的比重日益下降。科技产业、信息咨询业、金融保险业以及为生产与生活服务的众多非物质生产部门即第三产业在国民经济中所占的比重日益提高。在西方发达国家，第三产业的劳动已占总劳动的70%左右。改革开放以来，我国的第三产业也获得了很大发展。这一切都表明，第三产业不仅在国民经济中的重要性与日俱增，而且创造的价值也越来越大，在生产性劳动和非生产性劳动的界定上，必须有理论上的突破。

3. 劳动主体队伍和社会生产要素发生了很大变化。马克思劳动价值论所研究的劳动主体，主要是私有制下的商品生产者和资本主义生产方式下的雇佣工人。在现代市场经济条件下，劳动价值论研究的劳动主体对象与传统意义上的对象有很大的不同。比如，在我国社会主义初级阶段以公有制为主、多种经济成分并存的社会主义经济制度下，既有公有制经济中的劳动主体，也有非公有制经济中的劳动主体，还有为公有制和非公有制经济提供中介服务的劳动主体。多元结构的劳动主体必然涉及对劳动和劳动价值论的再认识。随着技术进步和社会发展，传统的劳动、资本、土地“三要素”已经被“多要素”替代，过去不被重视或发挥作用不明显的生产要素如知识、技术、管理、信息等正在逐步成为独立的生产要素，而且在社会产品生产中发挥着越来越重要的作用，不同生产要素在生产经营中的重要程度也发生了极大改变。马克思曾说过资本家的管理也是劳动，但同时又强调资本家的管理是与剥削相联系的劳动，只是将价值加入工人劳动所生产的产品之中。这些都要求我们从实际出发，丰富和发展马克思的劳动价值论。

三、深化对劳动价值论的认识

1. 坚持“活劳动是创造价值的唯一源泉”，拓宽劳动范畴的内涵和外延，尊重知识，尊重劳动。人是创造价值的主导因素，人类劳动始终处于中心、本源和至高无上的地位。所有的生产要素包括机器、知识都是人创造出来的，比如专利，如果没有人去使用，是不能产生任何价值的。在内涵上，应进一步明确，创造价值的劳动不仅包括体力劳动，更应包括脑力劳动，从事科技、知识、管理的人不仅能够创造价值，而且能够创造更大的价值，这些劳动应该属于创造价值的劳动。无论是雇佣工人的劳动，还是私营企业主经营管理企业付出的劳动，都应该是创造价值的源泉。在外延上，不仅包括从事物质生产的劳动，而且应该包括从事第三产业的劳动。拓宽对劳动内涵和外延的认识不仅有理论意义，更重要的是有重大现实意义，目的在于强调“尊重劳动、尊重知识、尊重人才、尊重创造”，从而实现“让一切劳动、知识、技术、管理和资本的活力竞相迸发，让一切创造社会财富的源泉充分涌流，以造福于人民”。

2. 服务劳动、科技劳动和管理劳动是创造价值的生产劳动。在扩大生产劳动的范围时，服务劳动、科技劳动和管理劳动是三个重要方面。在现代经济和社会发展中，这三个方面的劳动在社会总劳动中的比重不断上升，其创造的价值在社会总价值中的比重也在上升。

在发达国家的GDP中，服务业的比重已经超过了工农业的比重，服务劳动创造的价值超过了工农业劳动创造的价值。而科技劳动和管理劳动则不仅创造价值，而且能够比一般生产劳动创造更多的价值。这是因为，科技劳动和管理劳动都属于复杂劳动，能够创造较多的价值量。马克思指出：“比社会平均劳动较高级较复杂的劳动，是这样一种劳动力的表现，这种劳动力比普通劳动力需要较高的教育费用，它的生产要花费较多的劳动时间，因此它具有较高的价值。既然这种劳动力的价值较高，它也就表现为较高级的劳动，也就在同样长的时间内物化为较多的价值。”① 科技劳动和管理劳动之所以创造较多的价值量，正是通过这种形式表现出来的。

① 马克思，恩格斯．马克思恩格斯全集：第23卷．北京：人民出版社，1972：223．

3. 正确认识非劳动生产要素与分配。劳动价值论和按劳分配不是完全的因果关系，按劳分配不是劳动价值论的必然结论，分配主要是由所有制决定的，但是按劳分配与劳动价值论存在一定的内在联系。非劳动生产要素虽然不创造价值，但仍可以参与价值的分配。第一，非劳动生产要素虽然不直接创造价值，但它们是价值创造的必要条件，在价值的创造中发挥着不可或缺的作用，没有它们，人类劳动无法凝结成价值。第二，非劳动生产要素和劳动一样，也是使用价值或财富的源泉。社会物质财富的创造是资本、土地、技术、劳动等各种生产要素综合作用的结果，离开任何一项，物质财富的创造都是不可能的。第三，在社会主义市场经济条件下，存在多种所有制，非劳动生产要素与分配表现为要素所有者根据其对要素的产权参与对社会产品的分配。在市场经济条件下，生产中投入的这些要素必然要按照市场经济的规律获得相应的回报，否则，没有谁愿意投入这些要素，社会生产就没办法进行下去。

本章小结

1. 商品是用来交换的劳动产品，具有使用价值和价值两个因素或两种属性，是使用价值和价值的统一。使用价值指的是物品的有用性，即物品能够满足人们某种需要的属性，价值是商品中凝结的无差别的一般人类劳动。使用价值反映了商品的自然属性，而价值反映了商品所具有的社会属性。

2. 商品的二因素或属性是由生产商品的劳动二重性决定的，具体劳动形成商品的使用价值，抽象劳动创造商品的价值。具体劳动与抽象劳动之间存在着对立统一的辩证关系。生产商品的劳动二重性是马克思首先揭示并进行论证的，是理解马克思主义政治经济学的枢纽。

3. 商品的价值量是由生产商品的社会必要劳动时间决定的，社会必要劳动时间是指在现有的社会正常生产条件下，在社会平均的劳动熟练程度和劳动强度下制造某种使用价值所需的劳动时间。

4. 劳动生产率越高，单位时间内生产的商品数量越多，则生产每一单位产品所需要的劳动时间便越少，从而单位时间内生产的商品的价值量便越小。反之，劳动生产率越低，单位时间内生产的商品数量越少。劳动生产率同商品的使用价值成正比，同商品的价值量成反比。

5. 市场经济是指通过市场机制对资源配置起决定性作用的经济，即通过价格和市场体系对个人和企业的经济活动进行协调，实现资源优化配置的一种经济运行方式。市场经济是在商品经济基础之上发展起来的，是商品经济发展的高级阶段。

6. 价值规律的基本内容是：商品的价值量是由生产商品的社会必要劳动时间决定的，商品交换依据商品的价值进行，实行等价交换。价值规律既支配商品生产，又支配商品流通，是商品经济的基本规律。价值规律的作用主要体现在以下三个方面：一是自发地调节生产资料和劳动力在社会生产各个部门之间的分配，调节商品生产和商品流通；二是刺激商品生产者改进技术，改善管理，提高劳动生产率；三是导致商品生产者优胜劣汰。

7. 劳动价值论的基本观点是：无差别的一般人类劳动形成商品的价值，商品的价值量由社会必要劳动时间决定。劳动是商品价值的唯一源泉，这就是价值创造的一元论。劳动价值论在马克思主义政治经济学中处于基石般的地位，建立在劳动价值论基础上的剩余价值学说和唯物史观一起，被恩格斯称为是马克思毕生的“两个伟大发现”。劳动价值论在时代发展的过程中受到了挑战。应该在以下三个方面深化对劳动价值论的认识：一是坚持“活劳动是创造价值的唯一源泉”，拓宽劳动范畴的内涵和外延，尊重知识，尊重劳动；二是服务劳动、科技劳动和管理劳动是创造价值的生产劳动；三是正确认识非劳动生产要素与分配。

练习与思考

一、名词解释

商品	商品经济	使用价值	交换价值
价值	具体劳动	抽象劳动	价值量
个别劳动时间	社会必要劳动时间	复杂劳动	简单劳动
劳动生产率	市场经济	价值规律	资源配置

二、不定项选择题

1. 体现在商品中劳动的二重性是（　　）。

A. 具体劳动和抽象劳动　　B. 私人劳动和社会劳动

C. 简单劳动和复杂劳动　　D. 必要劳动和剩余劳动

2. 在“1只绵羊＝2把斧子”的交换中，绵羊的价值是通过斧子的（　　）表现出来的。

A. 价值　　B. 交换价值

C. 使用价值　　D. 价格

3. 马克思在研究商品时，之所以考察商品的使用价值，是因为使用价值是（　　）。

A. 构成财富的物质内容　　B. 满足人们需要的物质实体

C. 商品交换价值的物质承担者　　D. 人类生存、发展的物质条件

4. 价值规律发挥作用的表现形式有（　　）。

A. 价格围绕价值上下波动

B. 价格围绕交换价值上下波动

C. 价格围绕成本价格上下波动

D. 价格围绕生产价格上下波动

E. 价格围绕垄断价格上下波动

5. 商品使用价值与价值的统一性表现在（　　）。

A. 使用价值是价值的物质承担者，没有使用价值的东西不可能有价值

B. 只有使用价值没有价值的东西，不能成为商品

C. 使用价值的大小决定价值的大小

D. 价值的大小决定使用价值的大小

E. 有使用价值的东西必然有价值

6. 从对商品价值量的科学分析，可以看出（　　）。

A. 价值量不是由个别劳动时间决定的，而是由社会必要劳动时间决定的

B. 复杂劳动只有还原为加倍的简单劳动，才能进行价值量的比较

C. 简单劳动只有换算成各种复杂劳动，才能进行价值量的比较

D. 商品价值量与生产该商品的劳动生产率成正比

E. 商品价值量与生产该商品的劳动生产率成反比

三、问答题

1. 什么是生产商品的劳动二重性？其意义是什么？
2. 为什么说私人劳动和社会劳动的矛盾是商品经济的基本矛盾？
3. 价值规律的基本内容、表现形式及其作用各是什么？
4. 劳动价值论的内容、面临的挑战是什么？应在哪几个方面深化对其的认识？

第2章 货币与货币流通量

货币是固定地充当一般等价物的特殊商品，是商品经济中价值的表现形式，是商品经济发展的必然结果。因此，要想深入认识商品经济的本质，有必要进一步了解价值形式的演进及货币的发展概况，掌握货币职能和流通的规律，联系实际探讨通货膨胀和通货紧缩等货币现象。

第一节　货币的本质和职能

一、货币的起源

使用价值和价值是商品的二因素，那么商品就相应地表现为两种形式——自然形式和价值形式。使用价值的表现形式就是商品的自然形式，是人们摸得着、看得见、感受得到的；但是商品价值的表现形式是看不见、摸不着的，单个商品本身是无法表现出来的，而只有在它和其他商品相互交换时才能表现出来。这种在商品交换中所表现出来的商品交换的关系和比例，即交换价值，就是商品的价值形式。所以要了解货币的起源和本质，必

> 交换价值是价值的表现形式。

须研究价值形式发展的过程。价值形式是商品的本质属性在交换中的表现，它是随着商品交换的发展而发展的，其发展经历了简单的、个别的或偶然的价值形式，总和的或扩大的价值形式，一般价值形式和货币形式四个阶段。

（一）简单的、个别的或偶然的价值形式

简单的、个别的或偶然的价值形式是与原始社会末期出现的偶然的物物交换相联系的，是一种商品的价值偶然通过另一种商品表现出来的价值形式。

商品交换产生于原始社会末期，当时人们还不是为了交换而生产，仅仅是把自己消费后的剩余产品拿来交换，这种交换还带有偶然的性质。简单的、个别的或偶然的价值形式是与商品交换的这一发展阶段相适应的。例如，一个原始氏族用一只绵羊偶然地同另一个原始氏族的两把斧子相交换，用公式表示为：

1只绵羊＝2把斧子

在这种价值形式中，等式两端的商品所处的地位和作用不同。其中，等式左边的商品——绵羊处于主动地位，要求把自己的价值相对地表现在另一种商品上，因此它被称为相对价值形式；而等式右边的商品——斧子处于被动地位，它是作为等价物充当表现绵羊价值的材料，起着表现等式左边商品价值的作用，因此叫作等价形式。

相对价值形式和等价形式既是同一价值表现相互依存的两个要素，也是相互排斥的两极。一方面，没有等价形式就没有相对价值形式，没有相对价值形式也就没有等价形式；另一方面，同一种商品不能同时处于价值形式的两极，只能居于其中之一。

现在，让我们分别考察相对价值形式和等价形式，从最基本、最简单的价值形式入手来深入分析价值形式的性质。

先考察相对价值形式。处于相对价值形式的商品的价值，相对地表现在处于等价形式的商品的使用价值上。之所以能够这样，是因为它们都是劳动产品，都耗费了抽象的一般人类劳动，都具有价值。如果没有这种共同的质，两种商品就不可能发生交换，因此，这种交换从质上体现了价值关系。

从量的方面来看，商品的相对价值量取决于相交换的两种商品的社会必要劳动量之间的比例关系。1只绵羊能够同2把斧子交换表明，两种商品的生产花费了等量的劳动，即二者具有相等的价值量。不过，处于相对价值形式上的商品的价值量和处在等价形式上商品的价值量不是固定不变的，它们会随着劳动生产率的变化而经常发生变动。因此，相对价值形式价值量的变化取决于等式两边的商品价值量的变化。

接着考察等价形式。等价形式是指某种商品充当价值的代表能够与另一种商品直接交换的形式。这样的商品叫作等价物，也称价值镜，即反映处于相对价值形式上商品价值的镜子。等价形式具有三个特征：第一，使用价值成为价值的表现形式。处于等价形式的商品作为价值的化身来表现其他商品的价值。充当等价物的斧子本身就具有使用价值，它不仅把绵羊内在的价值表现为外在的，人们看得见、摸得着的物体，而且把绵羊的价值量也明确表现出来了。第二，具体劳动成为抽象劳动的表现形式。作为等价形式的斧子是一定的具体劳动的产物，它和绵羊交换时，成为表现绵羊价值的材料，证明绵羊和自己一样，都是无差异的人类劳动的产物。因此，生产斧子这种等价物的具体劳动也就成为抽象劳动的表现形式。第三，私人劳动成为直接形式的社会劳动。在以私有制为基础的商品经济中，生产各种商品的劳动都是私人劳动，同时由于它们都是社会分工体系的一部分，因此又都是社会劳动。可是，生产商品的劳动的社会性，只有当这种商品能够用于和其他商品相交换时，才会得到社会的承认，私人劳动才会表现为社会劳动。处于等价形式的斧子本来是私人劳动的产物，但是在斧子和绵羊交换时，斧子却作为直接的社会劳动发挥作用，从而表明生产绵羊的劳动具有社会性。所以，在交换过程中，生产斧子的私人劳动直接表现为社会劳动。

相对价值量只是商品价值量的相对表现，而不是绝对表现。

简单的价值形式使商品的内在矛盾，即使用价值和价值的矛盾，变成了两种商品的外部矛盾。在交换中，处于相对价值形式的商品的价值要通过另一种商品表现出来；而处于等价形式的商品只是当作价值，它的使用价值成了表现另一种商品的价值的材料。这样，商品内部的矛盾，成为一般商品同等价物商品的外部对立了。

由于生产力发展的限制，商品交换是偶然的，等价物是个别的，我们从中只能看到一个商品在量上和另一个商品相等，还看不出它是否在质上和其他所有商品相等，也看不出它在量上能否和所有商品相比较。因此在简单价值形式下，价值作为无差别的人类劳动凝结物的这种社会性质，表现得很不充分，需要进一步发展。

（二）总和的或扩大的价值形式

总和的或扩大的价值形式，即一种商品的价值经常地表现在其他一系列商品上。

随着第一次社会大分工的出现和生产力的发展，剩余产品增加了，商品交换的范围不断扩大，简单的价值形式发展到总和的或扩大的价值形式。总和的或扩大的价值形式，指一种商品的价值经常地表现在其他一系列商品上的价值形式。用公式表示为：

$$1\text{只绵羊}=\begin{cases}2\text{把斧子}\\80\text{斤粮食}\\60\text{尺布}\\1\text{克黄金}\\\text{一定量其他商品}\end{cases}$$

这一价值形式反映了日益扩大的商品交换关系，它与简单的价值形式相比发生了很大的变化。从质上看，绵羊的等价形式不再是一种商品、一种使用价值了，而是一系列商品。商品的价值已不是偶然地表现在另一种商品上，而是经常地表现在一系列商品上，每一种商品都成为反映其价值的镜子。此时，“相对价值形式”和“等价形式”的对立关系就比较固定了，只有一种商品处于相对价值形式，而其他与之交换的商品都作为它的对立面，处于等价形式。于是绵羊的价值就能够比较充分地表现为无差别的人类劳动的凝结。从量上看，商品不是偶然地同某一种具体劳动所创造的商品的价值相等，而是和各种具体劳动所创造的商品的价值相等。各种商品相交换的比例能够更为准确地反映出来。价值量真正由生产商品的社会必要劳动量决定，消除了商品价值量决定的偶然性。

显然，扩大的价值形式中的商品价值表现得更加充分，这对于偶然的或简单的价值形式来说是一种进步，但仍存在许多缺陷。由于每一种商品都有无限种表现形式，商品的价值没有一个统一的表现，没有形成一个大家所公认的统一等价物，相对价值表现得仍不充分。扩大的价值形式的这个缺点在交换中暴露出来了，比如，有绵羊的人希望用绵羊去交换粮食，但有粮食的人却需要斧子，而有斧子的人则想换布。如果有布的人正好需要绵羊，则交换可以完成；如果有布的人不需要绵羊，那么交换还会遇到困难，以致绵羊卖不出去，绵羊的价值得不到实现。因此，扩大的价值形式又被称为“有无限烦恼的价值形式”。以上困难表明，商品经济的矛盾随着交换的发展而日益加深，商品的价值形式必须随着交换的发展而发展。

（三）一般价值形式

一般价值形式从以前的直接物物交换发展为通过媒介物的交换，处于等价形式上的商品这时成了一般等价物，能够表现一切商品的价值。

商品交换进一步发展，要求从许多商品中分离出公认的一般等价物，人们可以把它作为商品交换的媒介，交换中所有商品的价值都能由这一商品来表现，从而扩大的价值形式便过渡到一般价值形式。用公式表示为：

$$\left.\begin{array}{r}2\text{ 把斧子}\\80\text{ 斤粮食}\\60\text{ 尺布}\\1\text{ 克黄金}\\\text{一定量其他商品}\end{array}\right\}=1\text{ 只绵羊}$$

这个价值形式之所以被称为一般价值形式，是因为在这个价值形式中，处于等价形式上的唯一商品，成了其他一切商品价值的一般等价物。这种商品的使用价值，成为商品价值的一般形式；生产这种商品的具体劳动，成为抽象劳动的一般形式，它可以和其他一切劳动相对等；生产这种商品的私人劳动，直接当作一般的社会劳动而存在。因此，生产者只要把自己的商品换成一般等价物，他的劳动就得到社会的承认，就可以用这种一般等价物来换取他所需要的任何商品。在这里，商品价值得到了统一简单的表现形式。可见，从扩大的价值形式过渡到一般价值形式，不只是简单表现在等式形式上顺序的颠倒，而且是一次质的飞跃。

一般等价物的出现克服了扩大的价值形式的缺点和局限性，对商品交换的发展起到了很大的促进作用。但是，在一般价值形式上，一般等价物还没有固定在某一种商品上，它因时因地而异。在历史上，农具、贝壳、布帛、盐、兽皮等都曾充当过一般等价物。由于一般等价物的不固定、不统一，给商品交换带来了新的困难。在这种情况下，就要求有一个固定的、统一的商品来充当一般等价物。当一般等价物固定地由某种商品（例如，金）承担时，这种商品就成了货币商品，于是一般价值形式就过渡到货币形式。

（四）货币形式

货币形式与一般价值形式没有本质的区别，所不同的只是贵金属固定地充当一般等价物。

货币是商品交换发展的产物，当某种商品从商品世界中分离出来，并固定地独占了一般等价物的地位时，这种特殊的商品就成为货币。所以，货币形式是指用某种商品（主要是金或银）固定地充当一切商品的一般等价物的价值形式。用公式表示为：

$$\left.\begin{array}{r}2\text{把斧子}\\80\text{斤粮食}\\60\text{尺布}\\1\text{只绵羊}\\\text{一定量其他商品}\end{array}\right\}=1\text{克黄金}$$

货币形式和一般价值形式没有什么本质的差别，所不同的只是在一般价值形式下，在不同时间、不同地区、不同民族，作为一般等价物的商品还不固定、不统一；而在货币价值形式下，作为一般等价物的商品则在相当长的时期内固定在一种商品（黄金或白银）上。金银之所以能够取得货币商品的特权地位，是由于它们具有独特的自然属性，最适合充当货币的材料。金银质地均匀，便于分割计算；质地坚固，不易损坏，易于长期保存；体积小，价值大，便于携带。所以，“金银天然不是货币，但货币天然是金银”①。

当价值形式发展到货币形式阶段，货币的神秘性就凸显出来了：一切商品的价值都由货币来表现，货币可以同一切商品交换，谁拥有了货币就意味着谁占有了价值，占有了社会财富。因此，货币出现后拜金主义盛行。马克思通过对价值形式发展过程的创造性的科学分析，揭示了货币形式是从简单的价值形式、扩大的价值形式和一般价值形式发展过来的。从以上价值形式发展的四个阶段可以看出，货币的产生是商品内部矛盾发展的结果，归根到底是生产力发展和社会分工扩大的必然结果。货币的本质在于它是固定地充当一般等价物的商品，它成为衡量一切商品价值的镜子。货币之所以能起到一般等价物的作用，是因为它本身也是商品，并具有价值；但它又和其他商品不同，它是唯一专门充当一般等价物的商品。

二、货币的本质

货币是商品经济发展到一定阶段的必然产物，是商品内在矛盾的结果。货币的本质在于它是固定充当一般等价物的特殊商品。首先，货币是商品，具有使用价值与价值，能够同其他商品价值相比较，其次，它又是特殊商品，固定充当一切商品的价值。金银原来是各种商品中的一类，只是它代替其他一切商品充当了等价物这一职能。金银具有同质性、易分割、不易变质、体积小、便于携带、易于贮藏等特点，最适合充当货币材料。所以，“金银天然不是货币，但货币天然是金银”。

货币固定充当一般等价物使整个商品世界分为两极：一极是各种商品，一极是货币。商品内在的使用价值和价值的矛盾外部化，成为商品与货币之间的矛盾。货币充当一般等价物有利于解决商品交换的困难，化解使用价值与价值的冲突，有利于商品经济发展。但货币也可能加深商品经济的矛盾。因为商品不能转化为货币，生产商品的私人劳动就得不

① 马克思，恩格斯．马克思恩格斯全集：第 23 卷．北京：人民出版社，1972：107.

到社会承认，商品价值不实现也就无法解决使用价值与价值的矛盾。

三、货币的职能

货币固定地充当商品的一般等价物这一本质，是通过它的职能体现出来的。所谓货币的职能，是指它在商品经济社会生活中所起的作用。货币最基本的职能是作为价值尺度和流通手段，随着商品经济的发展，货币相继出现了贮藏手段、支付手段和世界货币等职能。

货币的职能：价值尺度、流通手段、贮藏手段、支付手段、世界货币。

（一）价值尺度

价值尺度是货币的首要职能。价值尺度职能是指用货币作为尺度来衡量、计算和表现其他一切商品价值的职能。货币之所以能起到这个作用，是因为它本身是商品，并凝结了一定量的人类劳动，具有价值。

商品的价值通过一定量的货币表现出来，就是商品的价格。换言之，价格是商品的货币表现。但是，商品的价格或货币形式只是观念的或想象的形式，货币作为价值尺度的职能，只是把商品价值的大小表现出来，并不是实现商品的价值。因此，在货币执行价值尺度的职能时，只是想象的或观念的货币，只需要表明商品价格。

为衡量各种价值量的大小，货币本身必须确定一个代表一定金属重量的计量单位，并将这个单位等分，这被称为价格标准。货币作为价值尺度的职能，是通过价格标准来实现的。当用贵金属作货币时，通常用它的重量单位作为价格标准，因此，金属货币计量单位与贵金属重量名称是一致的，例如，我国历史上曾以“两”“钱”等金属重量作为货币单位。但是当金属货币发展为信用货币以后，货币计量单位与金属名称逐渐脱离，价格标准则由传统承袭而来。例如，我国的货币单位为元，等分为角、分，并规定 1 元＝10 角，1 角＝10 分。

这里特别需要注意的是，不要把价值尺度与价格标准混为一谈。价格标准不是货币的一个独立职能，它是由货币执行价值尺度的职能派生出来的，只是货币在执行价值尺度职能时的一种技术性规定。二者有很大的区别：第一，货币作为价值尺度代表了一定量的社会劳动，是用来衡量商品的价值的；货币作为价格标准，则代表一定量的金属重量，是用来衡量货币本身的数量的。第二，货币价值尺度的职能是在商品经济发展中自发形成的；价格标准则是人为规定的，一般由国家法律规定。第三，作为价值尺度的货币本身具有价值，它的价值随生产货币的劳动生产率的变化而变化；价格标准是货币单位所包含的金属重量，信用货币的价格标准则是人为规定的，与生产率无关。

商品的价格是货币的价值表现形式，商品的价格与价值在量上有可能发生背离，因为价格只是商品交换比例的货币表现，这种比例关系会受到其他很多外在条件的影响（如供求关系）而偏离商品的价值量。而且，价格形式也可以在质的方面与价值完全背离，即价格可以不是价值的表现，在纷繁复杂的商品经济社会中，往往没有价值的东西也可以有价格，例如，自然界未开垦的土地、商誉等。西方经济学用稀缺性来判断商品的价值，实际上这是供求等外在因素对商品价格变动所造成的影响，是一种虚幻的价格表现。

（二）流通手段

货币的流通手段是指货币充当商品交换媒介的职能。在货币出现以前，商品交换是物物交换，即 $W_1—W_2$，对交换双方来说，既是买又是卖，买和卖同时完成。但是，当货币出现以后，商品交换就通过货币这个中介来进行，商品交换过程被分为卖和买两个阶段，即商品生产者先把商品换成货币（$W_1—G$），再用货币去购买商品（$G—W_2$）。这种以货币为中介的、包括卖和买两个阶段的商品交换，就叫商品流通。其公式为：$W_1—G—W_2$。货币在流通中的中介作用，就是其作为流通手段的职能。货币的媒介作用打破了直接物物交换中存在的时间和空间上的限制，推动了商品经济的发展。但是，商品交换出现的时间和空间上的买卖脱节也加深了商品的内在矛盾，隐含了商品流通中断、发生危机的可能性。

货币执行流通手段的职能，充当交换的媒介不能是观念上的，必须是现实的货币。这是因为商品生产者生产的目的是交换，为了把自己手中的商品换成货币，使自己的劳动得到社会的承认，所以要求交换所获得的必须是同样有价值的真实货币。但是，货币在执行流通手段职能时，只起到交换媒介的作用，并不是用于贮藏，对商品生产者来说，货币在他手中只是一个转瞬即逝的要素，因此，货币在不断转手的过程中，单有货币的象征存在就够了，于是不足值的金属货币和纸币等价值符号就代替真实货币执行流通手段职能。

（三）贮藏手段

货币是一般等价物，谁拥有了货币谁就可以自由地购买各种商品，于是货币成了社会财富的一般代表。货币的这种性质引起了人们贮藏货币的欲望，货币退出流通领域而作为社会财富和独立的价值形式被贮藏起来，就是货币执行贮藏手段的职能。

在金属货币流通的条件下，货币贮藏就如同一个蓄水池，可以自发地调节货币流通量。当流通中需要的货币量减少时，多余的货币就会退出流通领域，成为贮藏货币；反之，当流通中需要的货币量增加时，一部分贮藏货币就会投入流通，执行流通手段的职能。执行贮藏手段职能的货币，既不能是观念上的货币，也不能是价值符号，必须是足值的金属货币。纸币本身没有价值，它的价值在于流通，因此纸币不具备贮藏手段的职能。但是在现实的纸币流通条件下，纸币也可以以储蓄的形式贮藏下来。虽然它没有实在的价值，但纸币符号表明纸币持有者可以支配的商品的数量和财富的价值，储蓄纸币表明持有者推迟对这种权利的使用，目的是在以后更为合理地使用。不过，纸币与金属货币贮藏还是有区别的，这些货币储存者暂时未使用的纸币，最终还是要通过各种方式进入流通领域购买商品，而不是像金属货币的贮藏那样退出流通过程。

（四）支付手段

货币的支付手段是指在以延期付款形式买卖商品的情况下，货币在用于清偿债务时所执行的职能。在商品生产和交换的过程中，由于各种商品的生产时间和销售时间各不相同，会出现先交货后付款的赊销赊购现象，这样在买者和卖者之间会形成一种债权债务关系。买者赊购商品所欠卖者的货款，必须按照双方约定的日期支付。因此，商业信用是货币支付手段职能产生的前提条件。

货币在执行支付手段职能时，完成了两种职能：第一，对所买卖商品执行价值尺度的职能，由买卖双方协议商品的价格，计算买者的债务额。第二，执行观念上流通手段的职能，因为交换时买者并未支付现金，只是对卖者做出了支付货币的承诺，但是它却使商品交换实现了。可见，支付手段职能以价值尺度、流通手段职能的存在为前提。

货币作为支付手段，还逐步扩大到商品流通之外，用于支付货币捐税、地租、利息、工资等。在信用货币出现之后，信用货币支付手段职能表现为支付行为的发生与引起这种支付的经济行为在时间上的分离。

货币的支付手段职能的出现对流通中的货币需求量产生了一定影响。由于在清偿债务时可以不用现实的货币，从而使流通中的货币量也相应减少。货币作为支付手段，一方面解决了现金交易中暂时不能支付货币的矛盾，从而促进了商品经济的发展；另一方面，又在商品生产者之间形成错综复杂的债权债务链条。如果其中一个债务人不能如期还债，支付链条就会断裂，产生连锁反应，加深商品经济的内在矛盾，加大货币危机发生的可能性。

（五）世界货币

当交换跨越国界的限制时，就形成了国际贸易。国际贸易同国内商品交换一样，都体现了商品生产者交换劳动产品的本质，那么这个交换也需要一定的媒介来实现彼此商品的价值。货币越过国界，在世界市场发挥作用，充当不同国家商品的交换媒介的职能，就是世界货币。

货币执行这一职能时，必须脱去铸币、纸币等价值符号的地域性外衣，以足值的金或银来充当。这是因为铸币和纸币的发行都是由一定的国家政权认可的，超过本国的范围便失去其法定的意义，一般不能充当世界货币。当然，在现代社会，由于新的国际货币体系的建立，有一些国家的货币（如美元、英镑等）可以在一定条件下代替贵金属跨越国界执行世界货币的职能，这些货币通常被称为“强势货币”。1969 年，国际货币基金组织创造了“特别提款权”（special drawing right）这一记账形式（又称“软黄金”）来充当国际支付手段。

世界货币的职能实际上是货币的其他职能在世界范围内的延伸。世界货币的职能，首先是充当一般购买手段，直接购买外国商品。其次，作为支付手段，用来支付国际收支的差额。最后，作为社会财富的一般代表，由一国转移到另一国。

货币的五种职能之间存在着有机的联系，它们共同表现了货币作为一般等价物的本质。其中，价值尺度和流通手段是货币的最基本职能，是随着一般价值形式转变为货币形式同时形成的，之后陆续出现了贮藏手段、支付手段和世界货币的职能。

第二节　货币流通量

一、货币的层次划分

随着信用制度的产生和发展，货币范围不断扩展，人们对货币的认识逐步深入，货币概念的界定也发生着变化。经济生活中有形形色色的货币，不只是现金，还包括信用卡里的信用透支、银行存款、转账存款、商业票据等，它们都具有流通手段职能，都能在一定时期内迅速满足交换的需要，促进交易的达成。由于货币工具或流动资产种类繁多，各自具有一定程度的“货币性”，一定时期的货币量的构成便复杂起来，从而使得货币的边界变得宽泛起来。于是，就出现了 M0、M1、M2、M3 等边界不同的货币层次。

不同的国家对于货币的界定和货币层次的划分存在着差别，但是对于“通货”的解释，各国都一样，即指不兑现的纸币和辅币，我国习惯称之为现金。自 1984 年以来，我国有些货币统计口径方案建议用 M0 代表现金，现在中国人民银行的统计中已正式使用。

M0＝流通中的现金

M1＝M0＋单位活期存款

M2＝M1＋企业定期存款和储蓄存款

M3＝M2＋外汇存款＋保险公司存款＋各种基金存款

不同的经济理论对货币的界定是不同的，关于货币的界定还在不断发展。不过，无论货币层次怎样划分，在货币流通中，现金无疑是流动性最强、购买力最强的货币。但是要注意，现金发行不等于货币供给。在我国，很多年以来一直存在一个误区，一谈到货币问题就研究现金发行，以为控制了发行的货币就解决了现金供给问题，流通中就不会出现通货膨胀等货币问题了，其实不然。货币供给不仅包括现金的发行，而且还有多个口径。国际货币基金组织采用两个口径：货币和准货币。“货币”相当于存款货币银行以外的通货与活期存款之和，相当于各国所采用的 M1；“准货币”相当于定期存款、储蓄存款与外币存款之和。所以，准货币和货币相当于各国通常采用的 M2。

二、货币流通量及其规律

> 商品流通是货币流通的基础，商品流通的规模和速度必然会影响货币流通的规模和速度。

商品流通是以货币为媒介的，商品流通同时也是货币流通。货币流通是指货币表现为一个不断重复的、不断作为购买手段在买者和卖者之间交换位置的活动。货币流通不同于商品流通，货币流通不是经过一次转手就结束了，货币并不因为它最终从一个商品的形态系列中退出而消失，它不断地沉淀在由商品空缺下来的流通位置上。因此，货币要经常留在流通领域，充当不同商品的交换媒介。由于货币不断离开自己的起点并依次占据和它相交换的商品在流通中的位置，因此，货币充当着流通“车轮”，是商品流通中不能缺少的元素。由此可见，商品流通和货币流通是相互联系、相互制约的。

货币流通规律即货币流通同商品流通相适应的规律。其基本内容是：流通中的货币量必须满足商品流通的需要，故也称作货币流通量的规律。货币作为流通手段，其数量是由全部商品价格总额和货币流通速度两个因素决定的。(1) 商品价格总额。商品价格总额等于各种商品数量和各自价格水平的乘积之和，也就是说，商品价格总额由流通中商品数量和商品价格水平两个因素决定。市场上流通的商品数量越多，商品价格总额就越大，流通中所需要的货币量就越多，反之则越少，它们之间是正比关系。(2) 货币流通速度。货币流通速度是指一定时期内同一货币单位的平均周转次数。货币流通速度越快，媒介同量商品所需要的货币量就越少，反之则越多，它们之间是反比关系。可见，商品价格总额和货币流通速度是按不同方向和不同比例不断变化的，由此引起货币流通量不断变化。用公式表示为：

金属货币流通规律：

- 如果货币流通速度不变，货币流通量与待售商品的价格总额成正比。
- 如果待售商品价格总额不变，货币流通量与货币流通速度成反比。

$$\text{一定时期内流通中需要的货币量}=\frac{\text{流通中商品价格总额}}{\text{同一货币单位的平均流通速度(次数)}}$$

上述公式所表示的内容就是货币流通量的规律，即“流通手段量决定于流通商品的价格总额和货币流通的平均速度这一规律”[①]。上面的公式是在没有考虑货币支付手段条件下的数量关系。进一步考虑支付手段职能，上述公式需要做相应的修正。在货币作为支付手段的情况下，一方面，货币的使用不仅有商品买卖，还有清偿债务、支付工资以及缴纳税款等；另一方面，在商品买卖过程中，不必都动用货币，随着商业信用的发展，在不少情况下，商品买卖采取赊购和当事人债权、债务相抵消的办法。这样，货币流通量公式应修正为：

$$\text{流通中所需货币量}=\frac{\text{销售商品价格总额}-\text{赊销商品价格总额}+\text{到期支付总额}-\text{互相抵消的支付总额}}{\text{同一货币单位的平均流通速度}}$$

上式表明，流通中所需货币量同到期支付总额同方向变化，即成正比；同赊销商品价格总额和互相抵消的支付总额反方向变化，即成反比。

上面是金属货币条件下的货币流通规律。当纸币代替金属货币时，这个规律仍然存在并发挥作用，但其实现形式有了变化。

三、纸币流通规律与通货膨胀和通货紧缩

(一) 纸币流通规律

纸币流通规律是指流通中纸币总量所代表的价值量取决于货币需要量的规律。纸币是由国家发行并强制使用的价值符号。金属货币因为有价值才流通，纸币却因为流通才有价值。货币流通规律对纸币流通的制约作用在于：纸币的发行只限于它象征地代表的金（或银）的实际流通的数量。“纸币流通的特殊规律只能从纸币是金的代表这种关系中产生。这一规律简单说来就是：纸币的发行限于它象征地代表的金（或银）的实际流通的数量。”[②] 也就是说，不管纸币发行多少，流通纸币总量必须同它所代表的流通金属量相等。既然如此，单位纸币所能代表的货币金属量就应该是：

$$\text{单位纸币所代表的货币金属量}=\frac{\text{流通中所需要的货币金属量}}{\text{流通中的纸币总额}}$$

① 马克思，恩格斯. 马克思恩格斯全集：第23卷. 北京：人民出版社，1972：142.

② 同①147.

纸币流通规律：如果纸币的发行超过了所代表的流通所需要的金或银的数量，单位纸币所代表的金量或银量会减少，纸币就会贬值，物价就会上涨，这就是通货膨胀。

若流通中所需货币量是1亿块金币，但纸币发行额不是1亿元而是2亿元，那么1元纸币也就只能代表1/2块金币进行流通。当单位纸币所代表的货币金属量下降时，则表明纸币供给量大于纸币需求量，从而导致通货膨胀。当然，在其他情况下，流通中通货量绝对值即使没有增加也可能发生通货膨胀，比如，当生产和流通规模明显缩小时，或货币流通速度明显减慢时，流通中原有的通货量和缩减了的货币必要量相比，就相对过多了。当单位纸币所代表的货币金属量上升时，则表明货币的供给减少，或者货币流通速度减慢，造成社会总需求不足，从而导致通货紧缩的出现。从本质上讲，通货膨胀和通货紧缩反映的是社会总需求与社会总供给的关系。通货膨胀反映的是社会总需求大于社会总供给；通货紧缩反映的是社会总需求小于社会总供给。因此，通货膨胀和通货紧缩反映了社会总需求与社会总供给之间的两种非均衡状态。

纸币流通规律是货币流通规律的特殊表现形式，纸币所代表的价值和购买力同它发行的数量成反比，这是不以任何人的意志为转移的。“国家发行强制通用的纸币……似乎废除了经济规律……国家似乎用自己的印记的魔术点纸成金……可是，国家的这种权力纯粹是假象。国家固然可以把印有任意的镑币名称的任意数量的纸票投入流通，可是它的控制同这个机械动作一起结束。价值符号或纸币一经为流通所掌握，就受流通的内在规律的支配。”① 所以，在纸币流通条件下，必须以货币流通量规律为基础，发行并调节纸币的流通量，保证宏观经济顺利运转。

纸币流通与金属货币流通不同。在金属货币流通条件下，流通所需要的货币数量是由商品价格总额决定的，过多的金属货币会被流通所排斥，变成贮藏手段退出流通，从而使货币量得到自发调节。而在纸币成为唯一流通手段的条件下，商品价格水平会随着纸币数量的增减而涨跌。这是由于纸币本身没有价值，不能像金属货币那样贮藏起来。如果纸币的发行量超过了流通中所需要的金属货币量，单位纸币所代表的金属货币量就会减少，纸币就会贬值。这样纸币不但不会像金属货币那样自动退出流通领域，反而会被更多地吸引到流通中去。

（二）通货膨胀和通货紧缩

违背货币流通规律发行纸币所产生的宏观结果是通货膨胀和通货紧缩。通货膨胀和通货紧缩都是纸币现象。

通货膨胀是指由于货币符号发行失去控制而引起的货币贬值、物价上涨的货币现象。因此，通货膨胀是与纸币流通有密切联系的经济现象，只有在纸币流通的条件下才可能出现。

上面提到，通货膨胀是纸币流通条件下特有的现象。在金属货币流通的条件下，由于货币有贮藏手段的职能，一般不会发生通货膨胀。而在纸币流通的条件下，如果纸币的发行量超过流通中货币的需要量，只能靠降低单位纸币所代表的价值量来与客观需要相适应，这必然会造成物价的上涨。适度的通货膨胀有时会伴随着经济社会的发展，在特定的经济条件下适度的通货膨胀具有积极的经济效应，它可以促进经济增长、提高就业水平。

---

① 马克思，恩格斯．马克思恩格斯全集：第13卷．北京：人民出版社，1962：109-110.

但是，通货膨胀这种货币现象对经济的调节作用是有条件的，对就业的刺激也往往是短期的、有限的，因而从总体而言，它对宏观经济具有消极的影响。如果这种价格上涨的趋势长期持续，将破坏正常的交易秩序，影响银行的信用关系，造成公众预期的急剧下降，对经济将造成不可挽回的损失，甚至会酿成社会危机。虽然在经济萧条时期，短期、适度的通货膨胀对于刺激需求、促进就业有一定作用，但是西方预期理论表明，从长期来看，并不存在通货膨胀率与失业率的替代关系，"滞胀"和美国 20 世纪 90 年代的"新经济"都需要对菲利普斯曲线进行重新思考。不仅如此，长期的通货膨胀还会打破正常的分配格局，损害广大劳动者的利益，使失业率上升。因此，持续和过度的通货膨胀不符合宏观经济的基本目标，对于经济社会的可持续发展危害很大。

通货紧缩是一种与通货膨胀相反的经济现象，它表现为一般物价水平持续下跌，即物价出现负增长。一般认为，物价持续下降半年以上的现象就是通货紧缩。

从本质上说，通货紧缩是流通中货币相对不足而引发的一种货币现象。造成通货紧缩的原因是多种多样的，它可能与货币政策有关，也可能与生产能力过剩、有效需求不足、政府支出缩减和放松管制等因素有关。通货紧缩对经济发展所产生的危害也是很严重的。持续的通货紧缩会使消费者推迟购买，以等待更低价格的出现，这会使企业产品销售遇到困难，生产信心大减。产品供给过剩的矛盾会迫使企业削减生产，压缩存货，从而形成开工不足，导致就业减少。这样，消费者的货币收入也会相应减少，并出现消费需求不足的情况。更为严重的是，通货紧缩还会引发银行危机，大大提高实际利率水平，引发企业破产的浪潮，以至于使局部的债务链中断从而导致整个信用体系的紊乱甚至崩溃，最终导致经济衰退或萧条。因此，通货紧缩和通货膨胀一样，都可能给经济发展带来灾难性后果。

通货膨胀和通货紧缩是与货币相关的经济现象，而与社会制度没有内在的必然联系。20 世纪以来，社会主义国家也都不同程度地发生过通货膨胀。因此，通货膨胀和通货紧缩并不是资本主义条件下的特有现象。只要存在商品经济，实行货币流通，就存在通货膨胀和通货紧缩发生的可能。所以，要保持国民经济的持续、快速、健康发展，既要防止通货膨胀，又要防范通货紧缩。

本章小结

1. 货币是商品生产和商品交换发展的产物。商品价值形式的发展依次经历了简单的、个别的或偶然的价值形式，总和的或扩大的价值形式，一般价值形式和货币形式四种。货币的本质是固定地充当一般等价物的商品。货币具有五种职能，其中最基本的职能是价值尺度和流通手段的职能，在此基础上又发展出贮藏手段、支付手段和世界货币的职能。

2. 随着信用制度的产生和发展，货币范围不断扩展，于是就出现了 M0、M1、M2、M3 等边界不同的货币层次。划分货币层次的目的是对流通进行更好的监测和控制。

3. 货币的流通规律是：在一定时期内，流通中所需要的货币量与商品价格总额成正比，与同一单位货币流通速度成反比。如果考虑到货币的支付手段的职能，则流通规律的公式需要修正。当存在债务关系时，流通中所需货币量同到期支付总额成正比；同赊销商品价格总额和互相抵消的支付总额成反比。纸币流通规律是货币流通规律在纸币流通条件下的特殊表现形式，纸币的发行限于它所代表的货币的实际流通数量。在纸币流通的情况下，如果纸币的发行量与商品流通中所需要的金属货币量不一致，就会引起通货膨胀或通货紧缩的纸币现象，危害经济的正常运行。

练习与思考

一、名词解释

货币　相对价值　价值尺度　流通手段
支付手段　贮藏手段　货币流通规律

二、不定项选择题

1. 商品内在的使用价值和价值的矛盾，其完备的外在表现形式是（　　）。
A. 商品与商品的对立　B. 具体劳动与抽象劳动的对立
C. 私人劳动与社会劳动的对立　D. 商品与货币的对立

2. 价值尺度职能的特点是（　　）。
A. 实实在在的货币　B. 足值的货币
C. 想象的观念形态上的货币　D. 不足值的货币

3. 赊购到期还债的货币执行的是（　　）。
A. 价值尺度的职能　B. 流通手段的职能
C. 贮藏手段的职能　D. 支付手段的职能

4. 货币（　　）。
A. 是固定充当一般等价物的商品
B. 是作为特殊等价物的商品
C. 体现着物与物之间的关系
D. 体现着在物的外壳掩盖下的人与人的关系
E. 是价值的符号

5. 决定一定时期内流通中所需货币量的因素主要有（　　）。
A. 进入流通的商品的数量　B. 商品的价格水平
C. 商品价格总额　D. 货币流通速度
E. 货币发行量

6. 商品流通和货币流通的关系是（　　）。
A. 商品流通是货币流通的基础　B. 货币流通是商品流通的反映
C. 货币流通不能离开商品流通　D. 货币流通引起商品流通
E. 货币流通的规模和速度决定商品流通的规模和速度

三、问答题

1. 货币的本质和职能是什么？
2. 为什么说货币作为支付手段，完成了价值尺度和流通手段两方面的职能？
3. 辨析“货币本身也是一种商品，同其他商品没有任何区别”。

4. 如果某一时期社会上的商品价格总额为 10 亿元，那么是否需要投入 10 亿元货币用于流通？为什么？如果用纸币作为流通中的货币符号，那么纸币的发行应遵循什么规律？

5. 通货紧缩的基本特征是价格持续下跌，是否通货紧缩不会像通货膨胀那样给社会经济运行带来不利的影响，而只会给消费者带来好处？

第3章 资本和资本运动

资本具有二重性，即一方面作为生产要素参与生产并谋求价值增值，具有一般性；另一方面反映社会生产关系，在不同的社会经济制度下代表着不同的社会关系，具有特殊性。本章主要从生产要素的角度考察资本的一般特性。

第一节　资本及其价值增值

一、资本的含义及特征

（一）资本的含义

西方学者大多数认为资本就是社会生产中长期存在并发挥作用的生产资料，如房屋及其设备、各种原料、半成品、存货等。这些资本的含义虽然有一定价值，但是它们把资本与生产过程中的价值增值相分离了，未能揭露出资本的本质含义。古典经济学的主要代表人物亚当·斯密认为，资本是“人们储存起来用以取得收入的那部分资产”①。而马克思认为，资本不是物，而是一种以物为媒介的人与人之间的社会关系，资本的实质“在于活劳动是替积累起来的

① 斯密. 国民财富的性质和原因的研究：上卷. 北京：商务印书馆，1972.

劳动充当保存自己并增加其交换价值的手段”[①]。马克思将资本的含义抽象化，把各种资本的具体形态都视为一定量的价值，并将商品生产者的一切投资称为资本，同时将资本与价值增值相联系，从本质上对资本下了定义。

资本是能够带来剩余价值的价值。

马克思通过对货币和资本不同的运动形式进行分析和比较，指出资本在经济上的本质是价值增值，通过不断地从劳动力身上榨取剩余价值来获得自身的增长，认为“资本来到世间，从头到脚，每个毛孔都滴着血和肮脏的东西”[②]。从哲学上来说，“资本也是一种社会生产关系。这是资产阶级的生产关系，是资产阶级社会的生产关系”[③]。在资本主义社会，资本家凭借对资本的占有，不断地吸收雇佣工人的活劳动，使资本价值不断地增值，进而剥削雇佣工人。也就是说，资本不是物，而是体现了资本家对雇佣工人的剥削关系，这是工人阶级在资本主义社会遭受苦难的直接经济原因。

所以，资本是价值的一种特殊形式，资本的运动是价值的运动，并在运动中谋求增值。资本可以表现为生产经营中的任何生产要素，这些要素仅仅是资本的物质承担者。同时，资本也是一种特殊的社会生产关系，是一个历史范畴，在不同的社会发展阶段以及不同的经济体制下会有不同的具体表现。

（二）资本的特征

资本具有增值性、运动性、返还性和风险性的特点。

资本的本质在于它的增值性，并且是商品经济发展到出现劳动力买卖关系才出现的一个历史范畴。从价值形态来看，资本是资本所有者用于购买各类生产投入的本金；而从要素的实物形态来看，资本可以具体表现为多种生产要素，包括厂房、机器设备、原材料、劳动力等。所以，资本的形态是多样的，可以是有形的，也可以是无形的；可以是货币资本、商业资本，也可以是生产资本。但是资本的本质决定了资本具有以下几个特征：

1. 资本的增值性。资本的本质决定了资本会无穷尽地去寻求价值增值，由于一般的商品在等价交换的情况下是无法实现价值增值的，所以资本的增值性也是资本与一般商品或者货币这类特殊商品的本质区别。资本所有者投入资本的直接目的在于生产使用价值，而根本目的则是为了实现资本的价值增值。劳动力商品是重要的生产资料，具有特殊的使用价值，它可以在生产过程中创造价值。资本的价值增值就是劳动力发挥这种作用的结果，是劳动力的剩余劳动的产物。资本的增值性是资本最主要、最本质的特征，当资本停止增值时，资本也就失去了它最基本的职能。

2. 资本的运动性。马克思认为：“作为资本的货币的流通本身就是目的，因为只是在这个不断更新的运动中才有价值的增殖。因此，资本的运动是没有限度的。”[④] 资本的增值性要求资本不断地运动，资本的价值增值是在运动中实现的，运动性是资本的重要特性，一切带有资本性质的投资品都必须始终处于运动中。资本只有在生产和流通相统一的情况下才能发生增值，而在此过程中资本的运动速度也直接反映了资本的增值能力。

---

① 马克思，恩格斯．马克思恩格斯全集：第6卷．北京：人民出版社，1961：488-489．

② 马克思．资本论：第1卷．2版．北京：人民出版社，2004：871．

③ 同①487．

④ 马克思，恩格斯．马克思恩格斯全集：第23卷．北京：人民出版社，1972：173-174．

3. 资本的返还性。资本的增值是以垫支一定量的货币为起点的，无论是新办企业时的投入，还是生产过程中的追加，都属于一种预付。而资本所有者投入资本的目的，不是获得使用价值以满足自己的消费需要，而是购买劳动力和生产资料实现生产和再生产，以获得更多的货币量，这种需求形成了资本的返还性。所以，资本自投入开始就蓄意带着价值增值重新回流，其对货币的让渡也仅仅是暂时的，最终还是会通过生产和流通过程回流到资本所有者手中。如果这种让渡没有补偿，资本的运动就不能连续，而如果这种补偿量小于让渡量，生产过程也将日益萎缩。

4. 资本的风险性。在资本追求价值增值的条件下，需要借助市场这一载体，实现生产和流通过程的统一。资本所有者首先通过市场，对资本让渡而获得生产资料投入生产，然后同样通过市场将生产出来的商品出售后实现价值增值。但是市场具有不稳定性，这种不稳定性形成了市场的风险，资本的价值增值并不是每一次都能达到预期状态，风险性和收益性是并存的。当资本所有者能够很好地预测市场的趋势时就能够获得相当的收益，反之则可能遭受巨大的损失。这种风险性和收益性往往成正比，收益性越大，风险性也越高。

（三）资本流通和一般商品流通

资本流通的公式是：货币—商品—更多货币（$G—W—G'$，其中 $G'=G+\Delta G$，ΔG 表示资本的价值增值），即资本所有者通过货币的让渡买进商品，然后通过商品的出售重新获得货币，而这部分货币一般都比最初让渡的要多。一般商品流通的公式是：商品—货币—商品（$W—G—W$），即生产者通过出售自己生产的商品获得货币，然后用这部分货币购买自己所需要的商品。这两种流通形式有非常明显的区别。

> 一般商品流通的公式为：W（商品）—G（货币）—W（商品）。
> 资本流通的公式为：$G—W—G'$（$G'=G+\Delta G$）。

首先是流通的形式不同。一般商品流通是以货币为媒介物的先卖后买，起点和终点都是商品；资本流通是以商品为媒介物的先买后卖，起点和终点都是货币。在一般商品流通中，货币作为商品交换的媒介，并没有改变自身的形态；而在资本流通中，作为媒介物的商品是资本运动过程中的转换形态，旨在谋求更多的货币。

其次是流通的目的不同。一般商品流通是为买而卖，目的是获得另一种使用价值进行消费，处在一般商品流通公式两端的商品的价值量是相等的；而资本流通是为卖而买，流通的目的是追求更多的价值，资本所有者先用货币购买商品，然后再卖出商品换取更多的货币。在资本流通公式的终点，除了原本投入的资本外，资本所有者还能够取得资本的价值增值，也就是说，当货币在运动中发生了价值增值时，货币就转化为资本。

最后是流通的时限不同。一般商品流通存在确定的流通终止点，在以获得不同的使用价值进行消费的需求下，交换获得的商品直接用于消费，一般商品流通公式的右端即流通的终止点。资本流通的目的在于价值增值，所以只要存在这一资本的本质属性，资本流通公式的右端就可以重新成为资本流通的起点，流通没有终止点。在这种连续的、循环的流通中，资本不断地得到增值，资本所有者的财富也不断地得到积累。

二、资本的价值增值

（一）价值增值的来源

1. 不变资本和可变资本。资本是能够带来价值增值的价值，实际上，真正带来剩余价值的不是全部资本，而仅是可变资本。为了进行生产，资本家必须先垫付资本，一部分用于购买生产资料，另一部分用于购买劳动力。马克思根据这两类资本在价值增值过程中的不同作用，将资本区分为不变资本和可变资本。

不变资本（c）是指以生产资料形式存在的资本。它在生产过程中被消耗，生产出新产品。生产资料的价值通过工人的具体劳动被转移到新产品中去，其转移的价值量不发生变化，尽管转移的方式不同，有的是一次性转移（如原材料），有的则是分次转移（如机器设备），但转移的总量与原有的价值量相等。

可变资本（v）是指用于购买劳动力的那部分资本。可变资本的价值在生产过程中不会转移到新产品中去，因为资本家购买劳动力所支付的价值被工人用于购买生活资料，在生产过程以外消费掉了。劳动力价值是由工人在劳动过程中创造的新价值的一部分来补偿的。而工人再生产出的大于自身劳动力价值的部分即价值增值。

马克思对不变资本和可变资本的区分具有重要意义。它表明剩余价值不是预付总资本带来的，也不是不变资本带来的，工人的剩余劳动才是其唯一来源。

2. 必要劳动时间和剩余劳动时间。必要劳动时间是指再生产劳动力价值所必须耗费的时间，这部分时间生产的价值以工人用以维持生活而必需的生活资料形态存在。剩余劳动时间是指一定时期内工人的劳动时间中超出必要劳动时间的部分，是生产剩余价值的时间。为了追求更多的价值增值，资本家总是尽量延长工人的劳动时间。剩余价值是由工人创造并被资本家无偿占有的超过劳动力价值的那部分价值，是由工人在剩余劳动时间所进行的剩余劳动生产的价值。

在资本主义经济条件下，资本内在的增值要求使得工人的劳动时间总是大大超过必要劳动时间，不断地创造着高于自身劳动力价值的价值，这种差额就是资本家追求的目标，即资本的价值增值。资本主义生产过程是价值形成过程和价值增值过程的统一，价值增值过程就是超过社会必要劳动时间而延长了的价值形成过程。正如马克思所说：“如果我们现在把价值形成过程和价值增殖过程比较一下，就会知道，价值增殖过程不外是超过一定点而延长了的价值形成过程。如果价值形成过程只持续到这样一点，即资本所支付的劳动力价值恰好为新的等价物所补偿，那就是单纯的价值形成过程。如果价值形成过程超过这一点，那就成为价值增殖过程。”① 只要资本家把雇佣工人的劳动时间延长到补偿劳动力价值所需要的时间以上，劳动力新创造的价值就会超过劳动力自身的价值，剩余价值就会生产出来，价值增值就会发生。

（二）利润及影响利润率的因素

商品经济的存在，使生产过程成为劳动过程和价值形成过程的统一；资本的存在，使

① 马克思，恩格斯．马克思恩格斯全集：第23卷．北京：人民出版社，1972：221.

商品生产过程成为劳动过程和价值增值过程的统一。价值增值是资本运动的目标，剩余价值是劳动力在剩余劳动时间创造的价值。而当资本家把剩余价值看成全部预付资本的产物时，剩余价值就转化成利润了。正如马克思所说："剩余价值，作为全部预付资本的这样一种观念上的产物，取得了利润这个转化形式。"[①] 利润率则反映了价值增值的程度，用公式表示如下：

$$\text{Ⅰ}\quad \text{利润率}=\frac{\text{利润总额}}{\text{预付资本总额}}\times 100\%$$

$$\text{Ⅱ}\quad \text{剩余价值率}=\frac{\text{剩余劳动价值}}{\text{必要劳动价值}}\times 100\%$$

剩余价值是利润的本质，利润是剩余价值的转化形式。

其中，Ⅰ式表示的利润率又称资本利润率，是利润总额和全部预付资本的比率。Ⅱ式表示的剩余价值率又称剥削率，是剩余劳动创造的价值和必要劳动创造的价值的比率。这两个比率表示的关系不同，利润率表示的是预付总资本的增值程度，而剩余价值率表示的是资本与雇佣劳动关系中资本家对雇佣工人的剥削程度。并且，从数量上看，利润率总是比剩余价值率低得多，掩盖了资本家对雇佣工人的剥削程度。

剩余价值转化成利润之后，利润率就是资本家不断追求的目标，利润率的高低受到一系列因素的影响，其中最主要的因素有以下几个：

首先，利润率受剩余劳动在总生产过程中所占比率高低的影响。这在一定程度上表现为剩余价值率的高低，在其他条件一定的情况下，利润率和剩余价值率成正比例关系，剩余价值率越高，资本家拥有的一定量的资本所获得的剩余价值越多，利润率也越高。所以，任何提高剩余价值率的办法都适用于提高利润率。

其次，利润率受到资本因素的影响。利润率是建立在一定资本的基础之上的，在利润一定的条件下，资本规模越小，其利润率就越高，相当于等量的资本获得较高的利润率。同时，资本在市场上的流通和周转速度也直接影响着利润率。以年为单位，在其他条件不变的情况下，资本流通和周转速度越快，等量的资本所获得的利润总量就越多，利润率就越高，反之亦然。

最后，利润率还受到诸多企业经营和市场需求等因素的影响。资本在生产过程中会受到企业自身经营状况的影响，比如企业财务状况、企业内控和治理结构等因素。这方面的不利因素会直接导致生产成本的提高，降低利润率。再如，资本在流通过程中会受到市场周期性影响，在经济高速发展时期获得高额利润，而在经济低迷时期获得较低的利润。同样，市场同业竞争的格局也直接影响着企业的市场成本，影响着利润率。

因此，为了获取更多的利润，资本所有者不断致力于技术更新，以提高剩余价值率和资本流通速度。同时，注重自身内部机制建设，提升同业竞争力，以便获得更多的市场份额。而在投资领域，资本也展开着激烈竞争，并围绕着利润率的高低在不同部门间流入流出，从而使等量资本得到等量利润成为社会范围内资本价值增值状况的一般现实。

① 马克思，恩格斯．马克思恩格斯全集：第25卷上．北京：人民出版社，1974：44.

第二节　资本积累、资本积聚与资本集中

一、资本积累

（一）扩大再生产和资本积累

从再生产在资本主义生产方式中处于支配地位开始，资本主义生产过程就基本以扩大再生产的形式存在。但是，简单再生产是扩大再生产的基础，扩大再生产是简单再生产的进一步发展和延伸。简单再生产就是剩余价值全部被用于资本家个人消费，生产在原有规模上重复进行的再生产过程。扩大再生产是资本主义生产的本质，它要求资本家让渡一部分剩余价值用以追加投资，这样再生产才能在不断扩大的规模上有序地发展。

剩余价值转化为资本或剩余价值的资本化，就是资本积累。资本家把从雇佣劳动那里剥削来的剩余价值的一部分用于个人消费，另一部分转化为资本，用于购买扩大生产规模所需追加的生产资料和劳动力。因此，剩余价值是资本积累的源泉，资本积累则是资本主义扩大再生产的前提条件。

资本家用于资本积累的剩余价值部分就是资本积累量，而资本积累量占剩余价值总量的比率为资本积累率，资本积累率越高，资本积累量越大，反之亦然。资本积累量的公式如下：

资本积累量＝剩余价值总量×资本积累率

在资本积累率不变的条件下，资本积累的数量取决于剩余价值总量的绝对量。所以，凡是影响剩余价值量的因素同样影响资本积累的数量。这些因素主要是：

1. 剩余价值率的高低。剩余价值率越高，同量劳动力资本获得的剩余价值就越多，资本积累的规模就越大。资本家不断加强对雇佣工人的剥削，通过延长劳动时间、压低工人工资等方式提高剩余价值率。

2. 社会劳动生产率水平。劳动生产率的提高，可以降低单位商品的价值，从而降低劳动力的价值，提高剩余价值率，加速资本积累；商品价值的降低，还可以使同量资本投入推动更多的劳动力，从而生产出更多的剩余价值，增加资本积累。

3. 所用资本与所费资本之间的差额。所用资本是指在生产过程中全部发挥作用的资本；所费资本是指逐年转移到新产品中去的那部分资本价值。所用资本与所费资本的差额的大小，取决于劳动资料使用的年限和数量的多少。劳动资料质量越好，使用年限越长，数量越多，所用资本与所费资本的差额越大。在生产过程中，劳动资料的价值虽然是逐渐转移到产品中去的，但它的使用价值仍作为一个整体在生产中继续发挥作用，因而它就像空气和自然力一样，为资本家提供无偿服务。所用资本与所费资本的差额越大，为资本家提供的无偿服务就越多，资本积累也就越多。

4. 预付资本的增加。在劳动力资本与其他资本比例既定以及剩余价值率不变的情况下，资本家预付的资本越多，剥削的工人越多，从而获得的剩余价值越多，资本积累也会越多。

（二）资本积累的实质和动因

在资本主义扩大再生产中，资本积累的实质是：资本家利用无偿占有的剩余价值，不断扩大资本规模和加强对雇佣劳动的剥削，继续占有更多的剩余价值。所以，在扩大再生产的要求下，资本家必须将剩余价值的一部分用于资本积累，这样用于消费的剩余价值自然就减少了。即便如此，资本家仍然不断地进行资本积累，这有其客观必然性。

首先，资本积累是剩余价值规律作用的结果。资本具有贪婪和无止境追逐剩余价值的本质，资本家是资本的人格化，这种人格化的资本仍然摆脱不了追求剩余价值的本质，这就决定了资本积累行为的必然性。马克思认为："生产剩余价值或赚钱，是这个生产方式的绝对规律。"[①] 资本家如果将此次的剩余价值全部用于消费，那么下一次的生产只能是在现有规模上的重复，但这又是和资本家追求剩余价值的本质相矛盾的，所以资本家在尽可能提高剩余价值率的同时，还必须进行资本积累以扩大生产规模。

其次，资本积累是由资本主义生产关系中的竞争规律决定的。由于追逐剩余价值，资本家往往在各自的利益争夺中产生矛盾，拥有较多资本的资本家必然占据有利地位。在同样的生产条件下，资本较多的资本家可以通过扩大生产规模来降低生产成本，从而获得更多的收益。资本较少的资本家在竞争中会处于劣势，无法获得足够的收益，一旦失败就会导致破产，这种激烈的竞争关系是资本积累的外部压力。

二、资本积聚和资本集中

资本积聚是指个别资本依靠剩余价值的资本化来增大资本总额。资本集中是指许多分散的小资本通过互相吞并或联合起来形成大资本。资本的积聚和集中是单个资本总额增大的两条途径。

> 单个资本增大的两条途径：资本积聚和资本集中。

资本积聚和资本集中互相联系而又有明显区别。它们的联系在于：资本积聚使个别资本总额增大，竞争实力增强，从而会加速资本集中的进展；资本集中使个别资本总额增大，个别资本总额越大，越有条件获得更多的剩余价值，从而增大资本的积累。资本积聚和资本集中相互联系、相互促进，使资本积累不断增大。资本积聚的发展加强了资本集中的趋向，而资本集中又反过来加快了资本积聚。另外，资本积累是资本积聚的前提和基础，同时资本积聚能够通过资本规模的扩大来增强资本积累的能力。

资本积聚和资本集中的区别在于：第一，资本积聚会使社会资本总额增大，资本集中则不会增大社会资本总额。资本积聚以资本积累为基础，通过追加生产资料和劳动力使资本增加，因此使社会资本总额增大；而资本集中则是已经存在并执行职能的资本在各个资本家之间的重新分配和组合，使单个资本增大，并不增加社会资本总额。第二，资本积聚的增长要受到社会财富（包括追加的生产资料和消费资料）的绝对增长数额的限制，增长比较缓慢；而资本集中则不存在这种限制，从而可以在较短时间内集中大量的资本。

资本集中的最强有力的杠杆是竞争和信用。首先，在竞争中，较大的资本能广泛地使

① 马克思，恩格斯．马克思恩格斯全集：第23卷．北京：人民出版社，1972：679.

用先进技术，采取最新的劳动组织，提高设备利用率等，因而处于优势。竞争的结果是优胜劣汰，较大资本吞并较小资本。其次，资本主义信用制度的发展，加速了资本集中的过程。资本的竞争能力，不仅取决于自己拥有的资本量，而且取决于通过信用制度所使用和支配的社会资本量。在资本主义发展初期，信用只是把社会分散的货币资本交给资本家去使用。但是随着信用制度的发展，它很快就成为竞争过程中一个新的可怕武器，最后，它变成实现资本集中的庞大社会机构。银行作为信用机构，一方面通过信用贷款，支持大资本在竞争中击败和吞并中、小资本；另一方面，又促使社会上分散的资本以购买股票的形式联合起来，组成规模巨大的股份公司。

第三节　单个资本的循环和周转

一、单个资本的循环

（一）资本循环的三个阶段和三种职能

产业资本循环正常进行的条件是：产业资本的三种职能形态及其循环的三种形式在空间上并存和在时间上继起。

产业资本是指按资本主义方式经营的一切生产部门的资本，包括工业、农业、建筑业等物质生产部门的资本。从本质上看，产业资本是一种剩余价值，在整个资本主义经济体系中居于基础地位，其他一切形态的资本都是在产业资本活动的基础上展开各自特定的运动。资本在运动中不断增值，从最初的货币形态出发，依次经过购买、生产、出售等阶段，并变换相应的职能形态，然后又回到原来的出发点，这个循环过程就是产业资本的循环。

1. 产业资本循环的第一阶段是购买阶段。从形式上看，这一阶段的活动内容为资本家持有货币，以购买者的身份在市场上购买生产资料和劳动力，货币执行的是购买手段或支付手段的职能。可以用公式表示为：$G—W\begin{cases}pm\\A\end{cases}$。其中，$G$ 表示货币，W 表示商品，A 表示劳动力，pm 表示生产资料。

在这一阶段，货币所购买的商品包括劳动力，劳动力在使用中创造的价值可以大于自身价值。这样，购买活动就为剩余价值生产提供了可能性。货币购买的劳动力与生产资料之间量的比例不仅由生产的技术特征决定，而且由剩余价值生产的要求决定。所以，从本质上看，这一阶段的活动内容是资本运动的一个特定阶段。货币执行的是货币资本的职能，即为剩余价值生产做准备，通过执行这一职能，货币资本转化为生产资本。

2. 产业资本循环的第二阶段是生产阶段。这一阶段的活动内容是资本家购买到的劳动力与生产资料相结合，进入生产过程进行物质资料的生产，创造物质产品，劳动力和生产资料执行生产要素的职能。可用公式表示为：$W\begin{cases}pm\\A\end{cases}\cdots P\cdots W'$。其中，$P$ 表示生产过程，W'表示生产出来的包含剩余价值的商品，公式中的“…”表示流通过程的中断。

实现这种变化的关键在于劳动力与生产资料是作为生产剩余价值的手段相结合进入生产的，在生产过程中，生产资料吸收劳动力提供的剩余劳动，生产出包含剩余价值的新商品。生产要素执行的是生产资本的职能，执行职能的结果是生产资本转化为商品资本。所以，从本质上看，这一阶段的活动内容也是资本运动的一个阶段。

产业资本循环的三个阶段：购买（$G—W\begin{cases}pm\\A\end{cases}$）、生产（$W\begin{cases}pm\\A\end{cases}\cdots P\cdots W'$）、销售（$W'—G'$）；三种形式：货币资本（$G$）、生产资本（$W\begin{cases}pm\\A\end{cases}$）、商品资本（$W'$）。

3. 产业资本循环的第三个阶段是销售阶段。在这一阶段，生产过程已经结束，活动内容为资本家以商品所有者的身份重新回到市场上销售自己的商品，实现价值和剩余价值。可用公式表示为：$W'—G'$。其中，G'代表已经增多了的货币，表示发生了价值增值。

这个过程把商品实现为货币，从形式上看，是一般商品流通过程。但从实质上看，它也是资本循环的一个特定阶段。资本家销售的商品，是资本主义生产过程的结果，它包含着预付资本的价值和剩余价值，是作为已经增值的资本价值的存在形式。在这一阶段，资本采取商品资本职能形式，商品资本的职能是实现包含在商品中的价值和剩余价值。

通过以上对产业资本循环运动的分析可以得出，产业资本的循环要依次经过上述三个阶段，而产业资本也在这三个阶段采取三种不同的职能形态，即货币资本、生产资本和商品资本。

产业资本循环的三个阶段是相互依存、紧密衔接的。产业资本只有顺利地依次通过三个阶段，相应地变换三种职能形式，才能正常循环，实现价值增值。所以，产业资本循环是三个阶段的统一，资本在各阶段分别采取不同的职能形式，但都统一于生产和实现剩余价值这一目的。所以，产业资本的循环可以用公式表示为：

$$G—W\begin{cases}pm\\A\end{cases}\cdots P\cdots W'—G'$$

产业资本在循环运动中实现价值增值表明资本离不开运动，资本的概念中必然包含着运动，资本一旦停止了运动就不能增值，因而也就不能成为资本。由于产业资本循环的第一阶段和第三阶段处于流通过程，第二阶段处于生产过程，因此，产业资本循环也是流通过程和生产过程的统一。

（二）资本的三种循环形式

产业资本家对剩余价值的追求是无止境的，而且产业资本只有在不断的运动中才能不断地增值，所以产业资本循环必须反复地进行，这个周而复始的过程可用如下公式表示：

$$G—W\begin{cases}pm\\A\end{cases}\cdots P\cdots W'—G'\cdot G—W\begin{cases}pm\\A\end{cases}\cdots P\cdots W'—G'\cdot G—W\begin{cases}pm\\A\end{cases}\cdots P\cdots$$

从产业资本周而复始的循环运动过程看，产业资本三种职能形式中的每种职能形式都要经过循环的三个阶段而回到原来的出发点，进行着各自的循环运动。因此，产业资本循环就包含着货币资本循环、生产资本循环和商品资本循环三种不同的循环形式。这三种循环形式分别从不同侧面反映了资本运动的特征，也以各种不同形式产生某些假象，掩盖资本运动的真实过程与动机。

1. 货币资本循环是从货币资本开始，依次经过购买、生产和销售三个阶段，实现资本价值增值，又回到货币资本形式的运动过程。用公式表示就是：

$$G—W\begin{cases}pm\\A\end{cases}\cdots P\cdots W'—G'$$

货币资本循环的起点和终点都是货币，所不同的仅仅是数量，货币资本循环明显地表明了价值增值是资本运动的目的和动机。虽然这个公式能够解释资本主义生产的本质特征，但是在这个公式中，生产过程表现为两个流通阶段的中间环节，这容易产生一种剩余价值来源于流通领域的假象。在这种假象下，价值增值似乎是货币自身具有的一种能力，掩盖了剩余价值的真正来源。

2. 生产资本循环是从生产资本出发，依次经过生产、销售和购买三个阶段，实现价值增值，最后回到生产资本形式的运动过程。用公式表示就是：

$$P\cdots W'—G'\cdot G—W\begin{cases}pm\\A\end{cases}\cdots P$$

在生产资本循环中，资本流通过程作为一个媒介，连接生产过程和销售过程。所以，生产资本的循环过程就是资本主义再生产的过程。假如起点和终点的 P 相等，则是简单再生产过程；如果终点的 P 大于起点的 P，那么剩余价值就部分转化为追加投资，进行了扩大再生产，即：$P\cdots W'—G'—W'\cdots P'$。

生产资本循环克服了货币资本循环的片面性，揭示了剩余价值来自生产过程而不是流通过程。但是，由于生产资本循环的起点和终点都是生产过程，这就产生了片面性，似乎资本主义生产不是为了追求剩余价值，而是为了不断扩大再生产，是为生产而生产，掩盖了资本主义生产的实质。

3. 商品资本循环是以商品资本为出发点，依次经过销售、购买、生产阶段，实现价值增值，又回到商品资本形式的运动过程。用公式表示就是：

$$W'—G'\cdot G—W\begin{cases}pm\\A\end{cases}\cdots P\cdots W'$$

商品资本循环的起点和终点都是商品资本，而商品资本又是生产过程的结果。商品资本的全部出售并且全部被社会所消费，是资本循环得以进行的条件。因此，商品资本的循环揭示了生产与消费的内在联系。但是，商品资本循环同样存在片面性，在商品资本循环中占首要地位的是流通过程，是商品价值的实现和商品的被消费。这就造成一种假象，似乎资本主义生产是为了满足社会需要，而不是为了获得剩余价值，这就掩盖了资本主义生产的目的。

通过产业资本循环的三种循环形式可以看出，这三种形式各自从一个侧面反映了产业资本运动的特性，即以价值增值为目的。但是，这三种循环形式又各有自己的片面性。所以，必须把三种循环形式统一起来进行考察，才能够全面地把握产业资本运动的本质。

（三）资本循环连续的条件

资本追求价值增值的本质要求资本运动的每个阶段都具有连续性，不因资本完成一种职能形式转入下一种职能形式而中断。产业资本循环的连续进行，必须具备两个条件：

首先，必须保持产业资本三种职能形式在空间上的并存性。单个产业资本被分为三个部分，按照一定的比例，同时存在于三种职能形式上。产业资本只有同时以货币资本、生产资本和商品资本的形态并存，才能保持资本的生产过程和流通过程的连续性，资本循环才能够不间断地进行。这三个部分各自的比例，则是由企业的各种具体情况决定的，包括生产资本的结构、技术特点和生产力水平等。

其次，必须保持产业资本每一种职能形式的依次转化，即在时间上的继起性。产业资本不但要采取三种职能形式并存的方式，而且资本的每一种形式都必须按照顺序，交替经过三个阶段的循环过程。在货币资本循环的状态下，货币资本在流通过程中转化为生产资本；生产资本循环就必须在生产过程中使生产资本转化为商品资本；商品资本循环则必须在流通过程中使商品资本转化为新的货币资本。

产业资本只有在这三种资本形态上不断地交替变更，重复这三个循环形式，才能使产业资本循环过程连续运行。马克思认为："产业资本的连续进行的现实循环，不仅是流通过程和生产过程的统一，而且是它的所有三个循环的统一。"① 产业资本三种职能形式空间上的并存性和时间上的继起性是互为条件的，并存性是保持每个过程连续性的直接条件，而资本的每一种职能形式都能顺利进入下一阶段则是资本的三种职能形式在空间上并存的必要条件。所以，资本要不断地增值，就必须不断地进行循环，这是资本的内在要求和本质。资本一旦停止运动，价值就无法完成增值，资本也就失去了其本质属性。所以，资本是以无休止运行的形式存在的，而不是静止的。

二、单个资本的周转

（一）资本的周转时间及其对周转速度的影响

资本的循环，不是当作一个孤立的行为，而是当作周期性的过程来看时，就叫作资本周转。

资本以一定形式的预付开始，经过循环运动实现价值增值，最后又回到同一形式，这种连续不断的、周而复始的循环运动即为资本的周转。若每次周转带来的利润量一定，则资本周转越快，一定时期内带来的利润总量也就越多。

资本周转时间是指预付资本以一定形式为起点，到它带着利润以同样的形式回到出发点所耗费的时间。资本周转时间由生产时间和流通时间构成。

生产时间是指资本处于生产领域的时间。根据劳动力和生产资料是否相结合，可以分为劳动时间和非劳动时间。生产时间中最重要的是劳动时间，即劳动者运用劳动资料直接在劳动对象上进行加工的时间。这一部分是创造价值和剩余价值的时间。在不同的生产部门，或是在同一部门的各个企业里，由于生产的特点、技术水平的高低等原因，所需要的劳动时间是各不相同的。非劳动时间是指劳动对象受自然力独立作用的时间、停工时间、生产资料储备时间等，如酿酒发酵时间，农作物生长时间，工人夜间休息时间，以及原料、材料和燃料等物质的必要的贮备时间等。在这段时间里，劳动过程全部或局部中断。减少非劳动时间在于：采用新技术，减少自然力作用于劳动对象的时间；减少不必要的库存；增加工作班次，减少机器设备中断运行的时间。

流通时间是指资本处在两个流通阶段的时间，即资本家买进和卖出商品的时间。流通时间是生产资料和劳动力等生产要素的购买时间和商品的销售时间。流通时间的长短取决于许多因素，其中主要有：产销地间的距离远近，市场销售状况的好坏，运输和通信工具的发达程度等。

---

① 马克思，恩格斯．马克思恩格斯全集：第24卷．北京：人民出版社，1972：119.

资本周转时间的长短，反映了资本周转的速度。资本的周转速度可以用一定时期（通常为1年）内一定量资本的周转次数来表示。设U表示“1年”，资本周转一次所用时间为n，资本周转次数为N，可以得出：$N=U/n$。若周转一次所用时间n为3个月，那么$N=12/3=4$，即资本在一年中完成4次周转。可以看出，资本周转时间越长，周转次数越少，资本周转速度也就越慢，反之亦然。资本周转速度与周转时间成反比，与周转次数成正比。资本要加快周转速度，就要设法缩短周转时间，包括生产时间和流通时间。

（二）生产资本构成及其对周转速度的影响

生产资本构成是影响资本周转的重要因素之一。根据其周转方式的不同，可以将生产资本划分为固定资本和流动资本。

固定资本是以机器、厂房、设备、工具等劳动资料形式存在的生产资本。它的使用价值在物质形态上全部参加生产过程，从投入使用直到报废的较长时间内，在多次生产过程中反复执行相同的职能；它的价值按照在使用过程中的磨损程度逐步转移到新产品中去，产品出售后又逐步收回，并经过多次生产过程才实现其价值的全部转移。

流动资本是指以原料、燃料、辅助材料等劳动对象形式存在的和用于购买劳动力的那部分生产资本。以原材料等形式存在的那部分资本，其物质要素在每次生产过程中全部消费掉，因而每次生产过程都需要重新购买。与此相联系，它的价值是一次性转移到新产品中去，并随着产品的出售一次性收回。用于购买劳动力的那部分资本，其价值会由工人在生产过程中重新创造出来，成为新产品价值的构成部分，并随着产品的销售，以货币形式回到资本家手中。

固定资本和流动资本都属于生产资本，都是在生产领域内执行职能的资本，但是它们之间又存在着以下区别：

首先，价值周转方式不同。固定资本的价值根据其损耗程度，分多次转移到新产品中；而流动资本的价值则是一次性转移到新产品中或者一次性被再生产出来。其次，周转时间不同。固定资本周转时间长，流动资本周转时间短。一般情况下，产业资本中固定资本周转一次的时间里，流动资本可以周转多次。再次，回收方式和期限不同。固定资本是一次性预付，多次收回，回收期长；流动资本是一次性预付，一次性收回，回收期短。最后，两者的物质更新方法不同。固定资本在发挥作用的期限内，不需要不断购买或更新，可以在有效期内多次发挥作用；而流动资本无论是原材料，还是劳动力，随着生产过程的进行，都要在实物形式上不断更新。因此，固定资本的周转速度较慢，流动资本的周转速度较快。在其他条件不变的情况下，固定资本的比重越大，全部资本的周转越慢，反之则越快。

固定资本的价值周转与它的磨损有密切关系。这种磨损可以分为有形磨损和无形磨损。

固定资本的有形磨损，即物质磨损，是指固定资本的物质要素由于使用以及自然力的作用而造成的损耗。有形磨损一般由两个原因造成：一是生产过程中的正常使用磨损；二是自然力的作用，比如设备的生锈、厂房的风化等。固定资本的无形磨损，即精神磨损，是指固定资本在其有效使用期内，由于生产技术进步而引起的价值上的损失。精神磨损也由两个原因造成：一是生产技术的进步和劳动生产率的提高，生产同样的产品所需的社会必要劳动时间减少了，设备的价值量下降，使得原有的设备价值贬值；二是出现了更先进、效能更高的机器设备，使得原有的机器设备出现价值贬值。

折旧是实现固定资本更新的基本途径。根据固定资本的磨损程度提取的补偿基金叫作折旧费，每年提取的折旧费与固定资本原始价值的比率称为折旧率。提高折旧率，可以加快固定资本周转和减少无形损耗，但因此也会带来单位产品所承担的固定资本费用的增加，从而降低利润；反之，则可以降低单位产品成本，但会减慢资本周转速度，增大无形损耗的可能。资本损耗是一种客观存在，而且无形损耗造成的损失无法转移到新产品中，随着科技进步，无形损耗也会不断加剧。为减轻固定资本损耗带来的不利影响，企业可以加强对机器设备的维护和保养，减少有形损耗；也可以通过提高折旧率和设备利用率，减少无形损耗带来的损失。

（三）预付资本的总周转

预付资本是由固定资本和流动资本组成的，两者在周转时间上是不一致的。马克思认为："预付资本的总周转，是它的不同组成部分的平均周转"①。这是因为不仅固定资本与流动资本的周转时间不同，而且固定资本和流动资本各自的组成部分在周转时间上也有差别，就固定资本的不同组成部分的特殊周转来说，既有量的差别，又有质的差别。这就是说，固定资本的不同组成部分不仅一次转移出去的价值在量上是不同的，而且由于它们的物质形式不同，物质补偿的方式也不同。这就要求我们必须把固定资本不同部分的特殊周转化为周转的同种形式，使它们只有量的差别，即周转时间的差别。

预付资本总周转的计算方法是：用预付资本总额去除一年内固定资本实际周转额与流动资本实际周转额之和，所得的商数就是一年预付资本总周转次数。用公式表示如下：

$$预付资本总周转次数=\frac{固定资本周转价值总额+流动资本周转价值总额}{预付资本总额}$$

假定某企业有预付资本 100 万元，其中厂房 20 万元，可以使用 20 年，每年周转的价值为 1 万元；机器 50 万元，可以使用 10 年，每年周转的价值为 5 万元；设备 10 万元，可以使用 5 年，每年周转的价值为 2 万元；流动资本 20 万元，每年周转 6 次，每年周转的价值为 120 万元。则可以得出：

$$固定资本年周转总额=20\times\frac{1}{20}+50\times\frac{1}{10}+10\times\frac{1}{5}=8\text{（万元）}$$

$$流动资本年周转总额=20\times6=120\text{（万元）}$$

$$预付资本总周转次数=\frac{8+120}{100}=1.28\text{（次/年）}$$

从上述计算公式可以看出，影响资本周转速度的因素有两个：第一，预付资本各组成部分的周转速度。在其他条件不变的情况下，固定资本和流动资本的周转速度越快，总周转速度也就越快。第二，预付资本各组成部分的比例。在预付资本总量既定的情况下，流动资本比重越大，总周转速度越快。

加快资本周转速度，对于资本的利用和增值、生产成本的降低、竞争力的提升有着重要意义。资本周转加快，投资回收期相应缩短，就可以通过更快的资本循环，节省预付资本投入量；在利润率一定的情况下，同量资本投入可以带来更大的资本回报，提高资本运营效率；可以将节省的预付资本投放到其他生产项目，实现规模经营或分散风险的效果，

① 马克思. 资本论：第 2 卷. 2 版. 北京：人民出版社，2004：204.

降低生产经营成本。

（四）加速资本周转的意义和途径

加速资本周转对资本利用和资本价值增值有很大影响。资本的有限性和对资本价值增值追逐的无限性，决定了加速资本周转有着重大意义。

首先，加速资本周转，可以最大限度地利用资本，节约资本的使用量。假定某企业需要每月投入1万元购买原材料，这项流动资本一年周转一次，则一年内共需投入12万元。现在，资本周转速度加快，6个月即可周转一次，这就节省了6万元资本。

其次，加速资本周转，特别是流动资本周转，可以增加年剩余价值量和提高年剩余价值率。假设甲、乙两个企业预付总资本相同，都是20万元，生产资本的构成一样，固定资本和流动资本各占50%，又假定流动资本中的可变资本都是一样的，各为4万元，剩余价值率均为100%，只是流动资本的周转速度不同。甲企业可变资本为1年周转2次，乙企业为1年4次。年终甲企业主获得的剩余价值总量为40 000×100%×2=80 000（元），乙企业主获得的剩余价值总量为40 000×100%×4=160 000（元）。

最后，加速资本周转，对剩余价值的流通也有重要影响，进而影响资本家的生活、生产和再生产。剩余价值的流通包括两个方面：剩余价值的实现和实现了的剩余价值的使用。随着信用制度的发展，剩余价值流通快的企业或者把已实现的剩余价值的大部分存入银行获取利息，或者通过其他途径把已实现的剩余价值进行投资获取更多的利润。

加快资本周转速度要从影响资本周转速度的因素着手，其主要有以下几种方法：

一是努力提高企业的生产技术和管理水平，缩短生产时间，加速资本周转速度；二是充分掌握市场需求及其变化规律，采用现代化手段，搞好市场营销，缩短流通时间，加快资本周转速度；三是合理分配固定资本和流动资本的比例，分别加快固定资本和流动资本各自的周转速度。

第四节　社会资本的运行

一、社会资本再生产的核心问题

（一）社会资本及其运动

社会资本是相对于单个资本而言的。在再生产过程中，独立循环和周转、独立发挥其职能并实现自身价值增值的资本即是单个资本。在社会化大生产和市场经济条件下，市场体系中的每一个经济单位都通过需求和供给相联系，单个资本无法真正脱离社会而孤立地存在和运行，这就是单个资本拥有的社会性。这种以社会分工和市场交换为条件的、互相联系、互相依存的单个资本所组成的有机总和就是社会资本。

社会资本从数量上看，无非是单个资本的总和。但是，社会资本是一个有机体，其整体功能并非各组成部分的简单加总。社会资本内部结构决定了其整体功能是大于还是小于各部分功能之和，内部构成越有序，各相关部门越协调、平衡，其整体功能就越大。

从运动的角度来看，社会资本和单个资本的目的都是追求价值增值；运动过程中都需要依次经过购买、生产和销售三个阶段，分别以货币资本、生产资本、商品资本形态存在，

> 社会资本再生产的核心问题是社会总产品的实现问题，即社会总产品各个组成部分的价值补偿和实物补偿（替换）问题。

并发挥着各自的职能。但二者也有区别：首先，在规模上，社会资本大于单个资本，社会资本在量上是个别资本的总和。其次，社会资本运动除了包括生产消费以及与此相联系的资本流通外，还包括生活消费以及与此相联系的一般商品流通。而单个资本运动只包括生产消费和资本流通，不包括工人和资本家的个人消费以及与此相联系的一般商品流通。再次，社会资本运动不仅包括预付资本价值的运动，而且包括全部剩余价值的运动；单个资本运动仅包括部分剩余价值的运动，即剩余价值中用于资本积累的那部分价值的运动。最后，社会资本运动不仅要考察资本的价值补偿，而且要考察资本的实物补偿；单个资本运动的考察重点在于资本价值的流通和周转，而资本各个部分在物质上的补偿则不属于考察对象。

（二）社会总产品的实现和补偿

社会总产品指的是社会各个物质生产部门在一定时期内生产出来的全部物质资料的总和。它既包括用于生产消费的产品，又包括各种用于生活消费的产品，这些产品在价值上反映为社会总产值。从社会总产品出发，考察社会总资本再生产和流通过程的核心问题就是社会总产品各个组成部分的实现问题。

社会总产品由三个部分构成，分别是不变资本价值（c）、可变资本价值（v）以及剩余价值（m）。其中，c 是原有资本中转移过来的价值，而 $v+m$ 是新创造的价值。另外，社会总产品从实物形态上可以分为生产资料和消费资料两大类。研究社会再生产，需要从价值补偿和物质补偿两方面进行考察。首先，需要分析社会总产品如何从商品形态转化为货币形态，从而实现价值补偿。其次，社会总产品价值转化后，又怎样转化为再生产中需要的各种物质资料，从而实现它的物质补偿。

社会总产品的价值补偿和物质补偿是社会总产品顺利进行再生产和流通的基本条件。马克思认为："这个运动不仅是价值补偿，而且是物质补偿，因而既要受社会产品的价值组成部分相互之间的比例的制约，又要受它们的使用价值，它们的物质形式的制约。"①

社会总产品的实现用公式表示如下：

$$W'—G'\begin{cases} G—W\begin{cases} pm \\ A \end{cases}\cdots P\cdots W' \\ g—w \end{cases}$$

在这个公式中，起始点是商品资本 W'，它的运动包含着预付资本价值（$c+v$）的实现过程以及剩余价值（m）的实现过程，同时也反映了以生产消费作为媒介的资本流通和以生活消费作为媒介的商品流通。这个公式体现了社会总资本运动的基本特征，相对于货币资本的运动和生产资本的运动来说，更加适用于分析社会总资本的运动，因为货币资本运动虽然能够反映价值补偿和价值增值，但是不能反映实物补偿。而生产资本的运动虽然能够反映生产消费，但是不能反映个人消费。

（三）社会总资本再生产的理论前提

社会资本再生产的核心问题是社会总产品的实现问题，所以，为了研究社会资本再生

---

① 马克思，恩格斯．马克思恩格斯全集：第24卷．北京：人民出版社，1972：437-438.

> 社会总资本运行的两个基本理论前提：社会生产分为两大部类和社会总产品在价值上由 $c+v+m$ 三部分构成。

产的过程和规律，就必须对社会总产品的构成和比例进行分析。由前文可知，社会总产品按价值形态可以分为不变资本、可变资本以及剩余价值，从实物形态上可以分为生产资料和消费资料两部分。因此，整个社会生产可以划分为两大部类：第一部类生产生产资料（以Ⅰ表示），第二部类生产消费资料（以Ⅱ表示）。将整个社会总产品分为两大部类以及按照价值形态分为 c、v 和 m 三个部分是马克思关于社会再生产理论所依据的两个基本前提，正是因为有了这两个基本前提，"才使马克思有可能建立起他的关于资本主义社会中社会产品实现的卓越理论"[①]。

社会总产品的实物构成和价值构成以及社会生产划分为两大部类的原理，是马克思研究社会资本再生产运动的两个基本原理，是进一步分析社会资本再生产运动的理论前提。正是根据社会总产品的实物形态，将社会生产分为两大部类，才指明了社会总产品实现的基本途径，即两大部类内部以及两大部类之间的交换；也正是因为把社会总产品的价值分为三个组成部分，才有可能依据它们各自的性质和用途去发现它们实现的途径。这两种划分方式也指明了价值补偿和实物补偿的相互制约和相互联系的关系。只有社会总产品在价值上得到补偿，并且在实物上也得到替换，社会总资本才能以一种连续的方式运行。

第Ⅰ部类的资本家将生产资料交换给第Ⅱ部类的资本家或者第Ⅰ部类的其他资本家，得到价值补偿，然后用这些价值向第Ⅰ部类的其他资本家购买生产资料以及向第Ⅱ部类的资本家购买消费品，这样他就得到了实物补偿。同样，第Ⅱ部类的资本家把生产的生活资料交换给第Ⅰ部类的资本家或者第Ⅱ部类的其他资本家，他就获得了价值补偿，然后再将这部分价值和第Ⅰ部类的资本家交换生产资料以及第Ⅱ部类的其他资本家交换消费品，他就得到了实物补偿。而后，社会再生产才可以顺利进行。

二、社会资本简单再生产的实现

（一）社会资本简单再生产的实现过程

> 简单再生产，就是生产规模按原样不变的再生产。

社会资本再生产有简单再生产和扩大再生产两种类型，简单再生产是扩大再生产的现实基础，又是它的重要组成部分。因此，考察社会资本的再生产时，要首先分析简单再生产。在社会资本简单再生产过程中，资本家把全部剩余价值用于个人消费，每次的再生产过程都是以同一个规模重复进行的。为了研究社会资本的简单再生产，我们假定社会总产品的构成可以用公式表示为：

$$\text{Ⅰ}\quad 4\,000c+1\,000v+1\,000m=6\,000$$

$$\text{Ⅱ}\quad 2\,000c+\ \ 500v+\ \ 500m=3\,000$$

在这个公式中，第Ⅰ部类的不变资本的价值是 4 000，可变资本的价值是 1 000；第Ⅱ部类的不变资本的价值是 2 000，可变资本的价值是 500；剩余价值率都为 100%。

① 列宁．列宁全集：第3卷．2版．北京：人民出版社，1984：32.

由上面的公式可知，全年社会总产品是 9 000，其中第Ⅰ部类生产的全部产品的价值是 6 000，在物质形式上都为生产资料；第Ⅱ部类生产的全部产品的价值是 3 000，在物质形式上都为消费资料。

为了第二年能够按照原来的规模继续进行生产，两大部类的全部产品都必须能够实现，也就是社会所生产的全部产品都必须按价值卖出去，在价值上得到补偿；并且全部产品在物质形式上必须能够替换两大部类在上一个生产过程中所消耗掉的生产资料，以及能够满足两大部类的工人和资本家所需要的消费资料。

两大部类要顺利进行简单再生产，必须经过以下三个方面的交换关系：

一是第Ⅰ部类内部的交换。这个 4 000c 的实物形态是各种不同的生产资料，为了维持第Ⅰ部类各企业的简单再生产，第Ⅰ部类各企业必须互相购买，借以补偿这一部类各企业在生产过程中耗费掉的 4 000c。由于第Ⅰ部类是由许多不同的生产资料部门，如机械、采矿、化工等构成，各个部门又有许多企业，第Ⅰ部类 4 000c 的生产资料，有一部分要留在原来的生产单位继续发挥作用，如机器制造企业生产出来的机器要留一部分以替换本厂消耗掉的机器，其余绝大部分要在本部类内部的不同生产部门、不同企业之间交换。比如，石油采矿部门要向机器企业购买机器，机器部门要向化工企业购买橡胶制品，而化工部门必须向石油部门购买石油原料，从而补偿它们各自在生产中消耗掉的生产资料。第Ⅰ部类内部这一连串的相互交换，最后使 4 000c 的生产资料在价值上得到了实现，各部门、各企业消耗掉的不变资本在实物上都得到了替换，重新转化为生产要素。

二是第Ⅱ部类内部的交换。我们从本小节的第二个公式中可以看出，第Ⅱ部类的这部分产品 500v＋500m，代表 500v＋500m 新创造的价值，其实物形态是各种各样的消费资料，也是通过本部类内部的交换而实现的。其中，500v 代表第Ⅱ部类资本所有者预付的可变资本，需要得到价值补偿；同时，这又是第Ⅱ部类工人所获得的货币工资，工人获得工资后，就会用来购买各种消费资料，用于维持个人和家庭的生活需要。500m 代表第Ⅱ部类资本所有者所获得的剩余价值，也需要在价值上实现，并全部用于购买生活资料进行消费。所以，价值 1 000 的消费资料可以在第Ⅱ部类内部进行交换中得到实现。

三是两大部类之间的交换。两大部类各自进行内部交换后，还有第Ⅰ部类 1 000v＋1 000m 的生产资料和第Ⅱ部类 2 000c 的消费资料没有得到实现。第Ⅰ部类 1 000v＋1 000m 的生产资料，从价值形式上看是工人新创造的价值，必须全部供本部类内部工人和资本所有者个人的生活消费。但是，在实物形式上它们是生产资料，是各种机器、原料、辅助材料等。而工人和资本家需要的是消费资料。与此同时，第Ⅱ部类的 2 000c，在价值上表现为不变资本，在实物上表现为消费资料，如食品、衣服、住房等。它的实物替换实际需要的则是生产资料。两大部类的产品，在实物形态上恰好是对方所需要的，在价值量上又恰好相等。这样，就形成了两大部类之间的交换。很显然，这时两大部类之间是一种互为供给和需求的关系。通过这两大部类之间的交换，第Ⅰ部类的工人和资本家从第Ⅱ部类取得了所需要的消费资料，第Ⅱ部类生产的消费资料得到了价值补偿；第Ⅱ部类的资本家从第Ⅰ部类取得了维持简单再生产所需要的生产资料，第Ⅰ部类生产的生产资料也实现了价值补偿。

这三种交换关系如图 3－1 所示。

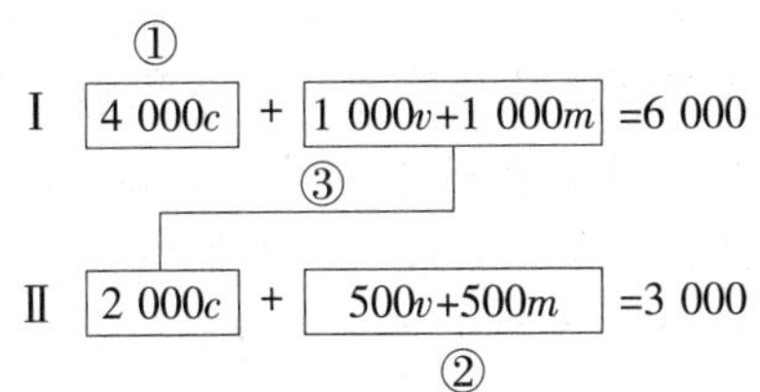

图 3-1 社会资本简单再生产的两大部类的交换关系

通过上述三个方面的交换，两大部类所生产的产品全部售出，在价值上得到了补偿，它们在生产中所消耗掉的生产资料都得到了更替，工人和资本家所需要的消费资料都得到了满足，即在实物形态上都得到了替换。

(二) 社会资本简单再生产的实现条件

通过两大部类之间三个方面的交换，社会总产品全部实现了，社会资本的简单再生产就可以继续进行下去。从上面的分析可以看出，社会总资本的简单再生产要能顺利进行，必须具备以下基本条件：

$$\text{Ⅰ}(v+m)=\text{Ⅱ}c$$

即第Ⅰ部类的可变资本与剩余价值之和，必须等于第Ⅱ部类的不变资本。它表明了社会生产两大部类之间相互依存、相互制约的一种比例关系，即第Ⅰ部类所能提供给第Ⅱ部类的生产资料同第Ⅱ部类对生产资料的需求、第Ⅱ部类为第Ⅰ部类提供的消费资料同第Ⅰ部类对消费资料的需求之间的平衡关系。这是社会资本简单再生产的基本实现条件。

如果$\text{Ⅰ}(v+m)<\text{Ⅱ}c$，则第Ⅱ部类所生产的消费资料就不能全部实现其价值，社会资本的简单再生产就无法维持；如果$\text{Ⅰ}(v+m)>\text{Ⅱ}c$，则第Ⅰ部类所生产的生产资料就不能全部售出，价值补偿不能实现，工人和资本家所需要的消费资料也得不到满足。从这个基本条件出发，我们还可以得到以下两个引申条件：

$$\text{Ⅰ}(c+v+m)=\text{Ⅰ}c+\text{Ⅱ}c$$

即第Ⅰ部类全部产品价值必须等于两大部类不变资本价值之和。这个公式表明，整个社会所供给的生产资料，要与两大部类在生产过程中对所有生产资料的总需求之间，保持有机的联系和恰当的比例，这样才能保持整个社会生产的连续性。

$$\text{Ⅱ}(c+v+m)=\text{Ⅰ}(v+m)+\text{Ⅱ}(v+m)$$

即第Ⅱ部类全部产品的价值必须等于两大部类的可变资本价值和剩余价值之和。这反映了全社会消费资料的生产和消费之间所应该保持的比例关系。

以上三个实现条件，第一个是基本的，其余两个是从第一个实现条件中派生、引申出来的。它们都从不同的侧面反映了社会资本的再生产，哪怕是最基本的简单再生产所必须达到的条件，它们中间的任何一个被破坏，都将使资本再生产难以正常进行。

三、社会资本扩大再生产的实现

> 扩大再生产是社会生产总量不断增长的再生产。

(一) 社会资本扩大再生产的前提条件

在分析了社会资本简单再生产的基础上，我们进一步把社

会再生产作为扩大再生产来进行分析。

在这里，我们假定社会资本的扩大再生产是以资本积累为条件的，即资本家把获得的剩余价值分为两个部分：一部分用于自己的个人消费，以 m/x 来表示；另一部分用于积累，以（$m-m/x$）表示。在社会再生产条件下，追加的资本部分必须在市场上有相应的物质生产要素存在。所以，在社会资本扩大再生产条件下，社会资本扩大再生产的进行，首先必须解决追加资本的物质生产要素的供给问题。这就必须分析社会资本扩大再生产的前提条件。

社会资本进行扩大再生产要求有追加的生产资料。我们知道，生产资料是在第Ⅰ部类生产出来的，所以追加的生产资料只能来源于第Ⅰ部类。这时，第Ⅰ部类生产的生产资料不仅要能够满足两大部类的简单再生产对生产资料的需求，而且必须能够为两大部类的扩大再生产提供追加的生产资料。用公式可以表示为：

$$\text{Ⅰ}(v+m)>\text{Ⅱ}c$$

也就是说，社会生产的第Ⅰ部类所生产的生产资料在满足了本部类内部对生产资料的需求（Ⅰc）之后，同时又满足了第Ⅱ部类的简单再生产对生产资料的需求（Ⅱc）之外，仍有剩余部分可以为两大部类的扩大再生产提供追加的生产资料。

社会资本扩大再生产所要求追加的消费资料来源于第Ⅱ部类。对第Ⅱ部类而言，资本家的积累使得其产品的价值构成发生了变化。这时，第Ⅱ部类的资本家将 m/x 作为自己的个人消费，而将（$m-m/x$）部分资本化，用于追加投资。这样，第Ⅱ部类的产品在满足了本部类维持简单再生产对消费资料的需求和第Ⅰ部类维持简单再生产对消费资料的需求之外，还应该有剩余部分来满足扩大再生产对消费资料的需求。用公式可以表示为：

$$\text{Ⅱ}(c+m-m/x)>\text{Ⅰ}(v+m/x)$$

其中，m/x 是第Ⅱ部类资本家的个人消费部分。只有同时具备以上两个前提条件，社会总资本扩大再生产才有可能进行，但是要使扩大再生产成为现实，还必须在此基础上进一步考察社会资本扩大再生产的实现条件。

（二）社会资本扩大再生产的实现过程

在社会资本扩大再生产条件下，两大部类的资本家都进行了资本积累。假设剩余价值率为100%，资本有机构成不变。他们的资本积累按照生产过程的要求分为两个部分：$\Delta c+\Delta v$。在进行了资本积累之后社会总产品的组合就会发生相应的变化，首先分析第Ⅰ部类资本家的积累。

假设上一年社会总产品的构成是：

$$\text{Ⅰ}\quad 4\,000c+1\,000v+1\,000m=6\,000$$

$$\text{Ⅱ}\quad 1\,500c+750v+750m=3\,000$$

为了扩大再生产，我们首先假定第Ⅰ部类的资本家从 $1\,000m$ 的剩余价值中拿出 $500m$ 用于个人消费，即 $m/x=500$；$500m$ 用于积累追加资本，即（$m-m/x$）$=500$。资本有机构成是不变的，即 4∶1，那么作为积累的 500 剩余价值中就应有 400 作为追加的不变资本，即 $400\Delta c$，100 作为追加的可变资本，即 $100\Delta v$。这样，第Ⅰ部类第一年的全部产品经过资本积累后，按照它们的实际用途便可以重新组合为：

$$\text{Ⅰ}(4\,000c+400\Delta c)+(1\,000v+100\Delta v)+500m/x=6\,000$$

由于第Ⅱ部类的扩大再生产需要第Ⅰ部类提供必要的生产资料，所以第Ⅱ部类扩大再生产的规模受到第Ⅰ部类扩大再生产的影响和限制。

在上面的假定中，第Ⅰ部类的扩大再生产可以为第Ⅱ部类提供的生产资料为：$(1\,000v+100\Delta v)+500m/x$，即1 600。第Ⅱ部类可以获得的追加的生产资料的价值只有100，即1 600－1 500。

同时假定第Ⅱ部类资本的有机构成也是不变的，即2∶1，则第Ⅱ部类的资本家首先就应从750的剩余价值中拿出100作为追加的不变资本即$100\Delta c$，使第Ⅱ部类的不变资本由1 500增加到（$1\,500c+100\Delta c$），以与第Ⅰ部类所提供的追加的生产资料相适应。第Ⅱ部类的资本家还必须再从剩余价值中拿出50作为追加的可变资本$50\Delta v$，使第Ⅱ部类的可变资本由$750v$增加为$750v+50\Delta v$。这样第Ⅱ部类第一年的全部产品经过资本积累，按照它们的新用途便可以重新组合成为：

$$\text{Ⅱ}(1\,500c+100\Delta c)+(750v+50\Delta v)+600m/x=3\,000$$

在进行扩大再生产时，社会总产品的实现过程也同样是通过三个方面的交换关系完成的。

第Ⅰ部类内部各个企业之间进行的交换，它实现了Ⅰ$(4\,000c+400\Delta c)$；

第Ⅱ部类内部进行的第Ⅱ部类的工人和资本家通过个人购买实现的社会产品部分，即Ⅱ$(750v+50\Delta v)+600m/x$；

两大部类之间的相互交换活动：第Ⅰ部类的资本家和工人购买第Ⅱ部类生产的消费资料，第Ⅱ部类的资本家从第Ⅰ部类购买生产资料。

经过上述三个方面的交换关系，社会总产品的各个部分全部得到实现，两大部类的再生产都可在扩大规模上进行。如果剩余价值率仍为100%，那么，到第二年年终，社会总产品的价值可增加为9 800。它的构成可以用下列公式来表示：

$$\text{Ⅰ}\,4\,400c+1\,100v+1\,100m=6\,600$$

$$\text{Ⅱ}\,1\,600c+800v+800m=3\,200$$

如此可以类推下去，社会资本的扩大再生产就能够不断进行。

（三）社会资本扩大再生产的实现条件

从以上分析可以看出，社会资本扩大再生产的实现条件是：

第Ⅰ部类原有的可变资本加上追加的可变资本，再加上用于资本家个人消费的剩余价值部分，这三者之和必须等于第Ⅱ部类原有的不变资本与追加的不变资本之和。用公式表示如下：

$$\text{Ⅰ}(v+\Delta v+m/x)=\text{Ⅱ}(c+\Delta c)$$

这个公式表明了第Ⅰ、第Ⅱ两部类之间的相互依赖关系，既说明了第Ⅰ部类生产的生产资料在满足了本部类内部扩大再生产对生产资料的需要之外，还必须能够满足第Ⅱ部类扩大再生产对生产资料的需要；也说明了第Ⅱ部类生产的消费资料在满足了第Ⅱ部类的扩大再生产对消费资料的需求之外，还必须能够满足第Ⅰ部类的扩大再生产对消费资料的需求。这个公式就是社会资本扩大再生产得以顺利进行的最基本的实现条件。

在此基础上，还可引申出另外两个条件：

从第Ⅰ部类生产的生产资料来看，是：

$$\mathrm{I}(c+v+m)=\mathrm{I}(c+\Delta c)+\mathrm{II}(c+\Delta c)$$

即第Ⅰ部类的全部产品必须等于两大部类原有的不变资本与为了进行扩大再生产而追加的不变资本之和。也可以说是第Ⅰ部类生产的全部生产资料正好可以满足两大部类扩大再生产对生产资料的需求。

从第Ⅱ部类生产的消费资料来看，是：

$$\mathrm{II}(c+v+m)=\mathrm{I}(v+\Delta v+m/x)+\mathrm{II}(v+\Delta v+m/x)$$

即第Ⅱ部类生产的全部产品必须等于两大部类原有的可变资本与追加的可变资本，以及资本家用于个人消费的剩余价值部分之和。也可以说是第Ⅱ部类生产的全部消费资料的总和正好可以满足两大部类在扩大再生产条件下，工人和资本家的消费需要。

总之，只有具备上述实现条件，社会总产品才能全部实现，社会资本扩大再生产才能顺利进行。在社会资本扩大再生产过程中，社会生产的两大部类之间、两大部类内部的各部分之间、两大部类资本家的积累之间以及社会生产和社会消费之间都必须保持一定的比例关系。这就是社会化大生产的顺利进行在客观上需要保持的比例关系。

马克思主义关于社会资本再生产理论揭示了社会资本运动的内在规律性，即社会两大部类之间以及部类内部都应保持一定的比例关系，社会再生产才能顺利进行，否则社会总产品的实现就会遇到困难，生产过剩的经济危机就会产生。这一理论启示我们：社会主义市场经济的运行同样需要保持各个方面合理的比例关系；需要保持社会总供给和社会总需求的基本平衡；社会主义生产的积累和发展与劳动人民消费水平的提高必须协调。

本章小结

1. 资本是一种特殊的价值形式，具有增值性、运动性、返还性和风险性，追求价值增值是资本的本质。

2. 再生产过程是价值形成过程和价值增值过程的统一。再生产可以分为简单再生产和扩大再生产，扩大再生产更具有基础地位。资本积累是剩余价值的资本化过程，其实质是资本家通过扩大生产规模和剩余价值生产，进一步加强对工人的剥削。资本积累有其内在动因和外在压力，即资本无止境追求价值增值的本质和激烈的外部竞争。资本积聚是指个别资本依靠剩余价值的资本化来增大资本总额。资本集中是指许多分散的小资本通过互相吞并或联合起来形成大资本。资本的积聚和集中是单个资本总额增大的两条途径，两者既相互联系，也相互区别。

3. 单个资本在运动过程中，需要依次经过购买、生产和销售阶段，并相应改变自己的职能形态，实现价值的增值。产业资本的循环是货币资本循环、生产资本循环、商品资本循环三种不同的循环形式的统一，分别从不同侧面反映了资本运动的特征。产业资本的周转是指产业资本连续不断、周而复始的循环运动。资本周转速度受生产时间和流通时间，以及生产资本构成中固定资本与流动资本构成比例、各自周转速度的影响。加快资本周转可以节省预付资本量、提高利润率、降低生产成本，对于企业经营具有非常重要的意义。

4. 社会总资本运行的核心问题就是社会总产品的实现问题。马克思将社会生产分为两大部类，并将社会总产品从价值形态上分为不变资本价值、可变资本价值和剩余价值，在此前提下揭示了社会资本再生产的过程和规律。只有两大部类内部结构相互协调，保持合理的比例，社会资本再生产才得以顺利进行。这也启示我们：社会主义市场经济的运行同样需要保持各个方面合理的比例关系；需要保持社会总供给和社会总需求的基本平衡；社会主义生产的积累和发展与劳动人民消费水平的提高必须协调。

练习与思考

一、名词解释

资本	不变资本	可变资本	必要劳动时间
剩余劳动时间	利润率	资本积累	剩余价值率
资本积聚	资本集中	产业资本	产业资本循环
固定资本	流动资本	预付资本	资本周转时间
社会总资本			

二、不定项选择题

1. 资本主义再生产的特征是（　　）。

A. 简单再生产　　B. 扩大再生产

C. 物质资料再生产　　D. 劳动力再生产

2. 资本积累的源泉是（　　）。

A. 资本家的节俭　　B. 资本的价值

C. 剩余价值　　D. 扩大再生产

E. 通过大资本吞并中小资本扩大生产规模

3. 资本集中的两个有力的杠杆是（　　）。

A. 竞争和剩余价值　　B. 竞争和信用

C. 资本积累和资本积聚　　D. 剩余价值和扩大再生产

4. 资本主义积累的历史趋势是（　　）。

A. 生产高度社会化

B. 社会财富向资本家手中集中

C. 由自由竞争走向私人垄断

D. 资本主义必然灭亡，社会主义必然胜利

5. 单个资本增大的途径有（　　）。

A. 通过资本积累扩大生产规模

B. 资本集中

C. 通过现有资本的组合扩大生产规模

D. 资本积聚

6. 资本主义积累的一般规律是（　　）。

A. 随着资本积累的发展，生产规模越来越大

B. 社会财富随资本积累急剧增加

C. 财富的增加使劳动者消灭了相对贫困

D. 大量财富日益集中在少数资本家手中

E. 广大劳动者处于相对或绝对贫困之中

三、问答题

1. 简述资本积累的动因以及影响资本积累的因素。
2. 简述资本积累、资本积聚和资本集中的联系和区别。
3. 简述产业资本循环的几个阶段以及相应的职能形态。
4. 简述资本循环正常进行的条件以及资本周转的影响因素。
5. 试述社会资本运动和单个资本运动的联系和区别。
6. 简述简单再生产和扩大再生产的实现条件和实现过程。
7. 简述加速资本周转的实现途径及意义。

四、思考题

马克思的资本循环和资本周转理论是对资本主义社会单个资本运动进行分析的理论，它揭示了商品经济条件下企业资本运动的一般规律。因此，撇开资本主义生产关系，资本循环和资本周转理论对社会主义企业同样是适用的。可以结合马克思的资本循环和资本周转理论，论述保证社会主义企业资本循环正常进行和加速资本周转的重要性和主要途径。

第4章 资本主义的生产过程

在资本主义制度下，社会生产一方面是商品的生产，另一方面又是剩余价值的生产。资本家对工人创造的剩余价值的无偿占有，是资本主义生产方式的本质。本章首先介绍了资本主义制度的产生背景，从揭示资本主义条件下资本运动总公式的矛盾开始，对资本主义生产过程进行剖析，说明了剩余价值的真正来源。

第一节　资本主义制度的形成及其本质特征

一、资本主义制度的形成

马克思指出："资本主义社会的经济结构是从封建社会的经济结构中产生的。后者的解体使前者的要素得到解放。"[①] 在中世纪的欧洲，随着生产力的提高以及商品货币关系的发展，封建社会的生产关系逐步解体，这为新的资本主义生产关系的产生准备了必要条件。

最早的资本主义萌芽产生于14世纪和15世纪意大利北部的威尼斯、热那亚、比萨、佛罗伦萨、米兰等城市以及法国的马赛、巴

① 马克思. 资本论：第1卷. 2版. 北京：人民出版社，2004：822.

黎、德国的科隆、英国的伦敦等地。日益活跃的贸易，推动了手工业的发展。资本主义手工工场一部分是从行会手工业中分化出来的：在城市手工业发展的过程中，一些生产条件较好、采用先进技术的手工业者的劳动生产率不断提高，在经济上也日益富裕起来。他们冲破封建行会限制竞争、限制发展的清规戒律，不断扩大生产规模，招募更多的帮工。这些首先富裕起来的手工业者开始脱离生产劳动，最后成为剥削雇佣劳动者的资本家。相反，一些生产条件较差的手工业者，由于资金短缺、技术落后、经营不善，导致日益亏损，最后破产倒闭，连同帮工学徒都沦为出卖劳动力的雇佣劳动者。另一部分是通过商人资本控制小生产者形成的。这主要是指一些包买商在市场竞争激烈的情况下进行集中生产，具体而言就是他们通过供应原料、收购产品，进而为手工业者提供生产工具、资金以及生活必需品，逐步将他们与市场的联系完全割裂，最终使小生产者成为包买商的手工工场链条上的一个环节，而包买商也因此而蜕变为工业资本家。

资本主义生产方式在封建社会内部萌芽、成长，是一个相当缓慢的过程。“这种方法的蜗牛爬行的速度，无论如何也不能适应 15 世纪末各种大发现所造成的新的世界市场的贸易需要。”[①] 同时，作为人类社会历史上生产方式的一次根本性变革，资本主义的产生不可避免地伴随着暴力以及广大劳动阶级的苦难。马克思指出：“为资本主义生产方式奠定基础的变革的序幕，是在 15 世纪最后 30 多年和 16 世纪最初几十年演出的。”[②] 这种变革的序幕就是资本原始积累。

资本主义经济制度的建立，在经济上需要具备两个基本条件：一是有大量的有人身自由但失去生产资料的劳动者；二是在少数人手中积累了为组织资本主义生产所需要的大量货币财富。小商品生产者的两极分化在不断地准备着这两个条件。但是，仅仅靠这种方式来发展资本主义，那只是一个渐进的、缓慢的过程。15 世纪的地理大发现使世界市场急剧扩大，这对资本主义经济的发展产生了强大的刺激作用。新兴资产阶级在强烈的致富欲望的推动下，便采取暴力手段加速了上述两个条件的形成过程，这就是资本的原始积累过程。由于它是发生在资本主义生产方式确立之前的资本积累过程，而不是在资本主义生产方式内部进行的，所以被称为资本原始积累。

资本原始积累是指用暴力手段强迫劳动者与生产资料相分离，并把大量货币财富集中到少数人手中，为资本主义生产方式的建立准备经济条件的历史过程。剥夺广大农民的土地是资本原始积累全过程的基础。资本主义发展所需要的雇佣劳动力大量来自失去土地的农民。历史上，对农民进行暴力掠夺的典型是英国的“圈地运动”，从 15 世纪末到 19 世纪初前后经历了 300 多年。为适应毛纺工业的发展需要，新兴资产阶级将农民从土地上驱走，把耕地变为牧场，把破产农民赶入城市，并借助血腥的立法迫使他们进入工场做工，充当雇佣劳动者。不仅如此，英国当时的法令还规定，对于没有职业的流浪者，第一次被捕要受鞭打，第二次被捕要割去一只耳朵，第三次被捕要判处死刑。1509—1547 年，被处死的流浪者有 72 000 人。这就是英国历史上“羊吃人”的时代。

---

① 马克思．资本论：第 1 卷．2 版．北京：人民出版社，2004：860．

② 同①825．

为了加速货币财富的积累，新兴资产阶级还采用暴力手段，在海外抢占殖民地，进行奴隶贸易。在1680—1775年的95年中，英国人就运送了350万非洲黑人到美洲去做奴隶。此外，英国、俄国、德国、法国、日本、美国等资本主义国家，还通过侵略战争，用勒索战争赔款的办法来积累货币资本。这些国家的资产阶级在掌握国家政权后，还利用发行公债，征收捐税、关税等办法，从民众身上搜刮大量钱财来支持新兴资产阶级，发展资本主义工业。

所以，资本原始积累的过程，就是运用暴力手段迫使农民和手工业者破产的过程，就是殖民地人民被杀戮、被掠夺、被贩卖为奴隶的过程。在这个过程中，大量的雇佣劳动者产生了，大量的货币资本积累起来了。对此，马克思曾指出："资本来到世间，从头到脚，每个毛孔都滴着血和肮脏的东西。"[①] 资本原始积累的过程，大大促进了资本主义生产方式的产生和确立。

二、资本主义制度的本质特征

> 资本主义生产方式的本质特征是雇佣劳动制度。

雇佣劳动制度是资本主义生产方式的本质特征。资本主义制度造成直接生产者与生产资料分离，劳动者与生产资料的重新结合是在雇佣劳动制度下实现的。由于资本家掌握了生产资料，而劳动者除了自己的劳动力以外一无所有，不得不将自己的劳动力出卖给资本家，通过出卖自己的劳动力与生产资料结合起来进行生产活动。

资本主义制度的基础是生产资料资本主义私有制。尽管在资本主义的发展过程中，特别是在第二次世界大战之后，出现了国有经济，而且国有经济在国民经济中的比重在一段时期内有所上升，但整个国民经济的私有制基础并没有改变。这是因为：一方面，国有经济的发展是有限的，并没有成为国民经济的主体；另一方面，国有经济除在公共部门外，主要集中在某些特殊部门，这些部门都是私人资本不愿经营或不能经营的。更何况20世纪70年代资本主义国家普遍发生了私有化浪潮，使国有经济在资本主义经济中的地位有所下降。

人类历史上存在过的一切剥削制度，都是以居于统治地位的少数剥削者个人或剥削者集团占有生产资料为基础的。资本主义作为一种剥削制度，其基础和历史上存在过的其他剥削制度一样，也是生产资料私有制。但是，资本主义剥削制度与其他剥削制度有着根本的区别。在奴隶制度下，劳动者与生产资料的结合是通过他们失去全部人身自由、沦为奴隶主的财产的方式实现的。在封建制度下，劳动者和生产资料的结合是通过他们对封建地主的人身依附和土地依附实现的。与上述不同，在资本主义条件下，劳动者和生产资料的结合是以具有人身自由的劳动者向资本家出卖劳动力的方式实现的。无论资本主义的具体形式如何变化，雇佣劳动制度都是始终不变的。所以说，雇佣劳动制度是资本主义生产方式的本质特征。

---

① 马克思，恩格斯. 马克思恩格斯全集：第23卷. 北京：人民出版社，1972：829.

第二节　货币转化为资本

一、资本运动总公式及其矛盾

资本最初总是表现为一定数量的货币，但货币本身并不是资本。作为资本的货币和作为商品流通媒介的货币是有区别的。这种区别在静止的时候是看不出来的，只有通过考察两者的运动即流通过程才能揭示出来。

单纯作为商品流通媒介的货币，其流通公式为：商品—货币—商品，用字母表示为：W—G—W。而作为资本的货币，其流通公式为：货币—商品—货币，用字母表示为：G—W—G。在这两个流通公式里，由于它们都是以商品货币形式进行运动的，因而表现形式有相似之处：两种流通过程都有买和卖两个阶段，是买和卖两个阶段的统一，都有买者、卖者和既买又卖者三种当事人。但是，它们之间又存在着本质的差别，这表现在：

首先，两者的流通形式不同。在商品流通即 W—G—W 的公式里，是从卖开始（W—G），以买结束（G—W）。在这里，商品生产者先是卖出自己的商品换回货币，再用货币买进自己所需要的商品，这是为买而卖，起点和终点都是商品，货币是两种商品相交换的媒介。在资本流通即 G—W—G 的公式里，是从买开始（G—W），以卖结束（W—G）。在这里，货币所有者先用货币购买商品，然后再卖出商品换回货币，这是为卖而买，起点和终点都是货币，商品成为两个货币流通的媒介。

其次，两者的流通内容和目的不同。在商品流通即 W—G—W 中，起点和终点是不同的商品，流通的内容是实现不同使用价值的交换。流通的目的是取得特定的商品以满足商品生产者自己的需要。在资本流通即 G—W—G 中，起点和终点虽然都是货币，但流通终点的货币数量必须大于起点的货币，这就是资本流通的实际内容。因此，资本的完整流通形式即资本总公式应该为：G—W—G'，$G'=G+\Delta G$。ΔG 是运动过程结束后的价值增值额，被称为剩余价值（m）。可见，资本流通的目的在于获得比预付货币价值更大的价值。由上述分析可知，在商品流通中，货币只是作为购买手段，充当商品流通媒介，它并不是资本。而在资本流通中，货币在运动中能够带来剩余价值，发生了价值增值，这时的货币已不是普通的货币，而已经转化为资本，成为资本的存在形式。所以，货币只有当它作为带来剩余价值的价值时，才成为资本，或者说资本是能够带来剩余价值的价值。

最后，两者的流通限度不同。在商品流通（W—G—W）中，流通是为满足一定需要而交换不同的使用价值，一旦购买到所需要的商品之后，商品就退出了流通领域，价值的运动过程由于商品的消费而结束。因此，商品流通的过程是有限的。而在资本流通（G—W—G'）中，交换是为了获得预付货币的价值增值，这种对价值增值的追求是无止境的，因而，资本流通的过程是无限的。正如马克思所说，资本的全部运动“只是谋取利润的无休止的运动”[①]。

---

① 马克思，恩格斯．马克思恩格斯全集：第 23 卷．北京：人民出版社，1972：175.

需要说明的是，$G—W—G'$这一资本流通公式，对一切形式的资本运动都是适用的。不仅商业资本的运动直接表现为先买后卖的过程，而且产业资本和借贷资本的运动过程也基本如此，它们不过是在这一公式基础上的补充或简化。因此，这一公式概括了产业资本、商业资本和借贷资本运动的共同特点，所以被称为资本总公式。

资本总公式（$G—W—G'$）表明，货币在运动中发生了价值增值，这同价值规律的要求发生了矛盾。这个矛盾表现在：按照价值规律的要求，商品的价值量是由生产这种商品的社会必要劳动时间决定的，商品交换要按照等价交换的原则进行。因而在流通中，无论是$G—W$，还是$W—G$，商品的价值量都不能变化，不能发生价值增值。但是，资本总公式呈现出来的现象是经过流通过程，资本的价值量发生了变化，实现了价值增值，这就是资本总公式的矛盾所在。

解决资本总公式矛盾的条件是：剩余价值的产生既不在流通领域，又离不开流通领域。

解决资本总公式的矛盾，关键在于说明剩余价值是怎样产生的，还要说明货币转化为资本是怎样实现的。要说明这些问题仅限于流通领域是不可能的，因为在流通领域中，无论是等价交换还是不等价交换，都不能产生剩余价值。在等价交换的情况下，任何一个商品所有者从流通中所获得的价值，都应当等于商品所包含的价值。因此，等价交换不可能产生剩余价值。在不等价交换的情况下，无论是贱买还是贵卖，也同样不能产生剩余价值。因为进入市场的每一位资本家既是买者又是卖者，他们的权利是平等的，他们作为买者或卖者的所得，在他们作为卖者或买者时会同样失去，其手中的货币不会增值。“因此，剩余价值的形成，从而货币的转化为资本，既不能用卖者高于商品价值出卖商品来说明，也不能用买者低于商品价值购买商品来说明。”① 即使有些资本家特别狡诈，经常贱买又贵卖，仍然无法说明剩余价值的最终来源。这只不过是改变了社会总价值在不同资本家之间的分配，不能增加流通中的价值总量。因而这种情况也无法解释整个资本家阶层得到的剩余价值是从哪里产生的，因为“一个国家的整个资本家阶级不能靠欺骗自己来发财致富”②，所以马克思指出：“无论怎样颠来倒去，结果都是一样。如果是等价物交换，不产生剩余价值；如果是非等价物交换，也不产生剩余价值。流通或商品交换不创造价值。”③

剩余价值虽然不能在流通中产生，但也不能离开流通领域。剩余价值的产生，必须以货币投入流通为条件。如果资本家不把货币投入流通，不买也不卖，而把它收藏起来，哪怕一万年，也不会多出一分一毫来。因而剩余价值的产生，货币转化为资本，必须通过流通领域，但又不在流通领域产生。这就是解决资本总公式矛盾的条件。

按照这个条件来解决资本总公式的矛盾是因为：首先，剩余价值不能发生在$G—W$阶段的货币上。因为这里的货币只是作为购买手段或者支付手段，只是实现商品的价值，其价值量没有增加。其次，剩余价值也不可能发生在$W—G$阶段的商品售卖行为上。因为这里的商品价值是既定的，通过商品的售卖活动，只发生价值形式的变化，不会发生价值增值。最后，剩余价值的产生只能发生在$G—W$阶段中的商品上。货币所有者必须购买到一

① 马克思，恩格斯. 马克思恩格斯全集：第23卷. 北京：人民出版社，1972：183.

② 同①185-186.

③ 同①186.

种特殊的商品，而且这种商品具有特殊的使用价值，通过对它的使用不仅能创造价值，而且能创造出比这种商品自身价值更大的价值，即能够产生价值增值。这种特殊的商品就是劳动力。因此，劳动力成为商品，是货币转化为资本的前提。

二、劳动力的买和卖

劳动力是指人的劳动能力，即存在于人体内的体力和脑力的总和。劳动力成为商品是解决资本总公式矛盾的条件，也是货币转化为资本的前提。

> 劳动力成为商品是解决资本总公式矛盾的唯一途径。

劳动力成为商品，是一种特殊的社会历史现象。它必须具备两个条件：第一，劳动力的所有者必须具有人身自由，这样才可以把劳动力当作商品不断地出卖。第二，劳动力所有者丧失一切生产资料和生活资料，不得不靠出卖唯一属于自己所有的劳动力来维持生活。这两个条件是在封建社会逐步瓦解、小商品生产者日益两极分化、绝大多数劳动者沦为无产者的历史过程中形成的。劳动力成为商品，标志着简单商品生产发展到了资本主义商品生产。

像任何商品一样，劳动力商品也具有价值和使用价值。但是，劳动力是一种特殊的商品，它的价值和使用价值也具有不同于普通商品的特点。劳动力商品的价值是由生产和再生产劳动力这种特殊商品的社会必要劳动时间决定的。由于劳动力存在于人的身体中，劳动力的生产必须以劳动者的生存为前提。所以，劳动力商品的价值最终还需还原为维持和再生产劳动力这一商品所必需的生活资料的价值，它主要由三部分构成：（1）维持劳动者自身生存所必需的生活资料的价值，这用于再生产劳动力；（2）维持劳动者的家属生存所必需的生活资料的价值，这用于延续劳动力的供给；（3）劳动者接受教育和培训所支出的费用，这用于提供适合资本主义再生产所需要的劳动力。需要指出的一点是，劳动力商品价值的决定还包含着一个历史的和道德的因素。因为雇佣劳动者所必需的生活资料的种类和数量不仅取决于各个国家的自然条件，而且要受各个国家一定历史条件下的经济和文化的发展水平以及道德、风俗习惯等的制约。但在一个国家的一定历史时期，劳动者所必需的生活资料的范围和数量是一定的，随着社会经济和文化水平的发展，必要生活资料的种类和数量不断增加，质量和结构也发生变化，从而使劳动力价值的物质和精神内容不断丰富。

同其他一切商品不同，劳动力这一商品具有特殊的使用价值。普通商品在消费或使用时，随着使用价值的消失，价值也随之消失或转移到新产品中去。劳动力商品则不同，它的使用或消费就是劳动，而劳动能创造出新价值，并且这个新价值大于劳动力自身的价值。因此，劳动力商品的使用价值的特殊性，在于它是价值的源泉。货币所有者之所以要购买劳动力，就是因为它具有这种特殊的使用价值。

资本家按照劳动力的价值购买了工人的劳动力，劳动力的使用价值就属于资本家所有。工人在劳动过程中所创造的全部新价值，包括剩余价值，也都归资本家所有。剩余价值正是在劳动力卖和买的基础上产生的。在这里，商品交换的规律没有被破坏，劳动力是按照等价交换的原则买卖的。但是，劳动力的买卖，为资本家获得剩余价值提供了前提条件。资本家在购买劳动力的同时，还要购买生产资料，并使二者结合，以便为剩余价值的生产做好准备。

第三节 剩余价值的生产过程

一、资本主义生产的劳动过程和价值增值过程

资本主义生产是商品生产。生产商品的劳动二重性决定了资本主义商品生产过程具有两重性：一方面是生产使用价值的劳动过程；另一方面又是生产剩余价值的价值增值过程。资本主义生产过程是劳动过程和价值增值过程的统一。

（一）资本主义的劳动过程

任何劳动过程都是劳动者借助于劳动资料，加工劳动对象，生产财富的过程。资本主义劳动过程也是如此。但是，在资本主义条件下，由于生产资料归资本家所有，劳动者失去了一切生产资料，劳动者和生产资料处于分离状态，二者只有通过雇佣劳动关系才能结合在一起。资本主义劳动过程，就是资本家消费劳动力的过程。因此，资本主义劳动过程具有两个明显的特点：第一，工人是在资本家的指挥和监督下进行劳动，工人的劳动属于资本家，服从资本家的安排，为资本家的利益而生产。第二，工人劳动生产出来的产品不归工人所有，而归资本家所有。

资本主义劳动过程的结果是生产出某种产品即使用价值，但生产使用价值并不是资本家的目的，他之所以要工人生产使用价值，是因为使用价值是价值和剩余价值的物质承担者，而资本主义生产过程的本质特征就是价值增值过程。

（二）资本主义的价值增值过程

价值增值过程是以价值形成过程为起点的，因此，对价值增值过程的分析，首先要从价值形成过程来考察。

资本主义商品的价值由两部分构成：一是劳动者通过具体劳动在创造出新产品的同时，将已消耗的生产资料原有的价值转移到新商品中去的部分，即物化劳动的转移。二是劳动者的抽象劳动凝结在新商品中而形成的新价值部分，即活劳动的凝结。我们以资本主义某纺纱厂为例：资本家为了生产棉纱而获得剩余价值，必须按照价值购买劳动力和生产资料。假定每个纺纱工人劳动力的日价值为3元，劳动6小时就能生产出来；又假定每个纺纱工人劳动6小时，能生产10斤棉纱，需要消耗10斤棉花，其市场价值为10元，同时消耗纱锭等劳动资料，其市场价值为2元。那么，一个纺纱工人劳动6小时生产的10斤棉纱的价值为15元：包括转移过来的生产资料的原价值12元（＝10＋2）和工人6小时抽象劳动创造的价值3元。按照等价交换原则，把10斤棉纱卖出去，收回来的货币价值是15元，其中12元用来补偿资本家购买生产资料的价值，其余3元用来补偿资本家购买劳动力的价值，结果就是他的预付资本价值没有增值。这便是价值形成过程。

资本主义生产过程绝不会停留在价值形成过程上，因为劳动力的日价值和劳动力一天

的使用所创造的价值是两个完全不同的量，资本家购买劳动力商品时，看中的恰恰是这个价值差额。劳动力商品和其他商品一样，当它被卖给资本家之后，它的使用价值就不再属于工人而是属于资本家了。这样，资本家就会加强对劳动力的使用。在生产技术水平和劳动强度一定的条件下，主要方法就是延长劳动时间。如果把工人的劳动时间由 6 小时延长到 12 小时，这时工人的劳动时间就增加了 6 小时，所消耗的棉花和纱锭等生产资料的价值和工人新创造的价值也相应地增加 1 倍，需要 20 斤棉花，价值 20 元，消耗纱锭等劳动资料价值 4 元，共转移生产资料价值 24 元；纺纱工人 12 小时劳动创造的新价值是 6 元。这样，20 斤棉纱的价值共计为 24＋6＝30（元）。棉纱按价值出售后，资本家不仅收回了原来预付的资本 27 元（＝24＋3），而且两者之间还有 3 元的差额，这 3 元便是剩余价值。可见剩余价值是由雇佣工人创造的、被资本家无偿占有的、超过劳动力价值的价值。一旦资本价值发生增值，价值形成过程就转变为价值增值过程。所以说，价值增值过程不外是超过一定点而延长了的价值形成过程。

价值形成过程与价值增值过程的区别就在于，工人一天的劳动时间超过了再生产劳动力价值所需要的时间。当雇佣工人的劳动时间只持续到创造劳动力价值的时候，就是单纯的价值形成过程。当雇佣工人的劳动时间延长到补偿劳动力价值所需要的时间以上时，价值形成过程同时就变成了价值增值过程。对此，马克思指出："作为劳动过程和价值形成过程的统一，生产过程是商品生产过程；作为劳动过程和价值增殖过程的统一，生产过程是资本主义生产过程，是商品生产的资本主义形式。"① 对于资本主义生产来说，劳动过程是手段，价值增值过程是目的。资本家虽然也关心使用价值的生产，但那是为了获得剩余价值。追求尽可能多的剩余价值，是资本主义生产的直接目的和决定性动机。

在资本主义生产过程中，工人的劳动时间分为两部分：一部分是用于再生产劳动力价值的时间，这部分时间叫作必要劳动时间，在必要劳动时间内支出的劳动，叫作必要劳动。因为对于每个劳动者来说，这一部分劳动是用来维持他自己和家庭的生活所必要的。另一部分是超过必要劳动时间的那一部分劳动时间，叫作剩余劳动时间，这部分时间为资本家创造剩余价值。在剩余劳动时间内支付的劳动，叫作剩余劳动。

由此可见，剩余价值是在资本主义生产过程中产生的，但必须以流通过程为媒介，因为不论是劳动力的购买和出卖，还是原材料和设备等的购买，都是在流通领域中进行的。所以，剩余价值虽不在流通领域中产生，但又不能离开流通领域。

二、不变资本和可变资本

（一）不变资本

资本家用于购买生产资料的那一部分资本，或者说，以机器、厂房、原材料形式存在的那部分资本就叫作不变资本（c）。之所以购买生产资料的资本叫不变资本，是因为这部分资本价值在剩余价值的生产过程中并不发生价值增值作用，只是根据它们的消耗程度，

① 马克思，恩格斯. 马克思恩格斯全集：第 23 卷. 北京：人民出版社，1972：223.

固定资本和流动资本同不变资本和可变资本的区别和联系：

按在剩余价值生产中的作用区分	按价值周转方式区分	
不变资本	厂房、机器、设备、工具	固定资本
	原料、燃料、辅助材料	流动资本
可变资本	转化为劳动的资本	

被转移到新产品中去。在生产资料中，像原料、燃料等物品，它们的价值随着其使用价值的消耗，一次就全部转移到新产品中去。除了原料、燃料之外，还有其他一些生产资料，主要是劳动资料，它们在生产过程中使用的时间是大不相同的。例如，厂房可以使用几十年，机器可以使用 10 年、8 年，它们的价值自然不像原料、燃料那样一次转移到产品中去。虽然生产资料的这些不同部分在把价值转移到新产品中时有不同的方式，转移的数量也不尽相同，但有一点是完全相同的，即它们都只能把原有的价值转移到新产品中去，而不能增加新的价值。从这个意义上说，它们在资本主义生产过程中不改变自身的价值量，所以被称为不变资本。

（二）可变资本

用来购买劳动力的那部分资本，或者说，以劳动力商品形式存在的那一部分资本叫作可变资本（v）。可变资本的作用不同于不变资本。劳动力价值虽然也构成新产品价值的一部分，不过，它们的价值不是转移到产品中去的，它们在进入劳动过程时已被消费了，这部分劳动力价值是由工人的劳动再生产出来的。这部分资本之所以被称为可变资本，是因为这部分资本的价值在生产过程中会发生增值，即在生产过程中会发生量变。劳动力本身的价值和劳动力创造的新价值在量上是不同的。工人创造的新价值（$v+m$），不仅包含与劳动力价值相等的那部分（v），而且包含一个增加额，即剩余价值（m）。

从上述可变资本的作用中可以看出，剩余价值是可变资本创造的，那么这同资本是带来剩余价值的价值概念是否相矛盾？不矛盾。我们必须把“带来”剩余价值和“创造”剩余价值这两个概念分辨清楚。“带来”剩余价值是指能为它的所有者带来预付资本上的增加额，这里并不回答剩余价值从哪里来的问题；而“创造”剩余价值则是说明剩余价值从哪里来的，它的源泉是什么。不变资本不能创造剩余价值，是指它不是剩余价值的源泉，但是，它作为生产过程的物质要素，却是生产剩余价值所不可缺少的条件。离开了不变资本，只是一些雇佣工人，既没有生产工具，又没有劳动对象，根本无法进行劳动，因而剩余价值也无法生产出来。因此，不变资本虽然不是剩余价值的源泉，却是剩余价值赖以生产出来的条件，资本家预付了不变资本，目的就是以它作为条件去生产剩余价值，所以，不变资本同可变资本一样，也是能够带来剩余价值的价值。

马克思关于不变资本和可变资本的划分，具有重要的革命理论意义。首先，这一理论证明了剩余价值的源泉是剥削雇佣工人而得来的，揭露了资本主义剥削的秘密，使我们清楚地看到，真正能给资本家创造剩余价值的是可变资本，它在生产过程中表现为发挥作用的劳动力，而作为生产资料的可变资本，只是工人活动的吸收器，其本身并不能给资本家生产任何剩余价值。雇佣工人的剩余劳动是剩余价值的唯一源泉。

其次，这一理论对于了解资本家对工人的剥削程度，也具有重要的意义。剩余价值既然是可变资本发生增值的结果，所以要确定资本家对工人的剥削程度，就只能拿剩余价值同可变资本相比，而不能去同全部资本相比。

> 在资本主义生产过程中，资本由两部分构成：
> 从劳动过程的物质形态看 { 生产资料（生产的客观因素）/ 劳动力（生产的主观因素）；
> 从价值增值过程中资本的作用看 { 不变资本 / 可变资本。

最后，这一理论又是资本有机构成概念的基础。不变资本、可变资本和资本有机构成，是马克思关于资本构成学说的极为重要的内容和组成部分。

三、剩余价值率

> 剩余价值是雇佣工人剩余劳动创造的、超过劳动力价值而被资本家无偿占有的那部分价值。它直接体现资本家对雇佣工人的剥削关系。

资本主义商品的价值由消耗了的不变资本、可变资本和剩余价值组成。如果以 c 代表不变资本，以 v 代表可变资本，以 m 代表剩余价值，那么，商品的价值就等于 $c+v+m$，其中，$c+v$ 是资本家的预付资本，$v+m$ 是工人在生产过程中新创造的价值。

由于剩余价值是可变资本发生价值增值的产物，我们在计算资本家对工人的剥削程度时，就应当用剩余价值同可变资本相比，而不是同全部预付资本相比。剩余价值同可变资本的比率就是剩余价值率，用 m' 表示，即 $m'=m/v$。假定某工厂生产商品时耗费的全部资本是 12 500 元，其中 c 是 10 000 元，v 是 2 500 元，带来的剩余价值为 2 500 元，那么，$m'= m/v=2\,500/2\,500=100\%$。

由于剩余价值是工人在生产过程中创造出来的，因此，工人在资本主义生产过程中的劳动可以分为两部分：一部分是再生产劳动力价值的劳动，这部分劳动称为必要劳动。从事这种劳动的时间，称为必要劳动时间。另一部分是创造剩余价值的劳动，这部分劳动称为剩余劳动。从事这种劳动的时间，称为剩余劳动时间。所以，也可以用下述公式来表示资本家对工人的剥削程度：

$$\text{剩余价值率}=\frac{\text{剩余劳动}}{\text{必要劳动}}=\frac{\text{剩余劳动时间}}{\text{必要劳动时间}}$$

剩余价值率公式的意义，正如马克思所说：“剩余价值率是劳动力受资本剥削的程度或工人受资本家剥削的程度的准确表现。”[①] 剩余价值率越大，劳动力受资本家剥削程度越深，或工人受资本家剥削越重。

剩余价值率和可变资本量是决定剩余价值量大小的两个因素。剩余价值率越高，可变资本的总量越大，剩余价值量就越多。用 M 代表剩余价值量，V 代表可变资本量，剩余价值量的计算公式为：$M=m'\times V$，假定 $m'=100\%$，$V=300$ 元，则 $M=100\%\times 300=300$（元）。

---

① 马克思，恩格斯. 马克思恩格斯全集：第 23 卷. 北京：人民出版社，1972：244.

第四节 生产剩余价值的两种基本方法

资本家提高剥削程度主要依靠两种方法：一种是靠绝对延长工作日来增加剩余劳动时间；一种是靠缩短必要劳动时间来相应增加剩余劳动时间。前者称为绝对剩余价值生产，后者称为相对剩余价值生产。

一、绝对剩余价值生产

绝对剩余价值是指在必要劳动时间不变的条件下，由于延长工作日的长度而生产的剩余价值。在资本主义制度下，工人的工作日分为两个部分：必要劳动时间和剩余劳动时间。在必要劳动时间既定的条件下，工作日越长，剩余劳动时间就越长，资本家从工人身上榨取的（绝对）剩余价值就越多，从而剩余价值率也就越高。假定资本家按价值购买了劳动力，劳动力的日价值等于 6 小时的劳动量，必要劳动时间就是 6 小时，如果工作日长度是 12 小时，剩余劳动时间就是 6 小时，那么：

$$m'=\text{剩余劳动时间}/\text{必要劳动时间}=6\text{ 小时}/6\text{ 小时}=100\%$$

在此基础上，如果劳动时间再延长 3 小时，即工作日延长到 15 小时，剩余价值率就会从原来的 100%提高到：9 小时/6 小时=150%。

为了掠取更多的剩余价值，资本家总是尽可能地延长工作日长度，尤其在资本主义发展的早期更是如此。此外，资本家还用提高工人劳动强度的方法来榨取剩余价值。提高劳动强度，意味着工人在同样的工作时间内支出了更多的劳动量，实际上就等于延长了工作日，只不过这是一种比较隐蔽的延长工作日的形式。

工作日的最低界限不能少于或等于必要劳动时间。若没有剩余劳动时间去生产剩余价值，资本主义生产就不复存在。因此，工人的工作日时间必须多于必要劳动时间。工作日的最高界限主要受两个因素的制约：一是劳动时间的生理界限，工人必须每天有一部分时间用于休息、吃饭等，以便恢复劳动力。二是道德的界限，工人在一天内总需要一定的时间用于家务劳动、社会活动及文化生活。在这两个因素的制约下，工作日的现实长度取决于无产阶级与资产阶级的力量对比，这也是无产阶级和资产阶级斗争的一个重要方面。

例如，在资本主义发展的早期阶段，由于工人阶级还没有成为一种自觉的政治力量，资本家凭借饥饿和法律的强制，将工作日的长度延长到现代人难以想象的地步。在 17 世纪和 18 世纪直至 19 世纪的英国，工作日时间长达 14～16 小时，甚至 18 小时。在半殖民地半封建社会的旧中国，在某些行业，工作日时间甚至长达 20 小时。在这种情况下，连起码的生理和道德界限都被突破了，工人的身心受到极大的摧残。从 19 世纪开始，各国工人阶级为争取缩短工作日进行了不屈不挠的斗争，迫使资本主义国家不得不颁布限制工作日的法律，将工作日限制在一定时间长度内。1889 年，在巴黎召开的国际社会主义工人代表大会上提出了实行 8 小时工作制的号召。但直到第一次世界大战以后，在工人阶级斗争的强大压力下，西方资本主义国家才被迫实行 8 小时工作制。第二次世界大战以后，由于工人阶级政治力量的进一步增强，同时也由于新的科技革命使劳动生产率空前提高，西方资本主义国家的工作时间进一步缩短。但是，不论工作日时间的绝对长度是多少，工作日时间仍然由必要劳动时间和剩余劳动时间两个部分组成。正因为单纯用延长工作日的办法来提高剥削程度容易引起工人的反抗，且随着技术水平的提高和生产力的进步，资本家越来越重视采取生产相对剩余价值的方法来提高剥削程度。

二、相对剩余价值生产

在工作日长度已定的情况下，用缩短必要劳动时间来使剩余劳动时间相对延长，从而提高剥削程度的办法生产的剩余价值，称为相对剩余价值。绝对延长工作日时间生产剩余价值的方法，受到工作日时间长度的制约，又容易引起工人阶级的反抗，不能满足资本家追求更多剩余价值的贪欲。于是，资本家为了在工作日既定的条件下提高剥削程度，就必须改变工作日中必要劳动时间和剩余劳动时间的比例，通过缩短必要劳动时间来延长剩余劳动时间，从而提高剩余价值率。假定 12 小时的工作时间不变，如果把必要劳动时间由 6 小时缩短到 4 小时，剩余劳动时间就由 6 小时相应地增加到 8 小时，比原来增加了 2 小时。那么，剩余价值率就由原来的 100%（=6/6）提高到 200%（=8/4）。

怎样才能缩短必要劳动时间呢？我们知道，必要劳动时间是再生产劳动力价值的时间，要缩短必要劳动时间就要降低劳动力的价值。劳动力价值由维持工人及其家属生活所必需的生活资料的价值构成，这些生活资料的价值同生产它们的劳动生产率成反比。所以，要降低生活资料价值就必须提高这些生产部门的劳动生产率。因此，相对剩余价值的生产是由于社会劳动生产率的提高，降低了劳动力的价值，从而缩短了必要劳动时间，相应延长了剩余劳动时间的结果。

在现实经济生活中，劳动生产率的提高总是从单个企业开始的。单个企业提高劳动生产率不能生产出相对剩余价值，只能产生超额剩余价值。所谓超额剩余价值，是指企业由于提高劳动生产率而使商品个别价值低于社会价值的差额。因为商品的价值取决于生产商品的社会必要劳动时间，而不是取决于个别劳动时间，所以，单个企业劳动生产率的提高不能使生活资料的价值降低，不能使社会必要劳动时间缩短，从而不能产生相对剩余价值。但单个企业提高了劳动生产率，它生产商品的个别劳动时间少于社会必要劳动时间，个别价值低于社会价值，因而就会产生超额剩余价值。

个别或少数资本家获得超额剩余价值只是一种暂时的经济现象。为了追求超额剩余价值，资本家之间必然会形成激烈的竞争。因此，少数企业不可能长期垄断先进生产条件，其他企业也会竞相采用新技术。当先进技术得到普及之后，部门的平均劳动生产率将会提高，此时生产商品的社会必要劳动时间减少，商品价值相应下降。原来的先进生产条件转化为一般的生产条件，社会价值和个别价值的差额将不复存在，从而超额剩余价值也就消失了。虽然超额剩余价值在个别资本家那里消失了，但整个资本家阶级却普遍获得了相对剩余价值。当生活资料以及有关的生产部门的劳动生产率提高以后，引起了劳动力价值的下降。于是，工人的必要劳动时间便会缩短，剩余劳动时间则相应地得以延长。可见，追求超额剩余价值是各单个资本主义企业改进生产技术、提高劳动生产率的直接动机，而各个资本主义企业追求超额剩余价值的结果，却是相对剩余价值的形成。

三、绝对剩余价值生产和相对剩余价值生产的关系

绝对剩余价值生产和相对剩余价值生产两者在本质上是一致的。不论是延长工作日，还是提高劳动生产率，其结果都延长了工人的剩余劳动时间，提高了对工人的剥削程度，增加了剩余价值的生产。

绝对剩余价值生产是整个剩余价值生产的基础。因为只有把工作日绝对延长到必要劳动时间以上，才能无偿产生剩余价值。同时，绝对剩余价值生产又是相对剩余价值生产的出发点，只有在工作日分割为必要劳动时间和剩余劳动时间的基础上，资本家才能通过提高劳动生产率来缩短必要劳动时间，相对延长剩余劳动时间，生产出更多的剩余价值。

绝对剩余价值生产和相对剩余价值生产，在资本主义发展的不同时期起着不同的作用。资本主义生产关系从形成到确立经历了简单协作、工场手工业和机器大工业三个阶段。在资本主义发展的初期，即简单协作和工场手工业阶段，由于生产以手工劳动为基础，技术进步比较缓慢，劳动生产率比较低，因此，那时资本家主要依靠延长劳动时间，通过绝对剩余价值生产方法来剥削工人。随着技术进步，特别是产业革命以后，由于机器大工业代替了手工操作，劳动生产率有了迅速提高，加之工人阶级为缩短工作日的斗争日益发展，因而相对剩余价值生产成为剥削工人的主要方法。当然，在资本主义现实经济中，提高剩余价值率和增加剩余价值量这两种基本方法不是截然分开的，而是相互补充共同起作用的。

四、剩余价值规律是资本主义的基本经济规律

> 剩余价值规律的基本内容是：资本主义的生产目的和动机是追求尽可能多的剩余价值，达到这一目的的手段是不断扩大和加强对雇佣劳动者的剥削。

在一个社会经济形态的经济规律体系中起主导作用的经济规律，就是该社会的基本经济规律。资本主义的基本经济规律就是剩余价值规律，它的主要内容是：资本主义的生产目的和动机是追求尽可能多的剩余价值，达到这一目的的手段是不断扩大和加强对雇佣劳动者的剥削。资本主义生产的实质就是剩余价值的生产。马克思指出："生产剩余价值或赚钱，是这个生产方式的绝对规律。"①

资本主义生产的直接目的和决定性动机，就是榨取尽可能多的剩余价值。资本家对剩余价值的追逐是无止境的。马克思指出："作为资本家，他只是人格化的资本。他的灵魂就是资本的灵魂。而资本只有一种生活本能，这就是增殖自身，获取剩余价值，用自己的不变部分即生产资料吮吸尽可能多的剩余劳动。资本是死劳动，它象吸血鬼一样，只有吮吸活劳动才有生命，吮吸的活劳动越多，它的生命就越

① 马克思，恩格斯．马克思恩格斯全集：第23卷．北京：人民出版社，1972：679.

旺盛。”①

剩余价值的生产，决定着资本主义生产的一切主要方面和主要过程。资本主义企业生产什么，生产多少，都取决于能够带来多少剩余价值。资本家尽力改进技术、采用新机器设备、提高劳动生产率，就是为榨取更多的剩余价值。当采用机器不能为资本家带来更多剩余价值时，资本家宁可放着机器不用，而使用手工劳动。资本家有时拼命扩大生产，增加投资，有时又停工减产，解雇工人，都是为了获得更多的剩余价值。资本家为进行交换，奔走于世界各地，拼命扩大流通范围，为的是实现生产出来的剩余价值。资本主义的分配，促使各个资本家集团之间进行激烈的斗争，为的是占有和瓜分剩余价值。雇佣工人的消费，也是为保证资本家继续榨取剩余价值的劳动力条件。可见，资本主义的生产、流通、分配和消费的一切方面，都服从于资本家榨取剩余价值的需要，受剩余价值规律的支配。

剩余价值的生产决定了资本主义社会矛盾发展的主要过程。剩余价值生产是资本主义生产方式赖以存在和发展的根本条件。资本家在追逐剩余价值的过程中，逐步实现了劳动过程的技术条件和社会条件的全面变革，用机器生产代替了手工工场，从而奠定了资本主义生产的物质基础，确立了资本对劳动力的全面统治，促进了社会生产力的迅速发展和社会财富的巨大增长。为追逐剩余价值而发展起来的社会生产力，越来越同资本主义生产关系发生矛盾。这个矛盾发展到一定程度，必然爆发周期性经济危机，使社会生产力遭到破坏。这表明资本主义生产关系已成为社会生产力发展的桎梏，使资产阶级同无产阶级之间的矛盾不断加深，最终将不可避免地导致资本主义制度的灭亡。

总之，剩余价值规律决定着资本主义生产的实质，决定着资本主义生产方式发展的一切主要方面和一切主要过程。所以，剩余价值规律是资本主义社会的基本经济规律。

五、剩余价值理论的地位

科学的剩余价值理论是马克思的伟大贡献。马克思揭示了剩余价值的来源和实质，揭示了资产阶级剥削雇佣工人的秘密，建立了科学的剩余价值学说，这是马克思的伟大发现和划时代的巨大贡献，从而完成了政治经济学的伟大革命。列宁曾指出，剩余价值学说是马克思主义经济理论的基石。

1. 科学的剩余价值理论，完成了马克思主义政治经济学的伟大变革，彻底揭示了资本对劳动的剥削关系。

在经济思想史上，资产阶级古典学派只看到了剩余价值的集体形式，但对于剩余价值是如何起源的，他们从没有做过认真的研究。马克思通过分析商品货币关系，科学地阐述了劳动价值论，揭示了资本对劳动的剥削关系，进而创立了剩余价值理论。

根据马克思的论述，剩余价值是随着劳动力转化为商品和货币转化为资本而发现的历史范畴，它是由资本家无偿占有的工人的剩余劳动构成的，集中体现了资本主义的剥削关系。

2. 科学剩余价值理论的创立，揭示了资本主义产生、发展和灭亡的规律，使社会主

① 马克思，恩格斯．马克思恩格斯全集：第23卷．北京：人民出版社，1972：260.

义由空想变成科学。

空想社会主义尖锐地批判了资本主义制度，并对未来社会提出了种种设想，但没有发现资本主义社会的发展规律，更没有找到实现社会变革的政治力量。所以他们对社会变革的设计都是空想，注定是失败的。正如恩格斯所指出的，由于马克思创立了历史唯物论和剩余价值理论，才使社会主义由空想变成科学。

总之，马克思剩余价值理论揭示了资本主义产生、发展和灭亡的规律，阐明了无产阶级的伟大历史使命，为无产阶级提供了反对资本主义制度、建立社会主义制度的强大的思想武器。

本章小结

1. 资本主义经济制度的建立，在经济上需要具备两个基本条件：一是具备大量的有人身自由但失去生产资料的劳动者；二是在少数人手中积累了为组织资本主义生产所需要的大量货币财富。而这些条件的满足，主要依靠的就是资本原始积累。雇佣劳动制度是资本主义生产方式的本质特征。

2. 资本最初总是表现为一定数量的货币，但货币本身并不是资本。作为资本的货币和作为商品流通媒介的货币是有区别的。资本总公式为：$G—W—G'$，其中 $G'=G+\Delta G$，资本总公式呈现出来的现象是经过流通过程，资本的价值量发生了变化，实现了价值增值，这就是资本总公式的矛盾所在。

3. 解决资本总公式矛盾的关键在于理解剩余价值不在流通领域产生，但它的产生又不能离开流通领域。劳动力是一种特殊的商品，而且这种商品具有特殊的使用价值，通过对它的使用不仅能创造价值，而且能创造出比这种商品自身价值更大的价值，即能够产生价值增值。劳动力成为商品，是货币转化为资本的前提。

4. 生产商品的劳动二重性决定了资本主义商品生产过程具有两重性：一方面是生产使用价值的劳动过程；另一方面又是生产剩余价值的价值增值过程。资本主义生产过程是劳动过程和价值增值过程的统一。价值增值过程不外是超过一定点而延长了的价值形成过程。

5. 资本家用于购买生产资料的那一部分资本，或者说，以机器、厂房、原材料形式存在的那部分资本就叫作不变资本（c）。之所以购买生产资料的资本叫作不变资本，是因为这部分资本价值在剩余价值的生产过程中并不发生价值增值作用，只是根据它的消耗程度被转移到新产品中去。

6. 用来购买劳动力的那部分资本，或者说，以劳动力商品形式存在的那一部分资本叫作可变资本（v）。这部分资本之所以被称为可变资本，是因为这部分资本的价值在生产过程中会发生增值，即在生产过程中会发生量变。

7. 由于剩余价值是可变资本发生价值增值的产物，所以剩余价值率就等于剩余价值和可变资本的比值，也等于剩余劳动时间和必要劳动时间的比值。剩余价值率是劳动力受资本家剥削的程度或工人受资本家剥削程度的准确表现。

8. 资本家提高剥削程度主要依靠两种方法：一种是靠绝对延长工作日来增加剩余劳动时间；一种是靠缩短必要劳动时间来相应增加剩余劳动时间。前者称为绝对剩余价值生产，后者称为相对剩余价值生产。绝对剩余价值是指在必要劳动时间不变的条件下，由于延长工作日的长度而生产的剩余价值。在工作日长度已定的情况下，用缩短必要劳动时间来使剩余劳动时间相对延长，从而提高剥削程度的办法生产的剩余价值，称为相对剩余价值。

9. 绝对剩余价值生产和相对剩余价值生产两者在本质上是一致的。不论是延长工作日，还是提高劳动生产率，其结果都延长了工人的剩余劳动时间，提高了资本家对工人的剥削程度，增加了剩余价值的生产。

10. 在一个社会经济形态的经济规律体系中起主导作用的经济规律，就是该社会的基本经济规律。资本主义的基本经济规律就是剩余价值规律，它的主要内容是：资本主义的生产目的和动机是追求尽可能多的剩余价值，达到这一目的的手段是不断扩大和加强对雇佣劳动者的剥削。资本主义生产的实质就是剩余价值的生产。

练习与思考

一、名词解释

劳动力商品　　剩余价值　　剩余价值率　　不变资本

可变资本　　剩余价值规律

二、不定项选择题

1. 不变资本和可变资本都属于（　　）。

A. 流动资本　　B. 生产资本

C. 商品资本　　D. 货币资本

2. 区分不变资本和可变资本的依据是（　　）。

A. 资本各部分的流通形式不同

B. 资本的不同部分在价值增值过程中起不同的作用

C. 资本各部分价值转移的方式不同

D. 资本各部分有不同的实物形式

3. 剩余价值率反映的是（　　）。

A. 不变资本的价值增值程度　　B. 资本家对工人的剥削程度

C. 固定资本的价值增值程度　　D. 预付资本的价值增值程度

4. 相对剩余价值的获得是（　　）。

A. 个别企业提高劳动生产率的结果

B. 一个生产部门提高劳动生产率的结果

C. 企业劳动生产率高于部门平均劳动生产率的结果

D. 整个社会劳动生产率提高的结果

5. 商品流通公式与资本流通公式相比较，其区别有（　　）。

A. 流通的目的不同　　B. 价值规律的作用形式不同

C. 流通的起点和终点不同　　D. 流通中的媒介不同

6. $G—W—G'$之所以被称为资本总公式，是因为它（　　）。

A. 概括了各种资本运动的一般特征

B. 既包括商品运动又包括货币运动

C. 体现了资本运动的根本目的

D. 概括了资本流通与商品流通的共同特征

7. 绝对剩余价值生产和相对剩余价值生产的共同点是（　　）。

A. 都延长了剩余劳动时间
B. 都体现着资本家对工人的剥削关系
C. 都增加了剩余价值量
D. 都提高了剩余价值率
8. 剩余价值规律揭示了（　　）。
A. 资本主义生产的目的　　B. 资本主义生产的动机
C. 资本主义实现生产目的的手段　　D. 资本主义剥削的方式

三、问答题

1. 资本主义经济制度的建立需要具备什么基本经济条件?
2. 为什么说劳动力成为商品是货币转化为资本的前提?
3. 剩余价值是如何生产出来的?
4. 不变资本和可变资本各指的是什么？区别的关键在于什么?
5. 为什么说剩余价值规律是资本主义生产方式的基本经济规律?

第5章 资本主义的分配过程

本章分析资本主义社会的分配过程，主要包括资本主义制度下的工资以及资本家与工人之间的收入分配关系。

第一节　资本主义制度下的工资

一、资本主义工资的本质

资本主义制度下的工资是劳动力价值或价格的转化形式，或者说，工资的实质是劳动力的价值或价格。

资本家购买工人的劳动力，工人则从资本家那里取得工资，本质上，工资是劳动力价值的货币表现，即劳动力的价格。但从表面来看，工资更像是劳动的代价。

在资本主义社会里，工人给资本家做工，资本家付给工人工资。工人劳动一天，得一天工资，劳动一个月，得一个月工资，劳动能力强的工人或有技术的熟练工人拿的工资多，劳动能力弱的工人或没有技术的粗工拿的工资少。这就给人们一种假象，好像工人的劳动已全部取得了报酬，似乎工资是劳动的价值或价格。其实，劳动力和劳动是两个不同的概念，劳动力是人的劳动能力，而劳动则是劳动力的支出，也就是劳动力的使用过程。在资本家同工人的买卖关系中，工人出卖的是劳动力，而不是劳动，能成为商品的只是劳动力，劳动根本不能成为商品，这是因为：

(1) 如果说劳动是商品，它就应当同其他商品一样，也具有价值。但是，按照马克思的劳动价值论，商品的价值是凝结在商品中的人类劳动。如果说劳动也是商品，具有价值，那就等于说劳动的价值是由劳动决定的，这是一种毫无意义的同义反复。

(2) 如果说劳动是商品，能够在市场上出卖，那么它应当同其他商品一样在出卖以前就已存在。但是，工人同资本家进行交换时，即资本家在雇用工人时，工人还没有开始劳动，就是说还不存在劳动这种商品。工人如果要使自己的劳动在出卖以前就已存在，他就必须把自己的劳动凝结在一定的产品上，即生产出某种商品来。而如果他能够把自己的活劳动凝结在某种产品上，他就必须拥有一定的生产资料，他出卖的就是自己生产的商品而不是劳动了。

(3) 如果说劳动是商品，工资是劳动的价值或价格，那就会违反价值规律，或否定资本主义生产关系存在的基础。因为按照等价交换原则，资本家应该支付给工人全部劳动形成的价值。这样一来，资本家就得不到任何剩余价值。没有剩余价值，资本主义生产关系也就失去了存在的基础。如果按照不等价交换原则交换，则又违背了价值规律。例如，工人在一个工作日内进行了12小时的劳动，创造了12元的价值，资本家就应该付给工人12小时劳动的价值即12元工资。这样一来，资本家就无利可图，剩余价值就无从产生，资本主义制度也就不存在了。如果是不等价交换，假定工人在一个工作日内创造了12元的价值却只得到6元的工资，这虽然给剩余价值的产生提供了可能，但又同价值规律的要求相矛盾。

(4) 如果劳动是商品，就等于说雇佣工人出卖了不属于自己的商品。因为工人的劳动是在工人把劳动力出卖给资本家以后在资本家的指挥和监督下进行的，因此，当工人实际开始他的劳动时，劳动已经不属于工人自己所有，而是归资本家所有了。工人当然不能把不属于自己的劳动作为商品来出卖。可见，说劳动是商品，工人出卖的是劳动，工资是劳动的价值或价格，虽然从表面来看好像很有道理，但无论从理论上还是资本主义社会的实践上都是说不通的。事实上，工人出卖给资本家的只是他的劳动力。

二、资本主义工资的形式

资本主义制度下的工资主要有两种：计时工资和计件工资。

计时工资是按照工人劳动时间的长短来支付的工资，如月工资、周工资、小时工资等。在资本主义社会，工人是按一定时间出卖劳动力的，因而月工资、周工资等实质上就是劳动力的月价值、周价值等。

计件工资是按照工人所生产的产品件数或数量支付的工资。它是计时工资的转化形式，或变相的计时工资。之所以说计件工资是计时工资的转化形式，是因为计件工资标准是以计时工资为基础的。

以上计时工资和计件工资是资本主义工资的两种基本形式，随着资本主义的发展，资本家为了加强对工人的剥削，又在这两种工资形式的基础上创立了各种形式的血汗工资制度，最典型的是“泰勒制”和“福特制”。

“泰勒制”的创始人弗·泰勒是美国的一位工程师，他从企业中挑选最强壮、最灵巧的工人，逼迫他们极端紧张地工作，用秒或几分之一秒的时间为单位，记录下完成每一操作的时间，然后根据这些测定的时间给全体工人规定操作规程和劳动定额。工人超过这个定额的，除了工资以外，还可以得到一定的奖金。不能完成定额的，就只能按照降低了的工资水准取得报酬。“福特制”是美国汽车大王亨利·福特于第一次世界大战后，在福特汽车工厂首先采用的。这种制度的基本内容是：最大限度地加快传送装置的运转速度，把整个生产过程组成流水线，使每道工序的操作工人跟上传送装置的运转速度。谁要是赶不上机器的速度，谁就要被克扣工资甚至被解雇。这就大大提高了工人的劳动强度和劳动效率，这种制度也因此很快在各资本主义国家流行开来。

三、资本主义工资数量的变动趋势

对资本主义工资的研究，不但要从质的方面加以考察，还要从量的方面进行分析，这样才能深刻理解资本主义的剥削实质。从量的方面研究工资就是要研究工资的数量水平及其变动趋势，为此，需要引入名义工资和实际工资这两个概念。

> 以货币表现的工资叫作名义工资，以这些货币所能实际买到的生活资料的数量计算的工资叫作实际工资。

名义工资是指工人把劳动力出卖给资本家得到的货币额，所以也叫货币工资。实际工资是指工人用货币工资所能买到的生活资料和服务的数量。名义工资和实际工资是同一工资的两个侧面，并不是两种不同的工资，表现为同一工资用货币表示时为多少，用生活资料表示时为多少。所以，名义工资和实际工资之间有着密切的联系。在其他条件不变时，工人所得的名义工资越高，其所能购买的生活资料和服务的数量就越多，因而实际工资也就越高；反之，名义工资越低，实际工资也越少。但是，由于实际工资除了受货币工资数量的影响外，还要受物价水平、房租高低、税收负担等多种因素的影响，所以它的变动和名义工资常常是不一致的。例如，在通货膨胀条件下，只要物价上涨的幅度高于工人货币工资提高的幅度，那么，一方面工人的名义工资提高了，另一方面他们的实际工资却下降了，即用所得的较多的货币收入购买到的生活资料和服务的数量减少了。所以，名义工资不能准确地反映出工人收入的实际情况，考察资本主义工资不能只注意名义工资，而更应注意实际工资，因为实际工资能较真实地反映工人收入的实际情况。

工资是劳动力的价格，所以凡是影响劳动力价格的因素都会影响工资水平，影响工资水平差异的主要因素有各国的生产力发展水平、文化发展水平以及各国工人阶级形成和发展的历史条件等。经济文化发展水平高的国家，工资水平就比较高；经济文化发展水平低的国家，工资水平也就比较低。就名义工资来看，差异显得大些，但从实际工资水平来看，差异则小些。这是因为衣、食、住、行等基本生活资料的价格水平，在发达资本主义国家也高得多。所以，工资水平高，并不意味着发达资本主义国家中工人受剥削的程度减轻了。

总的来看，资本主义工资的变动趋势具有以下特征：第一，名义工资一般呈增加趋势。因为货币工资是劳动力价值的货币表现，而资本主义国家的货币由于存在通货膨胀而不断贬值，导致物价水平不断上涨，从而使名义工资不得不有所增加。第二，从资本主义发展的历史过程来看，实际工资则有时降低有时提高。在经济危机和战争时期，实际工资是下降的；在经济高涨时期，实际工资则有所提高。在第二次世界大战以后的一段时间内，工人的实际工资的确有所增加。这是由以下一些原因导致的：随着社会劳动生产率的迅速提高，工人在相同时间内创造的财富增加，货币工资所能买到的各种生活资料和服务的数量和种类增多；同时，随着技术进步的加快，劳动者的培训费用大大增加；再加上工人阶级的长期斗争使得社会保险和社会福利增加；等等。

但是，实际工资的提高并不意味着工人受剥削的程度减轻了。这是因为不仅要从量的方面考察资本主义工资水平的变动趋势，还必须考察相对工资的变动。相对工资就是和资本家的利润（即剩余价值）相比较的工资，也叫比较工资。工资和利润都来源于工人在生产中新创造的价值，在这个总额既定的条件下，两者存在着互为消长的关系。所以，在分析工资数量的变动时，必须注意工资和利润的对比关系的变化，只有这样才能揭示出资产阶级和无产阶级对立关系的发展状况。事实上，在劳动生产率提高比实际工资提高更快的条件下，工人所创造的财富有更大的比例被资本家无偿占有，这意味着资产阶级对无产阶级的剥削加深了。例如，在美国工人实际工资水平较高的20世纪70年代初期，制造业工人的工资占制造业国民收入的比重，1947年为50%，1970年为42.8%，1975年为41.8%。

第二节　平均利润和生产价格

一、不变资本和可变资本转化为成本价格

资本主义企业生产的商品，其价值由三部分构成，即不变资本价值（c）、可变资本价值（v）和剩余价值（m），用公式表示为：$w=c+v+m$。其中 c 是生产商品所耗费掉的生产资料价值的转移部分，是物化劳动的耗费；$v+m$ 是工人生产商品时所创造的新价值，是活劳动的耗费。商品价值的这三个部分是生产商品实际耗费的劳动量，也称为生产商品的实际生产费用，它是由全部劳动耗费来计量的。

但生产商品实际耗费的劳动量，同资本家在生产商品时耗费的资本量是两个完全不同的量。因为对资本家来说，生产商品所耗费的是资本，所以，资本家在计算生产商品的费用时，只计算他耗费的资本量，即不变资本（c）和可变资本（v）。生产单位商品所耗费的不变资本和可变资本之和，就构成资本主义商品的成本价格，也称为生产成本或生产费用。成本价格是由资本的耗费来计量的，它小于商品价值，两者之间的差额就是剩余价值。剩余价值是工人剩余劳动创造的，它并不耗费资本家任何东西。因此，资本家在计算商品成本价格时不把它计算在内。如果用符号 k 表示成本价格，则原来商品价值的公式 $w=c+v+m$ 就转化为 $w=k+m$。这样，剩余价值就完全表现为成本价格的一个附加值，

剩余价值与可变资本的直接联系就被掩盖了，这是因为：

首先，从商品价值的形成来看，所耗费的生产资料是物化劳动的耗费，是旧价值的转移，而劳动力的消耗则是活劳动的耗费，它创造了新价值。但在成本价格的形态上，生产资料和劳动力这两个要素在价值形成中的不同作用看不见了，生产商品的劳动耗费被资本耗费取代，同价值形成无关的成本价格似乎是商品价值的基础。

其次，从资本增值过程来看，资本家投放在生产资料上的资本是不变资本，它只能转移原有的价值，而投放在劳动力上的资本是可变资本，会增加价值。但在成本价格的形态上，这两种不同的资本都同样作为资本价值耗费被支出，再作为成本价格周转回来。这样，不变资本和可变资本在价值增值过程中的不同作用就被抹杀了，资本主义的剥削关系也被掩盖了。

资本主义成本价格是资本主义生产关系的体现，它对资本家来说有着特别重要的意义。

第一，成本价格是资本家经营企业赚钱或者赔本的重要标志。因为成本价格是商品售卖价格的最低界限，如果商品售卖价格低于成本价格，资本家便无利可图，甚至连简单再生产也难以维持下去。如果商品售卖价格高于成本价格，资本家则有利可图，超过的部分越多，资本家赚的钱也越多，不仅能维持简单再生产，而且通过资本积累还能实现扩大再生产。资本主义成本价格既是再生产正常进行的必要条件，也是资本家赚钱或赔本的界限。

第二，成本价格的高低也是资本家竞争胜负的关键。因为成本价格只是商品价值的一部分，在商品价值与成本价格之间存在着一个价值差额，这个差额越大，价格高低活动的余地也越大，两者之间的这个差额，是资本家进行价格竞争的客观基础，决定着资本家竞争能力的大小。成本价格越低，资本家压低售卖价格的余地越大，竞争能力就越强，在竞争中就处于有利地位；相反，竞争能力则弱，在竞争中则处于不利地位。正是由于资本主义成本价格同资本家经营企业的好坏、获利的大小、竞争的命运紧密相连，所以每个资本家都毫无例外地特别重视商品成本的核算和管理，竭力降低商品的成本价格。

二、剩余价值转化为利润

> 剩余价值进一步表现为全部预付资本即所用资本的增加额，使剩余价值取得了利润的形式。因此，利润是剩余价值的转化形式。

剩余价值是由可变资本带来的，是可变资本价值变动的结果，因而是可变资本的一个增加额。但是，由于商品生产中所耗费的不变资本和可变资本转化为成本价格，剩余价值是商品价值超过成本价格的余额，这就造成一种假象，似乎剩余价值是由整个成本价格产生的，是成本价格的一个价值增加额，即剩余价值表现为所费资本的增加额。原来能如实表明剩余价值是由可变资本产生的商品价值公式 $w=c+(v+m)$，就表现为 $w=(c+v)+m$（即 $w=k+m$）了。

这样，剩余价值不仅被看成是所费资本的一个增加额，而且也被看作是所用资本的增加额，即全部预付资本的增加额。因为在资本家看来，这个价值增加额是他的全部预付资本发挥作用的结果。虽然在预付资本中未被消耗的部分并不构成成本价格，但在物质形态上其全部参加了生产过程，无论是预付在劳动力形式上，还是预付在机器、厂房、设备、原料形式上；无论是劳动资料，还是劳动对象，它们都是以其全部物质形态参加商品的生产过程，是剩余价值生产不可缺少的物质要素，因而剩余价值表现为全部预付资本的产物。当剩余价值被看作全部预付资本的产物时，剩余价值就转化为利润。利润是剩余价值的转化形式，它在观念上表现为全部预付资本的产物。

可见，利润和剩余价值是同一个东西，都是雇佣工人在剩余劳动时间内创造的价值。所不同的是，剩余价值是对可变资本而言的，而利润则是对全部预付资本而言的。剩余价值是利润的本质，利润则是剩余价值的转化形式。当剩余价值转化为利润后，商品价值公式 $w=c+v+m=k+m$ 就转化为 $w=k+p$（式中，p 代表利润），也就是说，商品价值＝成本价格＋利润。

剩余价值转化为利润这种形式，是资本主义生产方式的必然产物，具有客观必然性。它是由下列原因引起的：(1) 所费资本表现为成本价格。因为成本价格的形成掩盖了不变资本和可变资本在价值增值过程中的不同作用，好像剩余价值不是由可变资本带来的，而是全部预付资本的产物。(2) 劳动力价值采取工资形式。因为一旦劳动力价值表现为工资这个转化形式，就会造成一种假象，似乎工人的全部劳动都取得了报酬。这样，剩余价值就不像是由工人的劳动创造的，而是由资本本身产生的，从而剩余价值必然表现为利润这个转化形式。

三、剩余价值率转化为利润率

(一) 利润率

由于资本家把剩余价值看作是全部预付资本的产物，因此，他在比较企业盈利大小时，是以剩余价值与全部预付资本相比的。剩余价值与全部预付资本的比率就是利润率。如果用符号 p' 代表利润率，用 C 代表全部预付资本，则利润率的计算公式为：$p'=m/C=m/(c+v)$，而剩余价值率是剩余价值与可变资本的比率，其计算公式为：$m'=m/v$。可见，利润率和剩余价值率是用同一个剩余价值量以不同的计算方法得出的不同比率，因而利润率是剩余价值率的转化形式。

虽然利润率是剩余价值率的转化形式，但两者却有明显的区别：

第一，两者在量上是不等的。由于全部预付资本总是大于可变资本，所以，利润率总是小于剩余价值率，即 $m/C<m/v$。

第二，两者在质上是不同的。剩余价值率表明了剩余价值的真正来源是可变资本，反映了资本家对工人的剥削程度。而利润率则表示资本家预付资本的增值程度，掩盖了剩余价值的真正来源和资本家对工人的剥削程度。

利润率是资本增值程度的重要标志，是资本主义生产的出发点和推动力。资本家经营企业和生产商品的唯一目的，就是以最小量的预付资本取得最大限度的利润。利润越多，资本家越活跃，资本主义企业的生命力就越旺盛。因此，每个资本家都十分关心利润率的高低，希望利润率越高越好。马克思在《资本论》中引用了 19 世纪中叶英国评论家登宁的一段话，生动地描述了资本家追求高利润率的形象："资本害怕没有利润或利润太少，就象自然界害怕真空一样。一旦有适当的利润，资本就胆大起来。如果有10%的利润，它就保证到处被使用；有20%的利润，它就活跃起来；有50%的利润，它就铤而走险；为了100%的利润，它就敢践踏一切人间法律；有300%的利润，它就敢犯任何罪行，甚至冒绞首的危险。"①

（二）影响利润率的因素

影响利润率的因素：剩余价值率的高低、资本有机构成的高低、资本周转速度的快慢、不变资本的节省、原材料价格的变动。

由于资本家生产的唯一目的是以最小量的预付资本取得最大量的利润，所以，资本家总是千方百计地提高利润率。但利润率的高低和变动趋势，并不取决于资本家的主观愿望，而是由一系列客观因素决定，有其内在的规律性。决定和影响利润率的因素主要有：

1. 剩余价值率的高低。利润率是剩余价值与全部预付资本的比率，在预付资本和资本有机构成不变的情况下，利润率的高低由剩余价值量的多少来决定，而剩余价值量的多少则取决于剩余价值率的高低。剩余价值率越高，利润率也就越高；反之，剩余价值率越低，则利润率也就越低。利润率与剩余价值率成正比例变化。资本家要提高利润率，首先必须提高剩余价值率。因此，凡是提高剩余价值率的一切方法，同时也是提高利润率的方法，如延长工人的劳动时间、增加劳动强度、提高劳动生产率和降低工人工资等。

2. 资本有机构成的高低。在剩余价值率和劳动力价值不变的情况下，就一个生产部门来说，资本有机构成越低，在总资本中可变资本所占的比例越大，利润率也就越高；反之，资本有机构成越高，等量资本所使用的劳动力就越少，创造的剩余价值就越少，从而利润率也就越低。利润率和资本有机构成按相反方向变化，但不成反比例。可是，对于同一个部门内的各个企业来说，如果它率先提高资本有机构成和劳动生产率，就可使其商品的个别价值低于社会价值，从而获得超额剩余价值，进而提高这个企业的利润率，因为利润率同剩余价值成正比。

3. 资本周转速度的快慢。在其他条件不变的情况下，资本周转速度的快慢直接影响着年利润率的高低。年利润率是指一年内剩余价值总量同全部预付总资本的比率。其计算公式为：年利润率＝年剩余价值总量/年预付总资本×100%。资本周转速度越快，一年内资本周转次数就越多，其中可变资本周转的次数就越多，等量资本带来的剩余价值也就越多，年剩余价值率就越高，从而年利润率也就越高；相反，资本周转速度越慢，一年内资本周转的次数就越少，其中可变资本周转的次数也越少，等量资本带来的剩余价值也就越少，年剩余价值率就越低，从而年利润率也就越低。资本的年利润率与资本周转速度成正比。因此，资本家总是想尽办法来缩短资本的生产时间和流通时间，加快资本的周转，特别是加快流动资本的周转，以提高年利润率。

4. 不变资本的节省。在剩余价值量和剩余价值率不变的情况下，节省不变资本，预付资本总量会相对减少，这样，用同样的剩余价值与较少量的预付资本相比，利润率就会

① 马克思，恩格斯. 马克思恩格斯全集：第23卷. 北京：人民出版社，1972：829.

提高。所以，为了节省不变资本，资本家常常采取以下方法：充分利用社会化大生产的优越条件，组织大规模的生产，集中使用生产资料，节省用于建筑物、机器设备、动力、照明等方面的资本支出；延长工人的劳动时间，在不增加厂房、设备等方面的情况下，可以获取更多的剩余价值。

5. 原材料价格的变动。原材料属于不变资本，原材料价格的涨落，等于不变资本的增减。在其他条件不变的情况下，利润率的高低与原材料价格变化方向相反。

四、利润转化为平均利润

（一）竞争和利润的平均化

从影响利润率的各种因素来考察各个生产部门的利润率可以发现：不同生产部门在剩余价值率相同的条件下，会由于资本有机构成和资本周转速度的不同，形成不同的利润率。投在资本有机构成低或资本周转速度快的部门中的资本，由于在相同时间内获取的剩余价值多，利润率就高；而投在那些条件相反的生产部门，利润率则低。如果等量资本投在不同的生产部门，不能获得等量利润，这就同资本家投资的根本目的相违背，也同利润作为预付资本的产物这一性质相矛盾。既然利润和预付总资本相联系，等量的预付资本投在不同的生产部门，不能获得等量的利润，那么，那些利润率较低的生产部门的资本家绝不甘心这种情况，他们必然要同利润率高的部门的资本家展开激烈的竞争。资本主义竞争包括部门内部的竞争和部门之间的竞争。等量资本获得等量利润，就是在这两种竞争的作用下实现的。

> 等量资本要求等量利润，这导致以资本转移为手段的部门之间的竞争，结果形成平均利润率。

部门内部的竞争，是指同一生产部门内部生产同种商品的各个企业之间，为了争夺有利的产、购、销条件和超额利润而进行的竞争。部门之间的竞争，是指不同生产部门的资本家之间为了争夺更有利的投资场所和获取更高的利润率而进行的竞争。

（二）影响平均利润率变动的因素

1. 资本有机构成的提高和平均利润率的下降。

平均利润率形成以后，并不是固定不变的，它会不断发生变化。从长期来看，平均利润率有下降的趋势。平均利润率下降的趋势是指平均利润率随着资本主义生产的发展和资本有机构成的提高，具有下降的客观必然性。平均利润率之所以呈下降的趋势，其根本原因在于社会资本平均有机构成的提高。

随着资本主义的发展，资本家在追求剩余价值的内在冲动和竞争的外在压力下，必然要进行资本积累。在资本积累过程中，资本家为了追求超额利润和在竞争中处于有利位置，总是力图采用新技术，并不断提高劳动生产率。当各个部门的资本家都采用了新设备、新技术，提高了劳动生产率后，就会引起整个社会资本有机构成的提高。社会资本有机构成的提高，表明在不断增大的资本总额中，可变资本所占的比重相对下降，资本

> 一般利润率趋向下降的规律，又称利润率下降和绝对利润量同时增加的“二重性的规律”，即平均利润在资本积累过程中随着资本有机构成的提高和资本周转速度的减慢而趋于下降的客观必然性。

所推动的劳动力也会相对减少，在剩余价值率不变的条件下，由可变资本带来的剩余价值也相应减少，从而剩余价值与总资本的比率即利润率也随之下降，形成平均利润率下降的趋势。当然，在资本积累过程中，由于可变资本绝对量的增加，剩余价值的绝对量也会增加，但由于总资本量增加了，剩余价值与总资本的比率也会下降。即使在剩余价值率提高的情况下，只要剩余价值率提高的速度赶不上资本有机构成提高的速度，平均利润率也会表现出下降的趋势。

同时，随着社会生产力的发展，资本有机构成的提高也会引起固定资本比重的迅速增大，而固定资本的周转速度慢于流动资本的周转速度，这就使全部预付资本周转速度减慢，从而造成平均利润率的下降。马克思说："资本主义生产，随着可变资本同不变资本相比的日益相对减少，使总资本的有机构成不断提高，由此产生的直接结果是：在劳动剥削程度不变甚至提高时，剩余价值率会表现为一个不断下降的一般利润率。"①

平均利润率的下降，并不意味着工人受剥削程度的减轻。因为工人受剥削程度的大小是用剩余价值率来表示的。平均利润率虽然取决于剩余价值率，但剩余价值率并不是影响利润率变动的唯一因素。影响利润率变动的还有其他一些因素，如资本有机构成、资本周转速度等。也就是说，在剩余价值率不变甚至提高的情况下，平均利润率仍可能下降。例如，社会资本为100万元，在资本有机构成为 $60c:40v$ 的条件下，如果剩余价值率为100%，则利润率为40/100=40%；如果剩余价值率由100%提高到150%，同时资本有机构成提高到 $80c:20v$，则利润率为20×150%/100=30%。因此，平均利润率的下降，完全可以在剩余价值率不变甚至提高的情况下发生。

平均利润率的下降，并不意味着资本家所得到的利润量减少。这是因为利润量的多少取决于两个因素：一是利润率；二是资本总量。如果利润率不变，利润量会随着资本总量的增减而增减；如果资本总量不变，利润量会随着利润率的高低而增减。随着资本积累的不断增长，资本有机构成在不断提高，社会资本总量也在不断增加，即使可变资本的相对量在减少，但其绝对量却日益增加，因而雇佣工人也在日益增加，从而利润量不断增大。实际上，利润率的下降和利润量的增加是由同一个原因引起的，都是资本积累的必然结果。这是因为：一方面资本积累使资本总量增大，其中可变资本增加，从而使利润量增大；另一方面资本积累又使得资本有机构成提高，在可变资本增加的同时，不变资本以更快的速度增长，从而引起利润率的下降。所以，在资本积累过程中，利润率的下降同利润量的增长是同时出现的，二者是紧密联系的。

2. 阻碍平均利润率下降的因素。

平均利润率的下降，并不是单一的直线下降，而是在较长时期内表现出来的一种趋势。它并不排除个别时期利润率的上升，因为在实际生活中还有许多因素在阻碍平均利润率的下降或促使平均利润率的提高，这些因素主要有：

（1）对工人剥削程度的提高。提高剥削程度可以增加剩余价值量或利润量，从而延缓平均利润率的下降。提高剥削程度的方法包括：延长工作日、提高劳动强度和降低工人工资等。延长工作日，在增加剩余价值生产的同时，可以节省固定资本；通过加快机器运转

① 马克思，恩格斯. 马克思恩格斯全集：第25卷上. 北京：人民出版社，1974：237.

而使劳动强度提高，可以相对减少固定资本的消耗；使用工资较低的女工和童工代替成年男工，或利用相对过剩人口的压力，降低在业工人工资。这样，便可用较少的可变资本榨取更多的剩余价值。

（2）不变资本各要素价值的降低。随着劳动生产率的提高，不变资本各要素，如机器设备、各种原材料等的价值相应降低。虽然不变资本的实物量会不断增加，但其价值并不与其实物量成正比例地增加。这一状况必然会延缓资本有机构成的提高，阻碍平均利润率的下降。

（3）相对过剩人口的存在。由于大量相对过剩人口的存在，资本家可以将工人工资压低到劳动力价值以下。同时，大量相对过剩人口的存在也为资本家雇用廉价劳动力提供了条件。一些生产部门和企业的资本家宁可采用手工劳动而不使用机器，在这些部门中，资本有机构成较低，可变资本所占比重较大，因而剩余价值量也大，利润率较高，这也阻碍了平均利润率的下降。

（4）对外贸易的发展。发达资本主义国家通过对外贸易，特别是在与经济落后国家的贸易中，输入廉价的原材料和生活资料，使不变资本价值和劳动力价值相应降低，从而提高剩余价值率和利润率。将商品输出到经济落后国家，可以按高于国内的价格出售，取得高额利润。通过对发展中国家进行直接投资、就地生产、就地销售，也可以获得较高的利润率。这些都会阻碍或抵消本国平均利润率的下降。

五、价值转化为生产价格

（一）商品价值转化为生产价格

随着利润转化为平均利润，商品价值转化为生产价格，价值规律转化为生产价格规律。

在平均利润形成以前，商品是按照其价值出售的，商品价值=成本价格（k）+剩余价值（m）。随着平均利润率的形成，利润转化为平均利润，商品价值便同时转化为生产价格。这个转化是在资本主义发展到一定阶段实现的。马克思指出：“商品按照它们的价值或接近于它们的价值进行的交换，比那种按照它们的生产价格进行的交换，所要求的发展阶段要低得多。而按照它们的生产价格进行的交换，则需要资本主义的发展达到一定的高度。”[①] 生产价格是指成本价格与平均利润之和。

马克思的生产价格理论，不仅在逻辑上是劳动价值论的发展，而且在历史上也同商品经济发展的进程相一致。在历史上，商品价值先于生产价格而出现，生产价格是发达商品经济的产物。在简单商品经济中，商品生产者之间彼此交换商品一直是按照价值进行的，价值始终是市场价格波动的中心。即使在资本主义发展的初期，由于社会生产力发展水平不高，各部门、各地区之间的经济联系不十分密切，加上行会制度的束缚等，资本和劳动力在各生产部门之间的自由转移还比较困难，因而平均利润率还未形成，价值也没有转化为生产价格。随着资本主义的发展，特别是机器大工业的发展和资本主义在社会生产部门中统治地位的确立以及信用制度的发展，各个部门之间的技术差别逐渐缩小，这才为资本

① 马克思，恩格斯. 马克思恩格斯全集：第25卷上. 北京：人民出版社，1974：197-198.

和劳动力在各个部门之间的自由转移提供了必要的条件。这时，利润率才转化为平均利润率，价值才转化为生产价格。

由此可见，从价值到生产价格的转化，是随着资本主义大工业的出现和发展而形成的。商品按照生产价格出售，是资本主义高度发展的产物。因此，马克思的生产价格理论体现了历史和逻辑的统一，是马克思劳动价值论和剩余价值理论的进一步发展。

（二）价值规律转化为生产价格规律

随着商品价值转化为生产价格，价值规律的作用形式也发生了变化。在生产价格形成以前，反映供求关系的商品市场价格以价值为中心，围绕着价值上下波动。在生产价格形成以后，市场价格则以生产价格为中心，围绕着生产价格上下波动。这时，价值规律以生产价格规律的形式发挥作用，自发地调节生产资料和劳动力在社会各生产部门之间的分配比例，自发地刺激社会生产力的发展，实现着剩余价值在不同部门的资本家之间的重新分配。

需要指出的是，这里所说的生产价格，不是个别生产价格，而是指社会生产价格，即一般生产价格。社会生产价格是由社会平均生产条件所决定的生产价格，它等于社会成本价格加平均利润。在同一生产部门中，由于各企业的生产条件不同，因而各企业的个别生产价格也不同。个别生产价格等于个别成本价格加平均利润。商品的市场价格不是取决于个别生产价格，而是取决于社会生产价格。所以，那些技术水平高、经营管理好、商品个别生产价格低于社会生产价格的企业，就可以获得超过平均利润的利润，即超额利润。超额利润是个别生产价格低于社会生产价格的差额。超额利润实质上是超额剩余价值的转化形式，它反映着同一部门内部不同企业的资本家之间的关系。所以，平均利润和生产价格形成后，并不排除在各个部门内部的各个资本家之间为了获得超额剩余价值而展开的激烈竞争。

马克思关于平均利润和生产价格的理论，无论是在理论上还是在实践上都具有非常重要的意义。从理论上看，它进一步发展了劳动价值论，解决了政治经济学理论关于价值规律同等量资本获得等量利润在形式上的矛盾这一重大理论问题。马克思的平均利润和生产价格理论，说明了在劳动时间决定价值量的基础上，为什么资本有机构成与周转速度不同的等量资本会获得平均利润，阐明了平均利润既不违背价值规律，又是在价值基础上形成的，生产价格只是价值的转化形式。从实践上看，它揭示了整个资产阶级和整个无产阶级之间的对立。马克思的平均利润理论深刻地表明：在利润转化为平均利润以后，各部门的资本家所得到的利润，不再直接取决于其对本企业、本部门工人的剥削程度，而是取决于整个资产阶级对整个无产阶级的剥削程度。这时，整个资本主义经济就像一个庞大的股份公司，各个部门的资本家则是这个股份公司的大小股东，他们按照投入资本量的大小，根据等量资本获得等量利润的原则分割剩余价值。因此，工人阶级不仅受本企业、本部门资本家的剥削，而且受整个资产阶级的剥削。

第三节　商业资本和商业利润

在资本主义社会中，参加资本循环过程的不仅有产业资本，还有商业资本和其他资本形式，剩余价值是由参加资本循环过程的各个资本家共同瓜分的。本节主要分析商业资本的形成、作用以及商业资本家是怎样以商业利润的形式参与剩余价值的瓜分的。

一、商业资本的形成

商业资本是从产业资本中分离出来的，在流通领域中独立发挥作用，以攫取商业利润为目的的资本。

商业资本也称商人资本，是在流通领域中专门从事商品买卖、以获取利润为目的的资本。它是历史上出现的最古老的资本形式之一，早在奴隶社会的初期，作为商品交换中间人的商人阶层就已出现。在奴隶社会和封建社会中，商人资本进一步发展，形成了一些大商人，他们掌握了大量的货币财富，对封建国家的经济和政治产生过重要的影响。到了资本主义社会，商业资本又获得了更加广泛的发展，并成为一种独立的资本形式。

资本主义商业资本是从产业资本运动中分离出来并独立发挥作用的商品资本，是商品资本的独立化形式。商品资本能从产业资本运动中分离出来，独立化为商业资本，是一个客观的必然过程，这是因为：

第一，产业资本的现实循环运动为商业资本的独立化提供了客观上的可能性。这种可能性在于：(1) 产业资本在其循环过程中，要顺次经过购买、生产、销售三个阶段，并相应采取货币资本、生产资本和商品资本三种职能形式，并各自执行不同的职能，这就在客观上为产业资本和商业资本之间进行分工，从而使商业资本成为一种独立的资本形式提供了可能性。(2) 从社会总资本来看，总有一部分资本经常处于生产领域，以生产资本的形式存在；另一部分资本则经常处于流通领域，以商品资本和货币资本的形式存在。这说明处于流通领域的商品资本具有相对的独立性。因此，商业资本完全有可能从产业资本中分离和独立出来。

第二，资本主义生产的发展和市场的扩大，在客观上也要求商业资本的独立。在资本主义发展的初期，由于生产规模和市场范围还不大，产业资本家一般采取自产自销的方式，也就是既生产产品，又销售产品。但是，随着资本主义的发展，生产规模和市场范围不断扩大，商品数量和品种不断增多，商品买卖业务日益繁重复杂，产品不仅要供给本地需要，还要远销全国其他地区。在这种情况下，如果产业资本家既经营商品生产，又负责商品销售，独自完成资本循环的三个阶段，就需要建立庞大的商业网，雇用大批的商业人员，支付大量的商业费用，增加流通资本和预付资本总量。这样，势必会影响生产资本的数量，导致产业资本的利润减少。同时，在生产和流通日益扩大的情况下，资本家如果仍坚持自产自销，就会使精力分散，引起经营不善，从而影响资本周转和盈利。所以，客观上需要把商品资本的职能交由专门从事商品买卖的商业资本家去承担。这样，商业资本就从产业资本运动中独立出来，一部分资本家专门从事商品买卖，便成为商业资本家。

二、商业资本的职能和作用

（一）商业资本的职能

商业资本从产业资本运动中分离出来以后，其所执行的职能仍然是商品资本的职能，即推销商品，实现其价值和剩余价值。

商业资本的运动公式是：$G—W—G'$。商业资本运动的第一阶段是购买阶段，即 $G—W$。商业资本家购买产业资本家的商品，对产业资本家来说，他们的商品资本已经完成了向货币资本的转化，剩余价值已经得到实现。但是，从商品本身来说，它们仍然处于流通领域之中，只是改变了所有者，即由产业资本家手中转到了商业资本家手中，商品所包含的价值和剩余价值还没有最后实现。也就是说，商品资本的职能还有待商业资本家去完成。商品资本实际转化为货币资本，是在商业资本运动的第二阶段，即 $W—G'$完成的。只有当商业资本家把商品卖给消费者，商品退出流通领域进入消费领域时，商品资本到货币资本的转化才算完成，商品资本的职能才算实现。所以，商业资本的职能仍然是商品资本的职能。

（二）商业资本的作用

商品资本的职能独立化为商业资本的职能，对产业资本的经营和发展以及整个社会总资本的运动都具有重要作用，主要表现在：

1. 商业资本的独立运动，有利于节省社会总资本中用于流通过程的资本，增加用于生产过程的资本。商业资本和产业资本的分工以及商业事务的专门化，使过去由许多产业资本家各自分头经营的商业活动集中起来进行，使预付在流通领域的社会资本额相对节省，使社会资本有更大的部分投入生产领域，从而生产出更多的剩余价值。

2. 商业资本的独立运动，有利于加速产业资本的周转。因为一个商业资本家可以为一个甚至几个部门的许多产业资本家推销商品，这样，商业资本的周转速度就不再受个别产业资本周转的限制，可以在产业资本周转一次的时间内交替完成若干次周转。因而，从整个社会范围来看，便可加速各部门产业资本的周转，从而提高产业资本的生产效率，促进产业资本的积累。

3. 商业资本的独立运动，有利于加速商品流转，缩短流通时间。因为专门从事商品买卖活动的商业资本家非常熟悉市场行情和流通渠道，了解消费者的需要和复杂的销售条件，所以，由他们来专门推销商品，能更快地完成商品的销售，从而加快商品流通速度，大大节省商品的流通时间。

4. 商业资本的独立运动，还有利于产业资本家集中精力从事生产经营活动，增加利润总额。由于商业资本家专门从事商品的销售任务，产业资本家便能集中精力从事生产活动，而剩余价值又是由雇佣工人在生产过程中创造的，从而能增加利润总额。

需要指出的是，商业资本在完成其职能的过程中，一方面对促进资本主义的再生产起到了积极作用，另一方面也加深了资本主义的固有矛盾。因为产业资本家将商品卖给商业资本家以后，看起来商品是销售出去了，但实际上商品还没有到达消费者手中，大量商品还处于流通领域。商业资本家的不断购买行为，掩盖了实际的需求状况，造成市场的虚假繁荣，从而促使产业资本家盲目地扩大生产规模。一旦流通领域中的商品积压过多，商品流转困难，产业资本的运动就会受到影响，再生产比例关系就会受到破坏，从而加深资本主义的固有矛盾。

三、商业利润的来源和本质

商业资本家投资于商品经营，其目的是获取利润。商业资本在商品流通领域中所获得的利润，叫作商业利润。从现象上看，商业利润是产生于流通领域的贱买贵卖。实际不然，资本在流通中是不能自行增值的。商业资本家的单纯加价不是商业利润的真正来源，而是商业资本家获得商业利润的途径。商业利润的真正来源是产业工人在生产过程中所创造的剩余价值的一部分，是产业资本家让渡给商业资本家的一部分平均利润。

产业资本家之所以要把产业工人创造的剩余价值的一部分让渡给商业资本家，是因为：首先，商业资本分担了产业资本的一部分职能，因此，产业资本家就不能独占产业工人所创造的全部剩余价值，必须把其中的一部分让渡给商业资本家。其次，由于商业资本家专门从事商业活动，使产业资本家节省了流通中的资本，有利于其增加生产资本的数量，从而可以带来更多的剩余价值。所以，产业资本家愿意让渡一部分剩余价值给商业资本家。

产业资本家把一部分剩余价值让渡给商业资本家是通过商品价格差额实现的，即产业资本家以低于生产价格的价格把商品卖给商业资本家，商业资本家再按照商品的生产价格，将商品卖给消费者，从商品进价和售价的差额中获得商业利润。产业资本家让渡给商业资本家的剩余价值的量不是随意确定的，而是由资本主义自由竞争和平均利润率规律决定的。这是因为：产业资本家要求获得平均利润，而商业资本作为一种与产业资本并列的职能资本形式，和产业资本一样也要求获得平均利润。如果商业资本家经营商业所获得的利润低于平均利润，商业部门的资本就会向产业部门转移，从而导致产业部门的商品数量增加，市场价格下降，产业利润降低，而商业部门由于投资减少，利润上升。相反，如果商业利润高于平均利润，就会吸引产业资本向商业资本转移，从而使产业部门的商品数量供应减少，市场价格上升，产业利润也随之增加，而商业部门由于投资增加，利润下降。所以，商业资本家所获得的商业利润同样受平均利润率规律的支配，商业利润率应当等于平均利润率。正是通过商业资本和产业资本之间的竞争以及资本在商业部门和产业部门之间的自由转移，商业利润和产业利润才趋于平均化，从而形成商业资本和产业资本统一的平均利润率。商业资本参与利润的平均化过程以后，全社会平均利润率的计算公式就变为：

$$\text{全社会平均利润率}=\frac{\text{社会剩余价值总额}}{\text{产业资本总额}+\text{商业资本总额}}\times 100\%$$

四、商业资本家对商业店员的剥削

商业资本家经营商品买卖活动，需要雇用一定数量的商业店员。可是，商业店员所从事的活动是单纯的商品买卖活动，是一种非生产性劳动，这种劳动不创造价值和使用价值。商业资本家所获得的商业利润，只是产业工人创造的剩余价值的一部分，但这并不等于说，商业店员不受商业资本家的剥削。事实上，同产业工人一样，商业店员也是靠出卖劳动力为生的雇佣劳动者，他们的劳动力价值同样也是由生产和再生产劳动力商品所必需的社会必要劳动时间决定的。因此，商业店员的工资和产业工人的工资一样，都是劳动力价值或价格的转化形式。

商业店员的工作日和产业工人的工作日一样，也分为必要劳动时间和剩余劳动时间两部分。在必要劳动时间内实现的剩余价值，用来补偿商业资本家支付给商业店员的工资，即劳动力的价值，这部分劳动是有酬劳动。在剩余劳动时间内实现的剩余价值，除一部分用来补偿工资以外的非生产性流通费用外，其余部分则被商业资本家无偿占有，形成商业利润，这部分劳动是无酬劳动。商业资本家正是通过商业店员的无酬劳动来实现由产业工人创造的、由产业资本家让渡给他们的一部分剩余价值的。商业店员的剩余劳动虽然不是商业利润的源泉，却是商业资本家取得商业利润的基本条件。

第四节　借贷资本和利息

在资本主义社会，不仅存在着产业资本和商业资本，还存在着借贷资本。借贷资本就是资本家为了取得利息而暂时借给另一个资本家使用的货币资本。

一、借贷资本的形成和本质

（一）借贷资本的形成

借贷资本既不是职能资本，也不是产业资本循环中货币资本职能独立化的部分，而是为适应资本主义经济发展的需要，从职能资本的运动中分离出来的特殊资本形式，它的形成与发展同资本主义再生产过程有着紧密的联系。因为在产业资本循环和周转的过程中，经常会出现大量的闲置货币资本，这些闲置货币资本的来源主要是：（1）固定资本的折旧费。厂房、机器设备等固定资本的价值是按其磨损程度逐渐地转移到新产品中去的，并随着产品的销售，以折旧费的形式一部分一部分地逐渐回收。但固定资本的更新却是在整个机器设备完全磨损消耗之后进行的。在此之前，固定资本的折旧费会暂时闲置起来。（2）流动资本暂时闲置的部分。在流动资本的周转中，当商品已经出售，但还不需要立即购买原材料和支付工人工资时，就会有一部分流动资本以货币形式暂时闲置起来。（3）积累的剩余价值。资本家用于积累的剩余价值只有达到一定数量时，才会变为追加资本，实现扩大再生产。但在此之前，这部分价值也会以货币的形式得以暂时闲置。（4）靠获取利息为生的货币所有者的资本或储蓄。在资本主义社会，还存在着一批专门靠获取利息为生的货币资本所有者，他们手中的货币资本或储蓄，也是借贷资本的来源之一。以上所说的这些闲置的货币资本，并不能给其所有者带来利润，这同资本的本性是相矛盾的。货币所有者必然要为这些暂时闲置的货币资本寻找新的出路。

> 借贷资本的来源主要是产业资本循环中产生的大量闲置货币资本。包括：第一，固定资本折旧费；第二，流动资本暂时闲置的部分；第三，用于积累但尚未投资的剩余价值；第四，靠获取利息为生的货币所有者的资本或储蓄。

同时，在资本主义再生产过程中，社会上又有一些资本家急需补充货币。例如，有些资本家为了维持其资本运动的连续性，在卖掉商品之前急需货币资本购买生产要素；有的企业固定资本未折旧完毕需要提前更新；有的企业需要追加资本而自己又积累不足；等等。于是，持有闲置货币资本的资本家就可将这部分资本贷放给急需货币资本的资本家使用，从而形成了资本家之间的借贷关系，闲置的货币资本就变成借贷资本。

（二）借贷资本的本质

货币资本的借贷是暂时的、有条件的，到了一定的期限，职能资本家必须将其如数归还，同时还必须拿出一定数量的货币作为使用这笔贷款的报酬。借贷资本的借贷对象主要是职能资本家，即产业资本家和商业资本家。职能资本家借款的目的是把借入的货币当作资本来使用，以获取利润。职能资本家为了取得借贷资本的使用权而支付给货币所有者的一定数量的货币叫作利息。专门从事货币资本的借贷活动，依靠借贷利息生活的货币所有者就是借贷资本家。

因此，从本质上看，借贷资本是借贷资本家为了取得一定的利息而暂时贷给职能资本家使用的货币资本，体现了借贷资本家和职能资本家之间共同瓜分剩余价值的关系。

二、借贷资本的特点

借贷资本从属于职能资本，但它作为一种独特的资本形式，又不同于职能资本，具有自身的特点，其特点主要有：

1. 借贷资本是一种资本商品。在资本主义制度下，作为资本的货币具有双重的使用价值。一方面，它是货币的使用价值，即可以作为一般等价物，用来交换任何商品；另一方面，它是资本的使用价值，能够为使用者带来剩余价值或利润。借贷资本家把他的货币资本贷放给职能资本家，实际上就是把货币作为资本的使用价值转让给了职能资本家，就像商品的买卖把商品的使用价值转让给买者一样。所以，借贷资本是一种作为商品的资本，即资本商品。不过，这种资本商品的转让和普通商品的买卖不同，它不是采取等价交换的买卖形式，而是采取借贷的形式，经过一定时期，它必须带着利息这个增值额返回到借贷资本家手中。而且普通商品的价格是其价值的货币表现，而利息不是资本商品价值的货币表现，只是职能资本家使用资本商品所支付的报酬。此外，普通商品一旦被消费，它的价值连同商品本身就不存在了，而资本商品的消费，即资本的使用，不仅会保存其价值和使用价值，而且会增加价值。

2. 借贷资本是一种财产资本或所有权资本。借贷资本只有当它被贷放给职能资本家时，才现实地发挥资本的职能作用，为职能资本家带来平均利润。借贷资本家凭借对资本的所有权，定期从职能资本家那里取得利息。于是，同一个借贷资本便取得了双重身份：对于借贷资本家而言，它是一种财产资本或所有权资本；对于职能资本家而言，它是职能资本。由此可见，随着借贷资本的形成，资本的所有权和使用权产生了分离。

3. 借贷资本最具有拜物教性质。首先，借贷资本只是凭借资本所有权就可以获得利息，并且利息也总是按贷出的货币额计算，因此，在利息形态上，完全看不到剩余价值的生产过程和实现过程。其次，从借贷资本的运动形式看，借贷资本与产业资本、商业资本不同。产业资本的运动要经过生产过程和流通过程，才能完成$G—W \cdots P \cdots W'—G'$的循环。商业资本要经过流通过程才能完成$G—W—G'$的循环。而借贷资本的运动形式，从表面上看，既不经过生产过程，也不经过流通过程，直接采取$G—G'$的形式。这就造成一种假象，好像货币本身就能产生出更多的货币。于是，借贷资本所具有的真实社会关系不见了，资本主义剥削实质被进一步掩盖了，资本拜物教的观念达到了顶点。

事实上，货币本身并不能生出货币，借贷资本只有被职能资本家使用，进行资本主义生产时，才能增加自己的价值。借贷资本特殊的运动形式实际上是以职能资本的运动为中介的。借贷资本如果是贷给产业资本家，其完整的运动形式是：$G—G—W\begin{cases} pm \\ A \end{cases}\cdots P\cdots W'—G'—G'$；如果是贷给商业资本家，则完整的运动形式是：$G—G—W—G'—G'$。在运动形式的最初和最后阶段，即 $G—G$ 和 $G'—G'$，是借贷资本在借贷资本家和职能资本家之间的借贷和还本付息的关系，不发生任何价值增值。只有在中间阶段，如果是产业资本，那么在生产过程中，由工人的剩余劳动创造了剩余价值，产业资本家把其中的一部分作为利息支付给借贷资本家；如果是商业资本，则是商业资本家从事商品买卖，从剩余价值中瓜分一部分作为商业利润，商业资本家把商业利润的一部分作为利息支付给借贷资本家。可见，借贷资本的特殊运动形式 $G—G'$，只不过是它的实际运动形式的简化而已。

三、借贷利息和利息率

（一）利息的本质

职能资本家借用借贷资本，从事商品生产或商品流通，能够获取平均利润。但是，由于使用借贷资本的职能资本家对这部分货币只有使用权而无所有权，因此，职能资本家不能把这部分平均利润据为已有，必须拿出一部分作为利息付给借贷资本家，否则借贷资本家不会贷出货币资本。

由于平均利润是剩余价值的转化形式，所以，借贷利息的本质是借贷资本家凭借对资本的所有权，从职能资本家那里取得的一部分剩余价值，是剩余价值的一种特殊转化形式。借贷利息体现了借贷资本家通过职能资本家的活动来瓜分剩余价值的关系。借贷利息的产生，使平均利润分割为两个部分：一部分是归借贷资本家所有的利息；另一部分是归职能资本家所有的企业利润。企业利润是职能资本家借用货币资本经营企业所取得的平均利润扣除利息后的余额，它是在利息存在的条件下，产业利润和商业利润的统称。利息是同资本的所有权结合在一起的，企业利润是同资本的使用权结合在一起的。这种分割本来是由资本的所有权和使用权的分离产生的，但它一旦发生，即使使用自由资本的职能资本家也会把平均利润分割为两个部分。因为在他们看来，他们既是资本的所有者，又是资本的使用者。作为资本的所有者，他们要获取利息；而作为资本的使用者，他们要获得企业利润。利息和企业利润是平均利润在量上分割后的两个具体形式，它们都来源于剩余价值。但在现实生活中，二者都采取独立的收入形式，利息表现为资本所有权的收入，企业利润表现为职能资本家经营活动的成果，这就掩盖了利息和企业利润的真正来源，掩盖了资本主义的剥削关系。

> 利息量是平均利润的一部分。利息量是由借贷资本数量和当时通行的利息率决定的。

（二）利息量和利息率

借贷利息不仅有质的规定，而且也有量的规定。利息量取决于借贷资本的大小和利息率的高低。

利息量＝借贷资本数量×利息率

利息率是指一定时期内利息量与借贷资本总量之间的比率，其计算公式是：

$$利息率=\frac{一定时期的利息量}{借贷资本总量}\times100\%$$

利息率的高低是有一定界限的，利息率的最高界限是平均利润率。因为利息是平均利润的一部分，所以，在一般情况下，利息率低于平均利润率，不能等于或高于平均利润率。否则，需要借入资本的职能资本家将得不到任何利润，也就不会去借入资本经营企业了。利息率的最低界限不能等于零。否则，借贷资本家就无利可图，也就不愿贷出货币给职能资本家了。

一般情况下，利息率的高低取决于两个因素：(1) 平均利润率的高低。由于利息是平均利润的一部分，所以，在其他条件不变的情况下，平均利润率提高了，利息率也会随之提高；反之，利息率则降低。因此，利息率与平均利润率是同方向变动的，这种同方向的变动关系，也说明了借贷资本家和职能资本家在剥削工人这一点上是一致的。(2) 借贷资本的市场供求状况。在平均利润率一定的情况下，借贷资本市场供过于求，利息率下降；反之，则上升。因此，利息率与借贷资本的市场供求状况变动方向相反，这也说明了借贷资本家和职能资本家在瓜分剩余价值上又存在着矛盾。

四、银行和信用

(一) 银行

在资本主义社会中，货币资本的借贷主要是通过银行来进行的。银行是一种专门经营货币资本业务的特殊企业。说银行是企业是因为它与一般工商企业有相同之处，那就是追求最大化的利润；都要受剩余价值规律和平均利润率规律的支配；利润的来源也是雇佣工人在生产过程中所创造的剩余价值。银行这种企业的特殊性，就在于它的经营对象是货币，而不是实物产品。

银行的职能主要有：(1) 充当信用中介。即银行通过吸收存款，把闲置资金集中起来贷放给需要资金的借款者。这样，银行就成了借款者与贷款者的中间人。(2) 创造信用流通工具。银行可以创造银行券、支票等信用流通工具，这些流通工具投入流通后，可以代替很大一部分金融货币的流通。这样，既可以节约流通费用，又可以扩大信用，更好地为发展经济服务。(3) 充当支付中介。银行作为支付中介，可以根据客户的委托或要求，办理各种货币兑换、货币结算和货币支付等业务，不仅可以节省社会流通费用，还可以加速资本周转。

银行利润的来源是贷款利息和存款利息之间的差额。银行贷款利息一般都高于存款利息，两者之间的差额减去经营银行业务的费用，就构成银行自由资本的利润，即银行利润。由于在银行资本家和工商业资本家之间存在着激烈的竞争和资本的自由转移，银行获得的利润相当于平均利润。银行利润同样也是产业工人在生产领域创造的剩余价值的一部分，银行资本家通过贷款给产业资本家，间接地参与了对剩余价值的瓜分。银行资本家要以银行利润的形式瓜分一部分剩余价值，必须依靠银行雇员的劳动。银行雇员的劳动虽然不创造价值和剩余价值，但也分为必要劳动和剩余劳动。

（二）信用

信用是以偿还为条件的价值的借贷运动，是商品货币经济中的一种经济关系，是适应商品生产发展的需要，从商品流通和货币流通中产生的借贷关系。资本主义信用主要有两种形式：商业信用和银行信用。商业信用是指职能资本家之间以赊账方式买卖商品时发生的信用；银行信用是指银行以贷款的方式向职能资本家提供的信用。信用，尤其是银行信用在资本主义经济中的作用具有两重性：

一方面，信用促进了资本主义经济的发展。这表现在：(1) 信用促进了利润率的平均化。利润率的平均化以资本在各部门之间的自由转移为条件，而资本的自由转移又往往以职能资本家能够获得大量流动性较大的货币资本为条件。信用的发展满足了这种需要，方便了资本在各部门之间的自由转移。(2) 信用能节省流通费用，缩短流通时间。例如，在信用基础上发展起来的票据和信用货币的使用，可以大大节省流通中的金属货币，同时采用信用方式出售商品以及由银行提供贷款，可以加速商品流通和资本周转的速度。(3) 信用可以促进资本集中，加速资本的积累。信用既把社会上暂时闲置的货币资本集中起来，又把社会上各阶层的零星小额货币收入汇集为大额货币资本，提供给职能资本家，这可以使个别企业的资本量增大，使资本迅速积聚起来。

另一方面，资本主义信用的发展加深了资本主义的内在矛盾。这是因为信用制度的发展使资本主义的生产规模可以不受资本家自由资本的限制而不断扩大，促进了生产的社会化。信用还加速了资本的集中积累，使生产资料和产品日益集中到少数大资本家手里，这就使资本主义社会的内在矛盾进一步尖锐化。同时，信用加剧了资本主义社会生产的无政府状态和各部门之间发展的不平衡性，资本家追逐高额利润的动机，促使他们不断地借助信用手段使其资本投向利润较高的部门，其结果必然会加剧生产部门的不平衡发展。此外，信用又造成对商品的虚假需求，当生产已经过剩、危机已经到来时，信用支持的市场似乎仍很繁荣，因而使生产继续盲目扩大，引起了生产和消费的脱节，从而加大了资本主义爆发经济危机的可能性。

（三）信用在资本主义经济中的作用

信用是从商品交换和货币流通中产生的。不论在何种社会经济制度下，只要存在着市场经济关系，就一定存在着信用关系。信用在资本主义经济中起着巨大的作用：

一方面，资本主义信用促进了资本主义经济发展。

1. 信用促进了资本主义再分配和利润率的平均化。利润率的平均化是由于部门间的竞争和资本在各部门间的转移。但是各部门的生产资本都具有不同的物质形式和用途，因而它们不能直接由一个部门转移到另一个部门，只有货币资本才能进行这种转移。借助信用，特别是依靠银行贷款和投资，就能将资本由利润率低的部门转向利润率高的部门，从而自发地促进资本主义各部门的利润平均化和实现资源的优化配置，从而实现利润率的平均化。

2. 信用可以节省各种费用，加速了市场商品的流通和资本周转。信用可以使大部分商品交易不用现金支付；可以使闲置的货币重新投入流通，从而减少流通中所需的货币量；可以使用信用货币——银行券代替流通中的金属铸币。信用还可以加速商业流通和资金周转，从而节省与商品流通有关的簿记、保管等费用，缩短了资本流通的时间，减小了资本流通的比重，可以使生产资本相对增加，从而使利润总量增加，使利润率提高。

3. 信用促进了资本积聚和集中。信用使各个企业零散的货币和闲置的货币资源集中于银行，汇合成巨额的货币资本，使其能够随时投入需要追加资本的部门和企业。大资本家信誉高，可以比较容易获得贷款，实现了资本集中并增强了大资本家的竞争力，从而缩短了个别资本家积累所必要的时间。同时，信用又把社会闲置的货币集中到银行，供资本家使用，这就促进了资本积累的增长，加速了资本的积聚。信用促进了股份公司的发展，同时也促进了资本的集中。

另一方面，资本主义信用加深了资本主义的内在矛盾。资本主义信用虽然促进了资本主义经济的发展，但又加剧了资本主义的基本矛盾，并使资本主义经济危机日趋频繁和加深，为资本主义过渡到社会主义创造了物质条件。

1. 信用加深了资本主义的基本矛盾。资本主义信用使社会财富越来越多地为少数资本家所掌握，生产规模日益扩大，生产社会化程度不断提高，使得生产社会性与资本主义私有制之间的矛盾更加尖锐。

2. 信用由于其盲目性而加剧了资本主义各生产部门之间的不平衡。信用给资本转移创造了很大的灵活性，可能会助长投机活动，加剧了经济中的泡沫。资本家总是通过信用把资本投入到高额利润的生产部门中去，从而造成这些部门的过度膨胀和其他部门的萎缩，导致了各部门间不平衡的进一步加剧。

3. 信用可以造成虚假的繁荣。信用使资本主义生产无限扩张与支付需求相对狭小之间的矛盾更加尖锐化。信用使资本主义生产规模日益扩张，资本有机构成不断提高，从而使失业增加，有支付能力的需要下降，生产和消费的矛盾更加深化。信用使买方不用立即付款，因此当生产过剩时，仍会出现对商品的需求，使本来已经过剩的生产继续盲目发展，从而可能导致经济危机的爆发。

第五节　资本主义地租

一、资本主义土地所有制和地租

（一）资本主义土地所有制

地租是土地所有权在经济上的实现形式。一切形式的地租都以土地所有权为前提，不同的土地所有制产生不同形式的地租，资本主义地租以资本主义土地所有制为前提。

资本主义土地所有制是从资本主义以前的土地所有制形式转化而来的，是资本主义在农业中发展的必然结果。由于各个国家的具体历史条件不同，资本主义在农业中发展的途径也不相同，概括起来主要有两条道路：一条是封建地主经济逐渐演变的道路，即改良的道路；一条是消灭封建地主经济的道路，即革命的道路。前一条道路的特点

> 资本主义农业中的租金是农业资本家在租赁土地的时期内，向土地所有者缴纳的全部货币额。租金包括：(1) 地租；(2) 土地上的固定资产折旧费和利息；(3) 可能包括农业资本家的一部分平均利润和农业工人的一部分工资。

是：在保留农奴制残余的基础上，通过自上而下的改革，使封建地主经济逐渐适应和转变为资本主义经济。这条道路在普鲁士表现得最为突出，也称普鲁士道路。后一条道路的特点是：通过资产阶级革命，彻底摧毁封建土地所有制，建立起资本主义土地所有制。美国就是通过这条道路使资本主义在农业中发展起来，因此这条道路也称为美国道路。

资本主义土地所有制的主要特点是：第一，土地所有权同经营权相分离。大土地所有者拥有土地，但完全脱离土地的经营，他们把土地租给农业资本家，而自己则凭借对土地的所有权收取地租。农业资本家通过雇用农业工人经营土地。第二，土地所有权同人身依附关系相分离。在资本主义土地所有制条件下，大量农民摆脱了对封建地主的人身依附关系，同时也丧失了生产资料，变成一无所有的、自由的雇佣劳动者。无论是土地所有者和农业资本家之间，还是农业资本家和农业工人之间，都是纯粹的经济上的契约关系。

（二）资本主义地租的本质

一切地租都是土地所有者凭借土地所有权而获得的一种剥削收入。在资本主义农业中，农业资本家投资于农业与投资于其他部门一样，都要求获得平均利润。如果农业资本家得到的利润低于平均利润，他们就会把资本转移到其他部门去。同时，土地所有者出租土地，也要求得到地租，否则，他们就不会出租土地。所以，农业工人创造的剩余价值必须分为两部分：一部分以平均利润的形式归农业资本家占有，另一部分以地租的形式缴给土地所有者。可见，资本主义地租，就是农业资本家由于使用土地而缴给土地所有者的、由农业工人创造的超过平均利润的那部分剩余价值，它体现了土地所有者和农业资本家共同剥削农业工人的关系。资本主义地租主要有两种形式：级差地租和绝对地租。

二、级差地租

（一）级差地租的形成

级差地租是由经营较优土地而获得的、归土地所有者占有的那一部分超额利润，是与土地生产条件的不同等级相联系的一种地租形式。由于等级不同的土地有不同的生产率，取得的收益也不相同，从而经营较优土地的农业资本家需要向土地所有者缴纳数量较多的地租。因为这种地租的数量与土地的级差相联系，所以叫级差地租。由于形成级差地租的具体条件不同，级差地租可分为两种形式：级差地租Ⅰ和级差地租Ⅱ。

资本家投资于任何部门都要求获得平均利润，因而级差地租只能来自超过平均利润的超额利润。租种较好土地的农业资本家由于有较好的生产条件，劳动生产率高，产量多，收益大，产品的个别生产价格低于社会生产价格，因而会获得超额利润。但是农业中的超额利润具有不同于工业中的超额利润的特点，这是因为：

1. 工业中的超额利润是暂时的、不稳定的，而农业中的超额利润却是经常的、稳定的。在工业中，个别企业获得超额利润是因为它们拥有较高的劳动生产率，主要是靠先进的技术条件和先进的机器设备，但这些条件是不能长期垄断的。资本家之间的竞争会使先进的机器设备被广泛使用，劳动生产率得到普遍提高，商品的社会生产价格下降，最终使超额利润消失。而农业的情况则不同，一些农业资本家拥有较高的生产率，主要是因为他们经营和使用了较好的土地。土地是一种特殊的生产资料，不能像机器设备那样随意制造和增加，而好的土地数量更是有限。如果一些资本家最先租种了较好的土地，他们就垄断了较好土地的经营权，其他资本家就只能去经营劣等地了。土地经营的资本主义垄断，阻碍了农业部门内部的竞争，使经营较好土地的农业资本家能够长期拥有较好的生产条件、较高的劳动生产率，从而能够经常地、稳定地获得超额利润。

级差地租的实体是农业超额利润，形成的原因是土地的资本主义垄断经营。

2. 工业中的超额利润只有生产条件先进的企业才能获得。农业中的超额利润不仅经营优等土地的农业资本家可以得到，而且经营中等土地的农业资本家也能得到。这是因为在工业中，产品的社会生产价格由当时绝大多数企业达到的中等生产条件决定，只有少数技术先进的企业才能获得超额利润。但在农业中，农产品的社会生产价格不是由中等地的生产条件决定，而是由劣等地的生产条件决定的。如果农产品的社会生产价格由中等地的生产条件决定，那么经营劣等地的资本家由于得不到平均利润就会放弃劣等地的经营，由此便造成农产品供给减少和价格上升，致使经营劣等地也能获得平均利润。

通过上述分析，关于级差地租可以得到以下几点认识：

（1）土地经营的资本主义垄断是级差地租形成的原因。土地作为农业的基本生产资料是天然存在的，是有限的，优等地的数量更是有限。所以，土地一旦被租种，就排斥了其他资本家的进入，从而形成对土地经营的垄断。土地经营的资本主义垄断，使农产品的社会生产价格不是由中等地的生产条件决定的，而是由劣等地的生产条件决定的。这样，经营优等地和中等地的农业资本家，就能稳定地获得超额利润，从而形成级差地租。同时，土地的资本主义经营垄断，特别是对条件较好的土地的经营垄断，限制了农业中的自由竞争，从而使那些经营较好土地的农业资本家能长期地、稳定地获得超额利润，并把它转化为级差地租交给土地所有者。

（2）土地优劣的差别是级差地租形成的条件。土地存在等级差别，由此造成面积相等的不同地块，农产品的产量和单位农产品的个别生产价格也各不相同。投资于地理位置好、土质肥沃的中等地和优等地，劳动生产率高，产量多，单位农产品的个别生产价格就低。投资于地理位置差、土质贫瘠的劣等地，劳动生产率低，产量少，单位农产品的个别生产价格就高。但农产品的社会生产价格是由劣等地的生产条件决定的。这样，经营中等地和优等地的农业资本家就会获得超过平均利润的超额利润，并形成级差地租的实体。

（3）农业雇佣工人创造的剩余价值是级差地租的源泉。级差地租的源泉，从表面上看好像来自土地的自然条件。其实，土地本身是不能创造价值和剩余价值的，级差地租只能来源于农业工人创造的剩余价值。对此，马克思指出："如果对地租有正确的理解，自然首先会认识到，地租不是来自土地，而是……来自投入土地的劳动"[①]。

（二）级差地租Ⅰ

级差地租Ⅰ是指农业雇佣工人在肥沃程度较高或位置较好的土地上创造的超额利润转来的地租，它是并列地投入不同土地的等量资本具有不同的劳动生产率的结果。形成级差地租Ⅰ的条件为：一是土地肥沃程度的差别；二是土地位置优劣的差别。

① 马克思，恩格斯. 马克思恩格斯全集：第26卷Ⅱ. 北京：人民出版社，1973：158.

土地肥沃程度主要是指土壤结构和土壤中所含的植物营养素的程度。土地肥沃程度不仅同自然因素有关，还受社会经济因素的影响。社会生产力和社会生产关系的状况、农业科学技术水平和农业经营管理的水平都会改变土地的肥沃程度。因此土地肥沃程度由于自然的或人为的原因总是发生变化，但在一定时期内和一定的生产技术水平下，不同土地的肥沃程度总是存在着差别，造成投入不同土地的资本的劳动生产率产生差别。

下面我们分析面积相等而肥沃程度不同的优等地A、中等地B以及劣等地C这三块土地级差地租Ⅰ的形成（见表5－1）。

表5－1

单位：元

土地等级	投入资本	平均利润	产量（担）	个别生产价格		社会生产价格		级差地租Ⅰ
				全部产品	每担	全部产品	每担	
A	100	20	6	120	20	180	30	60
B	100	20	5	120	24	150	30	30
C	100	20	4	120	30	150	30	0

表5－1说明，A、B、C三块土地面积相等，在每块土地上投入资本100元，假定这100元的资本价值在一个生产周期全部消费，而且转移到新产品中，平均利润都是20元。由于土地的肥沃程度不同，土地的产量也不同，A地产粮食6担，B地产5担，C地产4担。每块土地上全部产品的个别生产价格都是120元，但由于不同地块上的产量不同，每块土地单位产品（每担）的个别生产价格不同，A地每担20元，B地每担24元，C地每担30元。它们都按照由劣等地决定的市场价格出售，A、B两地的资本家就可分别获得60元和30元的超额利润，形成级差地租Ⅰ。

级差地租Ⅰ既然是以土地肥沃程度的差别为前提，地租的数量也必定会随土地肥沃程度的变化而变化。如果劣等地的质量下降，土地等级就会扩大，地租就会相应增加；反之，地租就会减少。如果劣等地的质量不变，优等地和中等地的质量提高，也会使土地等级扩大，地租增加；反之，则地租减少。当然，地租量的变化也受耕地面积扩大与缩小的影响，但如果扩大的耕地属于与原来同类的劣等地，就不会产生级差地租，也不会增加级差地租量。

土地位置优劣的差别，也是级差地租Ⅰ形成的客观条件。土地位置是指土地距离市场的远近，不同的地块同市场的距离是不同的。这里的距离不能简单理解为自然地理意义上的绝对距离，还应包括由交通条件、技术条件所决定的相对距离。例如，某块土地同市场的绝对距离比较远，但由于交通方便，相对距离缩小。虽然科学技术的进步和交通运输的发展使土地与市场的距离在空间上相对缩小，但在一定时期，土地位置的差别总是存在的。只要土地位置的差别存在，不同地块的农产品运到市场上的费用就有多有少，运输费用的差别直接影响到农产品个别生产价格的高低，而同种农产品在同一市场上只能以相同的价格出售，都按照位置最差的土地的农产品的个别生产价格来出售。否则，位置最差的土地就会退出耕作，从而影响农产品的供求关系，使农产品的价格发生新的变化。因此，位置有利的农场就可得到超额利润，形成级差地租Ⅰ。

（三）级差地租Ⅱ

级差地租Ⅱ是指在同一块土地上连续追加投资取得高于劣等地的劳动生产率而带来的

超额利润所转化的地租。所以，级差地租Ⅱ是以对同一块地连续追加投资获得不同的劳动生产率为条件的。

连续追加投资具有不同生产率的差别，是指连续追加投资的生产率与决定农产品社会生产价格的劣等地的生产率相比较而言的差别。在资本主义社会，随着社会对农产品需求的增加，在耕地有限的条件下，仅靠开垦新的耕地已经不能满足需要，于是，农业便采取集约化的耕作方法。农业集约化，是指把资本连续投在同一块土地上，采用新技术、新设备等提高单位面积产量的经营方式。在一般情况下，连续追加投资都是在优等地上进行。在优等地上追加投资的生产率，是高于还是低于原有投资的生产率，主要取决于农业科学技术的发展及其利用程度。如果追加投资额与原有投资额相等，但由于新技术和新工具的采用以及经营管理方法的改进，那么追加投资的产量就有可能超过原有投资的产量。而在生产技术和其他条件不变的情况下，追加投资的生产率可以高于、等于甚至低于原有投资的生产率，但只要追加投资的生产率高于劣等地原有投资的生产率就会带来超额利润，这种超额利润就形成了级差地租Ⅱ。我们仍以表 5－1 为基础，列表 5－2 予以说明。

表 5－2

单位：元

土地级别	投入资本	平均利润	产量（担）	个别生产价格		社会生产价格		级差地租Ⅱ
				全部产品	每担	全部产品	每担	
劣等地	100	20	4	120	30	120	30	0
优等地	100	20	6	120	20	180	30	Ⅰ 60
	第一次追加 100	20	8	120	15	240	30	Ⅱ 120
	第二次追加 100	20	5	120	24	150	30	Ⅱ 30

三、绝对地租

（一）绝对地租的形成条件和原因

> 与土地的等级无关，只要有土地所有权垄断就必须缴纳的地租即绝对地租。

前面在分析级差地租时，是以农产品按照劣等地决定的社会生产价格出售为前提，因此劣等地只能提供平均利润，而不缴纳级差地租。这并不说明租种劣等地的农业资本家就可以不缴纳地租了。事实上，在资本主义土地私有制条件下，租种任何土地，即使是最劣等土地也必须缴纳地租。因为土地所有者绝不会把土地白白交给别人耕种，哪怕是最劣等的土地也要收取地租，否则他宁可让土地荒芜。这种由于土地私有权的垄断而产生的租种任何土地都必须缴纳的地租，叫作绝对地租。

农业资本家经营任何土地都要求得到平均利润，土地所有者出租任何土地都要收取一定的地租，这意味着农产品不能再按照劣等地所决定的社会生产价格出售，农产品的市场价格必须高于它的生产价格。只有这样，租种劣等地的农业资本家才能在获得平均利润后有一个余额来缴纳绝对地租。

问题在于农产品的市场价格为什么能经常超过它的生产价格呢？从表面上看，构成绝对地租的这个余额好像来自农产品价值以上的加价。事实并非如此，因为商品的价格必须以价值为基础，由于供求关系的影响，商品的价格有时会高于价值，有时又会低于价值，但在价值规律的作用下，价格高于价值只是一种暂时的不稳定的现象，从长期的平均水平来看，商品价格和价值基本上是一致的。如果农产品价格经常在它的价值以上出售，这就与价值规律相矛盾，所以说，绝对地租是不能依靠在流通中的加价实现的。

绝对地租的存在要求农产品的市场价格必须高于它的生产价格，并不是说一定要高于它的价值。实际上商品的生产价格和商品价值既有质的差别，也有量的差别。如果某一部门的资本有机构成高于社会资本的平均有机构成，这一部门商品的生产价格就会高于价值。如果某一部门的资本有机构成低于社会资本的平均有机构成，这一部门商品的生产价格就会低于价值。这说明在绝对地租存在的条件下，农产品的市场价格可以高于它的生产价格，但并不一定要高于它的价值。

在资本主义发展的一定历史时期中，农业生产技术落后于工业，农业资本的有机构成低于社会资本的平均有机构成，因此农业部门创造的剩余价值必然高于它所占有的平均利润，农产品的价值也必然高于它的生产价格。如果农产品按照它的价值出售，那么在价值和生产价格之间，也就是在剩余价值和平均利润之间就会产生一个余额，这个余额就构成绝对地租。可见，绝对地租的存在并不违背价值规律，绝对地租也是农产品价值的一个构成部分，来自农业工人剩余劳动创造的剩余价值。

绝对地租的形成过程可用表 5－3 来说明。

表 5－3

单位：元

生产部门	资本有机构成	剩余价值 $m'=100\%$	平均利润 $P=20\%$	产品价值	生产价格	绝对地租
工业	80∶20	20	20	120	120	0
农业	60∶40	40	20	140	120	20

表 5－3 说明，工业部门和农业部门都投入 100 元资本，在剩余价值率和平均利润率相同的条件下，由于农业资本有机构成低于工业资本有机构成，农产品的生产价格低于它的价值。如果农产品按照它的价值出售，在农产品的价值和生产价格之间、剩余价值和平均利润之间就会有一个余额（20 元），这个余额就构成绝对地租缴纳给土地所有者。

为什么农产品能够按照高于生产价格的价值出售？为什么农业中的剩余价值不参与全社会利润率的平均化过程呢？根本原因在于农业中存在着土地私有权的垄断。

在工业部门也存在着一些部门的资本有机构成低于社会资本平均有机构成的现象，这些部门产品的价值大于生产价格，但这个超过生产价格的余额不能形成该部门的超额利润。因为工业部门之间存在着以资本自由转移为特征的激烈竞争，竞争的结果是各部门的剩余价值都必须参与全社会利润率的平均化，商品的价值转化为生产价格，各部门只能得到平均利润。

在农业中，由于存在着土地私有权的垄断，阻碍了其他部门的资本向农业部门转移。因为土地是一种有限的、可以被垄断的生产资料，它已经归私人占有，把资本投到农业，哪怕是租佃最劣等的土地也必须向土地所有者缴纳地租，这就限制了资本向农业的转移。正是由于土地私有权垄断的存在限制了资本向农业部门的自由转移，农产品才能够经常按照高于生产价格的价值出售，农产品价值超过生产价格或剩余价值超过平均利润的余额才不参与利润率的平均化，留在农业部门内部构成绝对地租。

综上所述，绝对地租形成的条件是农业资本有机构成低于社会资本平均有机构成；绝对地租形成的原因是土地私有权的垄断；绝对地租的源泉是农业工人的剩余劳动。

（二）绝对地租的发展趋势

前面分析的绝对地租理论，是以农业资本有机构成低于工业资本有机构成为前提的。但是，在资本主义社会，农业资本有机构成低于工业资本有机构成只是一种历史现象。随着科学技术的进步及其在农业上的应用，这种差别逐渐消失。特别是在当代发达的资本主义国家中，农业资本有机构成和劳动生产率已经接近工业，并以快于工业的速度在不断提高，从而导致农业资本有机构成不仅赶上了工业，而且超过了工业。在这种情况下，前文所分析的产生绝对地租的条件就消失了。但只要存在土地所有权的资本主义垄断，耕种别人的土地，哪怕是最劣等地，也要支付地租，绝对地租就仍然存在，不同的只是绝对地租的来源发生了变化。这时的绝对地租已不再是农产品的价值高于社会生产价格的超额利润，而是来自以下两个方面：一是平均利润和工资的扣除。在农产品按价值出售的前提下，“土地所有者只好自己耕种这些土地，或者在租金的名义下，把他的租佃者的一部分利润甚至一部分工资刮走”①。二是把农产品的价格提高到其价值以上。这样，绝对地租只能来自产品的垄断价格。

本章小结

1. 资本主义制度下的工资是劳动力价值或价格的转化形式，或者说，工资的实质是劳动力的价值或价格。资本主义制度下的工资主要有两种：计时工资和计件工资。

2. 资本家在计算生产商品的费用时，只计算商品耗费的资本量，即不变资本 c 和可变资本 v。生产单位商品所耗费的不变资本和可变资本之和，就构成资本主义商品的成本价格，也称为生产成本或生产费用。

3. 当剩余价值被看作全部预付资本的产物时，剩余价值就转化为利润。利润是剩余价值的转化形式，它在观念上表现为全部预付资本的产物。

4. 剩余价值与全部预付资本的比率就是利润率。如果用符号 p' 代表利润率，用 C 代表全部预付资本，则利润率的计算公式为：$p'=m/C=m/(c+v)$，而剩余价值率是剩余价值与可变资本的比率，其计算公式为：$m'=m/v$。可见，利润率和剩余价值率是同一个剩余价值量以不同的计算方法得出的不同比率，因而利润率是剩余价值率的转化形式。

5. 影响利润率高低的因素主要有：（1）剩余价值率的高低；（2）资本有机构成的高低；（3）资本周转速度的快慢；（4）不变资本的节省；（5）原材料价格的变动。

6. 资本主义部门内部和部门之间的竞争使不同部门的利润率转化为平均利润率。平均利润率形成以后，利润转化为平均利润，进一步掩盖了资本主义的剥削关系。

7. 在平均利润率形成以前，商品按其价值出售，商品价值＝成本价格(k)＋剩余价值(m)。随着平均利润率的形成，利润转化为平均利润，商品价值便同时转化为生产价格。生产价格是指成本价格与平均利润之和，它是商品价值的转化形式。

---

① 马克思，恩格斯. 马克思恩格斯全集：第26卷Ⅱ. 北京：人民出版社，1973：448.

8. 在生产价格形成以后，市场价格则以生产价格为中心，围绕着生产价格上下波动。这时，价值规律以生产价格规律的形式发挥作用，自发地调节生产资料和劳动力在社会各生产部门之间的分配比例，自发地刺激社会生产力的发展，实现着剩余价值在不同部门的资本家之间的重新分配。

9. 资本主义商业资本是从产业资本运动中分离出来并独立发挥作用的商品资本，是商品资本的独立化形式，其所执行的职能仍然是商品资本的职能，即推销商品，实现其价值和剩余价值。商业资本在商品流通领域中所获得的利润，叫作商业利润。商业利润的真正来源是产业工人在生产过程中所创造的剩余价值的一部分，是产业资本家让渡给商业资本家的一部分平均利润。

10. 借贷资本是借贷资本家为了取得一定的利息而暂时贷给职能资本家使用的货币资本。借贷利息的本质是：借贷资本家凭借对资本的所有权，从职能资本家那里取得的一部分剩余价值，是剩余价值的一种特殊转化形式。借贷利息体现了借贷资本家通过职能资本家的活动来瓜分剩余价值的关系。借贷利息的产生，使平均利润分割为两个部分：一部分是归借贷资本家所有的利息；另一部分是归职能资本家所有的企业利润。

11. 资本主义地租是农业资本家由于使用土地而缴纳给土地所有者的、由农业工人创造的超过平均利润的那部分剩余价值。它体现了土地所有者和农业资本家共同剥削农业工人的关系。资本主义地租主要有两种形式：级差地租和绝对地租。

练习与思考

一、名词解释

工资　　平均利润　　生产价格　　利润率
商业利润　　资本有机构成　　借贷资本　　地租
级差地租　　绝对地租

二、不定项选择题

1. 资本主义工资表现为（　　）。
A. 工人的生活费用　　B. 劳动的价值或价格
C. 劳动力的价值或价格　　D. 部分劳动的报酬

2. 商业资本作为一种独立的职能资本，也获得平均利润，其直接原因是（　　）。
A. 商业部门和产业部门之间的竞争和资本转移
B. 产业资本家为销售商品将部分利润让渡给商业资本家
C. 商业资本家加强对商业雇员的剥削
D. 产业部门将工人创造的一部分剩余价值分割给商业部门

3. 剩余价值率反映的是（　　）。
A. 不变资本的价值增值程度　　B. 资本家对工人的剥削程度
C. 固定资本的价值增值程度　　D. 预付资本的价值增值程度

4. 资本主义企业的生产成本（成本价格）是指生产商品（　　）。
A. 所耗费的不变资本和可变资本之和
B. 所使用的资本价值

C. 实际耗费的劳动量

D. 固定资本的物质磨损和精神磨损之和

5. 生产价格形成的前提条件是（　　）。

A. 平均利润的形成　　B. 利润率的形成

C. 剩余价值的形成　　D. 超额利润的形成

6. 资本主义的银行利润（　　）。

A. 相当于平均利润　　B. 低于平均利润

C. 高于平均利润　　D. 高于商业利润

7. 借贷资本所有者贷出货币时（　　）。

A. 既没有放弃资本所有权，也没有转让资本使用权

B. 没有放弃资本所有权，转让了资本使用权

C. 既放弃了资本所有权，又转让了资本使用权

D. 放弃了资本所有权，没有转让资本使用权

8. 土地价格等于（　　）。

A. 地租与借贷资本的比率　　B. 地租与土地资本的比率

C. 地租与存款利息率的比率　　D. 地租与平均利润率的比率

9. 资本主义绝对地租产生的条件是（　　）。

A. 农产品价值超过其生产价格的那部分超额利润

B. 农业工人所创造的剩余价值

C. 土地所有权的垄断

D. 农业部门的资本有机构成低于社会平均的资本有机构成

10. 在土地的资本主义经营垄断条件下，由于在同一块土地上连续追加投资的劳动生产率不同而形成的地租是（　　）。

A. 级差地租Ⅰ　　B. 级差地租Ⅱ

C. 绝对地租　　D. 垄断地租

11. 资本主义的工资（　　）。

A. 是劳动力价值或价格的转化形式

B. 本质上是劳动力价值或价格

C. 是劳动的价值或价格

D. 是劳动的报酬

12. 影响利润率的因素主要有（　　）。

A. 剩余价值率的高低　　B. 资本有机构成的高低

C. 可变资本的节约　　D. 资本周转速度的快慢

13. 平均利润和生产价格学说的意义在于（　　）。

A. 揭示了资本主义按资分配的实质

B. 揭露了资产阶级和无产阶级对立的经济根源

C. 说明了整个资产阶级的利益是完全一致的

D. 解决了劳动价值论与等量资本获得等量利润之间的矛盾

14. 影响平均利润的因素有（　　）。
A. 各部门的利润率
B. 生产价格的数量
C. 生产成本的数量
D. 各部门的资本量在社会总资本中的比重
15. 级差地租形成的条件具体有（　　）。
A. 土地的肥沃程度　　B. 地理位置的差别
C. 土地价格的高低　　D. 土地价值的高低。
16. 信用对资本主义经济发展的积极作用表现在（　　）。
A. 促进了资本主义再分配和利率的平均化
B. 加剧了资本主义各生产部门之间的不平衡
C. 促进了资本积聚和集中
D. 节省费用，加速市场商品的流通和资本周转

三、问答题

1. 为什么说工资是劳动力的价值或价格，而不是劳动的价值或价格？
2. 利润率与剩余价值率的区别和联系是什么？
3. 商品的价值是如何转化为生产价格的？
4. 商业利润、借贷利息和地租的实质是什么？
5. 级差地租与绝对地租的区别和联系是什么？
6. 简析信用对资本主义经济发展的消极作用。

第6章 国家垄断资本主义

资本主义的发展先后经历了两个阶段：自由竞争资本主义和垄断资本主义。在进入垄断资本主义阶段之后，资本主义又经历了私人垄断资本主义和国家垄断资本主义两个阶段。国家垄断资本主义是现代资本主义国家的一个突出特征，了解和认识国家垄断资本主义对于深刻理解现代资本主义生产关系的实质和经济运行的特征有着重要的作用。

第一节 国家垄断资本主义的形成

一、从自由竞争走向垄断

（一）垄断的产生

垄断是从资本主义的自由竞争演变而来的，自由竞争引起生产集中，而生产集中发展到一定阶段，必然引起垄断的产生。

自由竞争引起生产集中。在资本主义的自由竞争阶段，资本家之间为了追逐利润以及有利的生产和销售条件而展开激烈的竞争。在竞争中，有些企业资本雄厚，又易于取得银行信用的支持，率先采用先进的技术和设备，因而劳动生产率较高，产品成本较低。竞争的结果就是这些竞争能力较强的企业不断兼并其他企业，致使众多企业纷纷破产倒闭，少数企业的资本越来越多，生产规模越来越大。所以，随着竞争的进行，生产资料、劳动力和产品必然会越来越集中于少数大企业手中。

科学技术的巨大发展加速了生产的集中。19 世纪的最后 30 年，随着科学技术广泛地应用于生产，重工业有了很大的发展，产生了冶金、机械制造、电力、化学等许多新兴工业部门。这些大型重化工业的建立和发展需要巨额资本。为适应这种需要，股份公司随之广泛发展起来，大大加速了生产和资本的集中。

经济危机的持续爆发也加速了生产的集中。19 世纪末 20 世纪初，各主要资本主义国家先后爆发了 5 次经济危机。许多中小企业在危机的沉重打击下纷纷破产倒闭，这进一步加速了生产的集中。

生产的集中发展到一定阶段，必然导致垄断的产生。这是因为：首先，生产集中发展到一定阶段，为垄断的产生提供了可能。当生产集中程度不高时，为数众多的中小企业之间不容易达成协议，从而无法控制整个行业的生产和销售。但是当生产高度集中时，少数大企业之间有条件也容易达成协议，共同控制该部门大部分商品的生产和销售，从而形成垄断。其次，生产集中发展到一定阶段，为垄断的产生提供了必要性。当生产集中到少数大企业手中时，由于这些企业规模巨大，资本雄厚，彼此势均力敌，为避免在激烈的竞争中两败俱伤，同时也为了获取高额利润，有必要彼此妥协，达成协议，从而联合起来共同控制本部门的生产和销售。

> 垄断组织的形式主要有卡特尔、辛迪加、托拉斯和康采恩。

（二）垄断利润和垄断价格

追逐高额垄断利润是垄断资本主义生产的唯一目的和动机。垄断利润是垄断组织凭借其在生产和流通中的垄断地位所获得的、大大超过平均利润的高额利润。原先在自由竞争资本主义时期，由于竞争，不同部门的利润率存在平均化趋势，资本家一般只获得平均利润，只有最先采用新技术的个别资本主义企业可以获得超额利润，而且只是暂时现象，它会随着新技术的普遍采用而趋于消失。在垄断资本主义时期，垄断资本家并不满足于平均利润，也不满足于比平均利润稍大一点的超额利润，他们凭借垄断地位可以长期获得大大超过平均利润的高额垄断利润。垄断利润来源于雇佣工人所创造的剩余价值和其他劳动者所创造的一部分价值，反映了垄断资产阶级对无产阶级和其他劳动者的剥削关系。

垄断利润是通过垄断价格实现的。垄断价格是指垄断组织凭借其在生产和流通中的垄断地位，为获取垄断利润而制定和实行的一种价格。在自由竞争的资本主义条件下，由于生产和销售比较分散，资本家不可能长期人为抬高价格，市场价格只能以由价值转化的生产价格为中心，随着供求关系的变化而上下波动。但是，在垄断资本主义条件下，由于垄断组织既控制了某种商品的绝大部分生产和销售，又限制了资本在各部门之间的自由转移，使价值转化为生产价格遇到障碍，因而，就有可能人为地制定垄断价格。垄断价格等于商品的生产成本加垄断利润。垄断价格包括垄断高价和垄断低价。垄断组织在收购原材料、半成品等生产资料时经常实行垄断低价，把收购价格压低到价值或生产价格以下；而在销售自己的产品时，则规定高于商品价值或生产价格的垄断高价。

> 垄断利润是指垄断组织凭借其在生产和流通中的垄断地位所获得的、大大超过平均利润的高额利润。

（三）金融资本的形成

> 金融资本是垄断的银行资本和垄断的工业资本融合成长的资本。

随着垄断在资本主义工业部门的出现，银行业也出现了集中和垄断。银行业的集中和工业生产集中一样是通过竞争实现的，银行也是资本主义企业，大银行在竞争中居于有利地位。大银行资本雄厚、信用可靠、技术设备先进、效率高，在竞争中容易取得优势地位，不断兼并或收购中小银行，从而不断增大自己的资本和实力。同时，大银行也通过“参与制”积极介入中小银行，购买或交换股票以及为它们提供信贷以控制中小银行，使之成为自己的附属机构。而且大银行之间为了增强竞争力量，也不断进行合并，联合成更大的银行。

19世纪末20世纪初，银行业迅速集中发展，许多原来独立的中小银行变成了受大银行控制的附属机构，从而大银行分支机构增多，业务范围扩大。银行业高度集中后，就形成了若干个以一个大银行为中心的银行集团，它们操纵着几十个甚至几百个中小银行，控制了亿万资本和存款，拥有巨大的经济实力。它们之间为了避免在竞争中两败俱伤，往往结成垄断同盟，共同经营各种有利的金融业务，以获取高额垄断利润。这样，几家大银行通过自己控制的大量中小银行和在全国各地设置分行，形成星罗棋布的银行网，把分散在全国各地的成千上万个企业和经济单位联合起来，形成一个统一的资本主义体系。在这个体系中，大银行成为经济生活的中心。

随着银行业的集中和垄断的形成，银行和工业的关系发生了深刻的变化，这突出表现在银行的作用由原先的普通中介人变成了万能的垄断者。首先，银行资本加强了对产业资本的监督和控制。随着企业与银行存贷关系的发展，银行为保障贷款的安全不得不加强对企业的监督。同时，银行还可以通过信贷来影响企业的经济活动。其次，银行还同那些与自己关系密切的企业结成垄断联盟，向其提供巨额资金支持，加强了企业的竞争力，从而促进了生产和资本的集中。最后，大银行通过遍布各地的分支机构，把社会上闲散的资金集中起来并通过贷款分配到社会经济活动的各个领域，从而具有一定的生产资料分配权，成为国民经济体系的神经中枢。由于具有这些新作用，银行就由借贷的中介人变成了万能的垄断者。

随着银行新作用的产生，银行和工业之间的信用关系日益密切和牢固，内部联合也日益发展，从而促使银行垄断资本和工业垄断资本逐渐融合起来。一方面，由于银行的集中和垄断，少数大银行统治着整个信用系统，掌握着巨额资本，银行垄断资本通过购买工业企业的股票和创办新的工业企业的办法，把资本渗入企业中；另一方面，工业垄断组织为确保货币资本的来源和充分利用银行为本企业服务，以巩固自己的垄断地位，也通过购买银行股票和创办新银行的办法，把资本渗入银行中。同时，由于银行垄断资本和工业垄断资本互相渗透，双方之间的人事结合也日益密切。这样，银行垄断资本和工业垄断资本通过金融关系、资本渗透、人事结合等方式日益融合，形成一种新型垄断资本，即金融资本。可见，金融资本是工业垄断资本和银行垄断资本结合而成的新型垄断资本。

在金融资本的基础上，产生了金融寡头。金融寡头是指掌握着巨额资本的一小撮最大的垄断资本家或垄断资本家集团。金融寡头掌握着国家一切重要的经济部门，占有绝大部分社会财富，并且控制着国家机器，是资本主义国家的真正统治者。

金融寡头在经济上的统治，主要是通过“参与制”实现的。“参与制”是指在股份公司广泛发展的基础上，通过掌握一定数量的股票，对股份公司实行控制的制度。这种一定数量的股票额就是控股额。在股东分散的情况下，持有小额股票的股东实际上无法干预公司业务，金融寡头只要掌握30%～40%甚至5%～10%的股票就可以取得对企业的实际控制权。金融寡头通过“参与制”这种方式，就可以支配比自己的资本大几倍、几十倍的其他资本，从而大大壮大自己的资本实力。此外，金融寡头还通过创办企业、发行有价证券等手段获取高额垄断利润，巩固其统治地位。

金融寡头在经济上的统治必然导致对上层建筑各个领域的统治。首先，金融寡头控制国家机器，其主要形式是垄断组织同政府进行“个人结合”，具体途径主要有：一是金融寡头亲自或委派自己的代理人到政府机关担任各种重要职务，从而操纵政府，控制国家机器，保证垄断组织的高额利润。二是金融寡头把政府官员、军事将领等聘请到自己的公司中担任高薪职务。其次，金融寡头还依靠自己的经济实力，控制出版、通信、广播、电视等各种机构和企业，插手文化、教育、卫生、科技、艺术、体育等各项事业，将其统治扩大到上层建筑和社会生活的各个方面，以维护和巩固自己的统治。

二、私人垄断向国家垄断转变

（一）国家垄断资本主义的含义

> 国家垄断资本主义是资本主义国家同垄断资本相结合的一种垄断资本主义。

国家垄断资本主义是国家政权与垄断资本融为一体的垄断资本主义。由私人垄断向国家垄断的转变，是资本主义基本矛盾不断发展的必然结果。

国家垄断作为垄断的一种形式，早在垄断资本主义形成初期就已经产生，它的最初形式是国营铁路、国营兵工厂、国有土地基金等，但当时国家垄断资本主义在整个垄断资本主义经济中的作用还很有限。两次世界大战期间，受战争形势所迫，几个垄断资本主义国家空前加强了国家对经济的干预，许多国家实行了生产和分配的国家调节。

私人垄断资本主义向国家垄断资本主义转化的深刻根源是生产社会化与私人垄断资本主义之间的矛盾，私人垄断已难以适应资本主义生产方式下社会生产力的巨大发展，迫使国家不得不直接参与社会资本的再生产过程，调节社会经济的运行；同时也迫使私人垄断资本运动依赖于国家政权，国家与私人垄断资本融合起来，形成了国家垄断资本主义。

（二）私人垄断向国家垄断转变的原因

私人垄断向国家垄断转变有下列原因：

第一，社会生产力飞速发展与国内外市场容量相对狭小的矛盾日益突出。第二次世界大战后，第三次科技革命使生产技术和劳动生产率得到空前发展，垄断集团的经济实力进一步增强，社会产品大幅度增加。由于资本积累规律的客观存在，有效需求的增长落后于供给的迅速增长，产品相对过剩的矛盾越来越严重。为了缓和总供给与总需求的矛盾，垄断企业不得不求助于国家的力量，采取各种措施，增加国家投资和国家消费，刺激有效需求，鼓励商品出口和资本输出，开拓国内外市场。

第二，社会化生产和新兴产业发展所需巨额投资与私人垄断资本数量相对不足的矛盾。随着当代科技的深入发展，新兴产业的开发、大型基础设施的建设以及生态平衡的保护与环境污染防治等，都需要巨额资本投入。作为私人垄断企业来说，常常因资本量不足而无法承担，或因投资过大、风险过高、利润率过低而不愿投资。这就迫使资本主义国家不得不直接参与到社会再生产活动中去，对整个经济活动进行干预或调节，以适应大规模生产和新兴产业高速发展的需要。

第三，社会化大生产的比例性与私人垄断竞争的盲目性的矛盾。私人垄断资本总是从各自的利益出发，因而盲目竞争不可避免，势必使再生产的比例常常遭到破坏，并引发经济衰退。为此要求国家从私人垄断资本的整体利益出发，对经济结构和地区结构进行干预和调节，以确保社会再生产正常进行。

第四，国际经济一体化与国际竞争加剧的矛盾。各国因历史和资源禀赋程度不同决定了其经济政治发展的不平衡性的客观存在。相互依赖和相互制约的关系客观上要求各国之间彼此合作与协调，以实现资源在国家间的合理配置与利用。但是，私人垄断企业在国际上的竞争受高额垄断利润目标的驱使，面对这些矛盾或问题，就必须由国家出面，参与国际性的经济协调，乃至建立像欧共体那样的国际经济一体化组织，建立国际竞争新秩序。

（三）国家垄断资本主义的形成过程

由自由竞争发展到垄断，再由一般垄断（私人垄断）发展到国家垄断，这是资本主义发展的一般规律。国家垄断资本主义的产生和发展大体经历了三个阶段①：

1. 19 世纪 70 年代到第一次世界大战，是国家垄断资本主义的产生时期。该时期国家垄断资本主义主要表现为国家通过直接投资和将私人企业国有化建立国有经济以及对整个国民经济实行集中控制。在第一次世界大战之前，德、俄、日等资本主义国家为了准备战争，大大增加了国家军事预算和军事采购，特别是通过直接投资和将私人企业国有化的方式建立了钢铁企业和军工企业。同时，在战争期间各国为了动员全国的人力、物力和财力，普遍加强了国家对社会经济和人民生活的统治和管理，对全部生产实行最严格的统计和监督，这样做的结果是使国家垄断资本主义得以形成并发展。

2. 第一次世界大战结束到第二次世界大战，是国家垄断资本主义的形成时期。这一时期国家垄断资本主义主要表现为国家对整个国民经济进行干预和调节。1929—1933 年的资本主义世界经济大危机，是有史以来资本主义世界最严重的经济危机，这场经济危机是资本主义基本矛盾及其表现形式作用的结果。经济危机的沉重打击迫使资本主义企业纷纷寻求国家对经济的进一步干预，社会各阶层也不再迷信市场的自发力量，转而向政府寻求庇护。在实践上，美国于 1933 年开始实施“新政”，主张国家干预经济运行。在理论上，英国经济学家凯恩斯于 1936 年出版了《就业、利息和货币通论》一书，该书将资本主义经济危机发生的原因归结为“有效需求不足”，主张国家通过财政政策和货币政策干预经济，实现总供给和总需求的平衡。

---

① 逄锦聚，等. 政治经济学. 2 版. 北京：高等教育出版社，2003：206，207.

3. 第二次世界大战后是国家垄断资本主义的发展时期。第二次世界大战以后，在所有发达资本主义国家，国家垄断资本主义无论是在广度上还是在深度上，都有了更迅速、更普遍的发展。这时的国家垄断资本主义是在和平时期、在各国经济相对稳定发展的条件下发展起来的，已经涉及资本主义的生产、流通、分配和消费的各个环节。

从一般垄断资本主义转化为国家垄断资本主义，意味着资本主义生产关系发生部分质变。与私人垄断相比，国家垄断资本主义具有以下特点：

第一，垄断资本与国家政权相结合，并以其巨大的力量对整个社会经济活动进行干预和调节。资产阶级国家以“总资本家”的身份直接参与资本主义再生产过程，以其巨大的物质力量和权力，对社会经济生活实行广泛的干预和调节，采取一些把生产力当作社会生产力来对待的措施，以缓和矛盾，延缓经济危机的爆发。

第二，国家垄断资本主义所追求的是国家垄断利润。国家垄断利润是垄断资本与国家政权紧密结合在一起，向工人阶级和整个社会征收的贡赋。国家垄断利润不是由私人垄断集团独占，而是在国家与垄断组织之间瓜分。

第三，国家垄断资本经济实力雄厚，资本社会化达到新的高度。

第二节　国家垄断资本主义的形式和实质

一、国家垄断资本主义的形式

依据资本主义国家与垄断资本结合的程度、范围和方式的不同，国家垄断资本主义可以分为四种基本形式：

（一）国家所有并直接经营的国有企业是国家垄断资本主义的典型形式

国家垄断资本即资本主义国家利用财政手段集中的财政资本中用于剩余价值生产的资本。它的组织形式是国有企业。国有企业一般通过两个途径建立：一是国家直接投资；二是国家收购原来的私有企业。国家直接投资建立的国有企业，往往是一些私人资本无力兴建的大型新兴产业、支柱产业，或一些投资巨大但收回投资需要很长时间的公共产品的生产或基础设施的建设。具体有几种类型：满足国家机构自身需要的国有企业；提供公共产品的国有企业；高科技、高风险新兴工业部门中的国有企业；一般工业部门中的国有企业。

（二）国家和私人共有的垄断资本

即国家垄断资本和私人垄断资本在一个企业内部的结合。在这种形式中，国家以资本所有者的身份和作为资本所有者的垄断组织合作经营企业。国家和私人资本共有的企业既可以是国家和私人共同投资于一个新的企业，也可以是国家通过出售一部分国有企业的股份而形成国家和私人资本共有的企业，还可以通过国家收购一部分原来的私有企业的股份而形成国有资本与私人资本相结合的企业。其形成途径有：一是国有企业将部分股份出售给私人；二是国家和私人共同投资开办合营企业；三是国有企业和私人企业合并而成；四是国有企业对私人企业进行参股；五是国有企业转由私人租赁或承包经营。通过这些途径形成的企业称为“国家参与制企业”。

（三）国家通过多种形式参与私人垄断资本的再生产过程

国家通过多种形式参与私人垄断资本的再生产过程即国家与私人垄断资本在社会范围内的结合。在这种形式中，私人垄断资本是资本运动的主体，私人垄断资本与国家垄断资本的结合，并不改变私人垄断资本的占有形式，改变的却是资本运动的形式，即由私人垄断资本的独立运动变为其与国家垄断资本的结合运动。因此，国家垄断资本主义在私人垄断企业的外部起作用，是通过种种方式来促进、诱导私人垄断企业向既定的方向发展，从而实现国家对经济的管理和调节。具体途径有：一是国家作为商品和劳务的采购者，向私人垄断企业大量订货，为私人垄断企业提供有保证的市场；二是国家通过各种形式的津贴和补助，直接、间接地资助私人垄断企业；三是国家通过社会福利开支，提高社会购买力，扩大消费需求，为私人企业创造市场条件。

（四）国家对社会经济的宏观调控和微观管制

国家的宏观调控是通过各种宏观经济政策来进行的，其中主要有财政政策、货币信用政策等。国家的微观管制只是通过建立一整套法律规则，健全经济秩序来进行的，主要有三种类型：一是反托拉斯；二是公共事业管制；三是社会经济管制。

二、国家垄断资本主义的实质

第二次世界大战以后，虽然国家垄断资本主义的发展在一定程度上适应了资本主义社会生产力发展的需要，缓和了资本主义再生产活动中生产和消费的矛盾，对资本主义经济的发展起到了刺激作用，但是，国家垄断资本主义本质上是资本主义所有制，是为垄断资本服务的，它不可能解决资本主义生产关系与生产力发展之间的矛盾，资本主义的基本矛盾仍然存在。

国家垄断资本主义无论采取何种形式，其实质都是私人垄断资本利用国家机器来为其发展服务，是私人垄断资本为了维护垄断统治和获取高额垄断利润而与国家政权相结合的一种垄断资本主义形式，是资产阶级国家在直接参与社会资本的再生产过程中，代表资产阶级整体利益并凌驾于私人垄断资本之上，对社会经济进行调节的一种形式。

> 国家垄断资本主义的实质：第一，是私人垄断资本为了维护垄断统治和获得高额垄断利润利用国家机器的手段；第二，是资产阶级国家直接参与再生产过程，代表垄断资产阶级整体利益对社会经济进行调节的形式。

首先，国有企业的实质仍然是垄断资本主义所有制，是为私人垄断资本服务的，是一种位于私人垄断资本之上的资本社会化最高形式的“总资本家”所有制。

其次，公私共有合营企业的目的是通过这种形式使私人垄断资本直接利用国家资本来增强自己的经济实力和竞争力，以有利于它们攫取高额垄断利润。

最后，国家通过多种方式参与私人资本，有利于私人垄断资本逃避或缓解经济危机。

三、国家垄断资本主义的积极作用和局限性

（一）国家垄断资本主义的积极作用

第二次世界大战以后，特别是20世纪50年代至70年代，在现代科学技术革命的基础上，资本主义经济获得迅速发展。在1950—1979年的30年里，主要资本主义国家工业生产年均增长率都很高：美国为5.4%，日本为15.5%，联邦德国为8.6%，意大利为8.4%，法国为5.75%。另据有关资料统计。在1948—1976年不到30年的时间里，资本主义世界工业生产增长了3倍以上，年均增长率达到6.6%。战后资本主义经济较长时间的高速增长，是与国家垄断资本主义的发展密切相关的。因为国家垄断资本主义的发展，是战后资本主义生产关系为适应生产社会化发展在其自身范围内的一次重大调整，因而推动了资本主义经济的快速发展，具体表现在以下几个方面：

第一，国家垄断资本主义是资本社会化的更高形式，在相当大的程度上克服了私人垄断资本社会化程度相对较低的局限性。

第二，与私人垄断资本主义不同，国家垄断资本主义的发展主要在于维护资本主义的“长治久安”，为垄断资本主义生产的正常运行和经济增长提供必要条件。因此，国家垄断资本主义在相当大的程度上克服了私人垄断资本主义只顾暂时利益和局部利益的局限性。

第三，国家垄断资本主义实力雄厚，在相当大的程度上克服了私人垄断资本数量相对不足的矛盾。

第四，国家垄断资本主义对经济的干预和调节在一定程度上克服或抑制了私人垄断资本运动的无政府状态和盲目性。

（二）国家垄断资本主义的局限性

国家垄断资本主义毕竟是在资本主义生产方式范围内对生产关系的调整，它并没有改变垄断资本主义的性质，因而它不可能解决资本主义制度固有的矛盾。国家垄断资本主义只是暂时地使某些矛盾得以缓和，但是这些矛盾必然会随着资本主义生产社会化的发展而进一步尖锐化和复杂化，使资本主义经济陷入新的困境。第二次世界大战以来，能源危机以及经济衰退和通货膨胀同时并存的“滞胀”局面，就是资本主义各种矛盾进一步尖锐化和复杂化的必然结果和具体表现。这一切都表明，国家垄断资本主义并没有、也不可能克服资本主义制度内在的固有矛盾和历史局限性。

第三节　国家垄断资本主义的现代发展

一、市场调节的局限性及国家干预的目标

随着社会化生产的发展，市场在配置资源的过程中日益显示出自身难以克服的一些局限性，而这些局限性的存在也必然要求国家进行适当的干预。

（一）市场调节的局限性

第一，外部性问题难以解决。外部性问题主要是指外部不经济问题，即经济主体在追

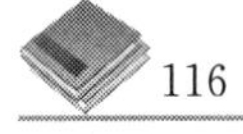

求自身利益的过程中，对其他经济主体的利益（包括社会利益）构成损害的现象。

第二，市场运行主体的行为目标具有短视性。即经济主体只注重当前资源稀缺，忽视长远资源稀缺；只顾近期利益，忽视长远利益；只顾局部利益，忽视整体社会利益。

第三，市场调节具有自发性、盲目性和滞后性。

第四，市场调节有可能造成人们收入分配上的不公平。

第五，市场调节不能解决社会再生产中的矛盾。

（二）国家干预的目标

在国家垄断资本主义发展中，资本主义国家运用各种经济手段干预和调节社会经济生活，有其客观必然性：

第一，生产社会化的出现和社会生产力的发展，要求有一个统一的社会组织或机构对社会生产进行统一的管理和协调，在阶级社会中，只有国家才能成为这样的社会组织，才能承担起干预和调节社会经济的重任。

第二，市场经济运行中产生的弊端，需要国家运用宏观调控手段来矫正。

第三，资本主义基本矛盾在资本主义社会经济发展中的激化，也需要由国家采取各种手段进行缓解。生产无限扩大的趋势与劳动人民有支付能力的需求之间的矛盾激化是资本主义基本矛盾激化的表现之一，其后果就是出现经常性的生产过剩，要缓解这一状况，必然要求国家对市场进行干预和调节。资本主义企业生产的有组织性和整个社会生产的无政府状态之间的矛盾激化是资本主义基本矛盾激化的表现之二，其后果就是造成社会经济秩序紊乱，引起经济波动和危机，要缓解这一状况，也必然要求国家对社会生产进行调节。资产阶级与无产阶级之间的矛盾激化是资本主义基本矛盾激化的表现之三，其后果就是出现两极分化状况，要缓解这一状况，同样需要国家介入国民收入分配和再分配领域，调整社会各阶级、各阶层之间的经济利益关系。

资本主义国家对社会经济调节的目的在于：缓和社会经济矛盾和阶级矛盾，维护垄断资本的利益和垄断资本的统治，维护资本主义经济秩序，从而维护资本主义制度。

资本主义国家对社会经济的调节目的在于：缓和社会经济矛盾和阶级矛盾，维护垄断资本的利益和垄断资本的统治，维护资本主义经济秩序，从而维护资本主义制度。

二、国家干预调节经济的手段

资本主义国家对社会经济的调节手段，主要是经济手段、法律手段，在某些特定的情况下，还可能运用行政手段。资本主义国家对经济的管理、调节和控制的对象，既包括各个微观经济主体，也包括作为整体的国民经济宏观全局。资本主义国家对宏观经济的调控，主要是通过财政政策、货币政策以及在一定程度上实现国民经济的计划化实现的。

（一）财政政策

作为国家调节经济手段的财政政策，是指通过财政收入（税收）和财政支出（对政府公共工程、对商品和劳务的采购以及对社会成员的转移支付等支出）两方面的政策，来影响社会消费总量和投资总量，以求得社会经济的稳定增长的政策。就财政收入而言，其主要渠道是税收，国家可以通过税收政策，以不同的税种设置和有差别的税率，来鼓励某些产业的发展，制约与限制另一些产业的发展，从总体上调节经济周期的变化。就财政支出而言，国家主要用于三个方面：社会福利开支、国防行政开支和国债利息。其中，社会福利开支包括医疗卫生、文化教育、社会保险等方面的开支；国防行政开支包括庞大的军费开支和政府机构的日常开支；国债利息则是用于支付大量发行国债、弥补财政赤字所需要的巨额利息。大量的财政支出用于干预社会经济活动，为实现宏观调控目标服务。

（二）货币政策

货币政策是指由中央银行增加或减少货币供应量，扩大或紧缩信贷，以影响利率，进而通过利率的升降来增加或减少投资，促进社会经济稳定发展的政策。

货币币值的稳定，是市场经济正常运行的必要条件。与财政政策相比，货币政策更具有经济手段、利益诱导的特征。在货币运动的过程中实现宏观经济调节，一是利率调节，二是货币流通量调节。利率调节主要是通过利率升降和差别利率来实现某些宏观经济目标。货币流通量调节对市场经济的正常运行更为重要。

实施货币政策的主要工具手段：
①公开市场业务；
②法定存款准备金率；
③再贴现利率。

发达市场经济国家在调控货币流通量方面，主要运用三大手段：一是公开市场业务，即由中央银行在资本市场上公开出售或收购有价证券。二是法定存款准备金率，即中央银行规定的银行准备金对银行存款的比率。三是再贴现利率，即中央银行对商业银行票据再贴现时规定的利率。

（三）收入政策

收入政策是指资本主义国家根据经济发展状况有意识地调节工资、利润和其他收入，进而遏制通货膨胀，抑制失业率上升和经济衰退的政策，是国家对分配领域进行的政策干预。收入政策调节的基本内容有两个：一是通过工资政策调节工资、利润和其他收入之间的比例关系，克服物价与工资的螺旋式上涨，以避免通货膨胀，实现社会稳定。二是通过工资政策调节工资与利润的相对份额，从而调节收入分配，维护资本主义再生产的稳定与增长。

（四）产业政策

产业政策是指国家通过确定支持、鼓励哪些产业，限制哪些产业，以促进经济结构合理化和组织合理化的政策。

产业政策的实施能够引导并保证产业结构合理化，并通过结构合理化进而促进国民经济总量平衡的实现。产业政策一般包括两个方面：一是政策目标，即国家根据经济社会发展的要求、趋势及某些特定的目的而确定的发展目标。二是政策手段，即为了实现政策目标，从实际出发所采取的各种措施。这两个方面相辅相成，缺一不可。

（五）经济计划化

国民经济计划化也是资本主义国家普遍采用的调节经济的手段。资本主义国家主要是通过制订中长期的经济计划，如国民经济增长计划、科技教育发展计划等一些带有全局性、规划性、前瞻性、指导性的计划和规划调节经济。经济计划对私人企业没有法律约束力，只是通过各种经济杠杆和经济措施，引导私人企业向计划和规划的方向发展。因此，在国家垄断资本主义条件下，经济计划作用的范围和效果受到一定的影响。

本章小结

1. 资本主义的发展先后经历了两个阶段：自由竞争资本主义和垄断资本主义。在进入垄断资本主义阶段之后，资本主义又经历了私人垄断资本主义和国家垄断资本主义两个阶段。国家垄断资本主义是国家政权与垄断资本融为一体的垄断资本主义。由私人垄断向国家垄断的转变，是资本主义基本矛盾不断发展的必然结果。

2. 国家垄断资本主义的产生和发展大体经历了三个阶段：第一，19 世纪 70 年代到第一次世界大战，是国家垄断资本主义的产生时期。第二，第一次世界大战结束到第二次世界大战，是国家垄断资本主义的形成时期。第三，第二次世界大战后，是国家垄断资本主义的发展时期。

3. 依据资本主义国家与垄断资本结合的程度、范围和方式的不同，国家垄断资本主义的具体形式可以分为四种：（1）国家所有并直接经营的国有企业；（2）国家和私人共有的垄断资本；（3）国家通过多种形式参与私人垄断资本的再生产过程；（4）国家对社会经济的宏观调控和微观管制。

4. 国家垄断资本主义无论采取何种形式，其实质都是私人垄断资本利用国家机器来为其发展服务，是私人垄断资本为了维护垄断统治和获取高额垄断利润而与国家政权相结合的一种垄断资本主义形式，是资产阶级国家在直接参与社会资本的再生产过程中，代表资产阶级整体利益并凌驾于私人垄断资本之上，对社会经济进行调节的一种形式。

5. 虽然国家垄断资本主义在一定程度上促进了资本主义国家的经济发展，但是国家垄断资本主义的具体形式毕竟是在资本主义生产方式范围内对生产关系的调整，它并没有改变垄断资本主义的性质，因而它不可能解决资本主义制度固有的矛盾。

6. 资本主义国家对社会经济的调节手段，主要是经济手段、法律手段，在某些特定的情况下，还可能运用行政手段。资本主义国家对宏观经济的调控，主要是通过财政政策、货币政策以及在一定程度上实现国民经济的计划化实现的。

练习与思考

一、名词解释

垄断价格　　垄断利润　　国家垄断资本主义　　金融资本
金融寡头　　市场经济体制模式

二、不定项选择题

1. 垄断资本主义的实质和经济基础是（　　）。
A. 自由竞争　　B. 生产集中
C. 资本的流动　　D. 垄断

2. 垄断形成之后，价值规律的作用形式表现为（　　）。
A. 价格围绕价值波动　　B. 价格围绕生产价格波动
C. 价格围绕垄断价格波动　　D. 价格围绕成本波动

3. 国家垄断资本主义的实质是（　　）。

A. 保证少数金融寡头获得高额垄断利润

B. 保证整个垄断资产阶级获得高额垄断利润

C. 保证中小企业获得稳定的利润

D. 保证国有企业获得高额垄断利润

4. 私人垄断资本主义向国家垄断资本主义发展（　　）。

A. 是资本主义基本矛盾作用的结果

B. 是资本主义基本规律作用的结果

C. 是资本主义生产关系的局部调整

D. 改变了资本主义生产关系的本质

三、问答题

1. 资本主义垄断是如何形成的?

2. 国家垄断资本主义的含义、具体形式和形成的主要阶段各是什么?

3. 国家垄断资本主义的实质、积极作用和局限性各是什么?

4. 资本主义市场调节的局限性是什么?

5. 资本主义市场调节主要有哪些手段?

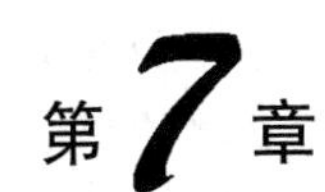

第7章 资本主义的历史地位和发展趋势

每一种社会经济形态都经历了产生、发展和最终向更高级的经济形态转化的发展历程，这不是人为决定的，而是由社会发展的客观趋势、生产关系一定要适应生产力的发展规律决定的。资本主义制度作为人类社会发展过程中的一个特定经济形态，是一种过渡性的生产方式，其发展中所积累的矛盾决定了资本主义制度必然为社会主义制度所取代。本章在分析资本主义历史地位的基础上，通过对资本主义基本矛盾的实质和表现的分析，揭示资本主义发展的历史趋势。

第一节　资本主义的历史地位与基本矛盾

一、资本主义的历史地位

资本主义生产方式在人类社会的发展过程中，对科学技术的进步和社会生产力的发展以及人类文明进程的推进所起到的巨大作用，是此前的任何一种社会生产方式所不能比拟的。对于资本主义制度的历史作用，马克思给予了高度评价。马克思和恩格斯在《共产党宣言》中说："资产阶级争得自己的阶级统治地位还不到一百年，它所造成的生产力却比过去世世代代总共造成的生产力还要大，还要多。”①

> 承认资本主义制度是一种剥削制度并不意味着否定资本主义制度的历史功绩。在政治经济学理论中，剥削不是一个伦理概念，而指的是依靠所有权占有他人劳动的一种生产关系。在一定历史条件下，剥削制度可以成为社会生产力发展的巨大杠杆。对于资本主义制度的历史作用，马克思主义经典作家曾经给予过极高的评价。

（一）资本主义生产关系的充分发展推动了社会生产力的迅速发展

奴隶社会、封建社会虽然在一定范围内或一定程度上发展了商品经济，但这两种社会形态仍是自然经济占据统治地位。自给自足、闭关自守的生产方式严重阻碍了科学技术的进步和社会生产力的发展。

资本主义经济制度是一种以生产资料私有制为基础、以资本家占有工人剩余劳动为本质的剥削制度，但这种剥削制度比奴隶制和封建制有了很大的发展：

第一，它生产的产品是商品，商品是整个资本主义经济有机体的细胞，而商品经济的基本规律是价值规律，价值规律的作用则表现为：在微观领域不断提高生产技术水平和经营管理水平，在宏观领域合理而有效地配置和利用社会资源。所有这些都无疑会大大提高劳动生产率，推动生产力迅速发展。资本家作为人格化的资本，是剩余价值的天生追逐者，他们对财富的追求是永无止境的。

第二，劳动力转化为商品是资本主义生产关系的前提条件，由于劳动力变成了商品，占人口绝大多数的雇佣劳动者以出卖劳动力为生。在资本主义社会，由于商品关系的普遍化特别是劳动力的商品化，劳动者摆脱了类似奴隶制和封建制下的那种对统治阶级的人身依附，实现了法律上的平等和自由。这大大调动了生产者的积极性和创造性，促进了科学技术的发展和运用，提高了劳动者的素质和技能，推动了生产力的不断发展，导致剩余劳动时间增多。这样，资本就违背了自己的意志，它在追求剩余价值的同时，为人的全面自由发展和阶级对立的消除，从而为消灭自身存在的基础，创造了物质前提。

（二）资本主义商品经济的形成有利于社会资源的有效配置

所谓资源配置，是指在一定的条件下，把社会生产资料和生产要素按照一定的比例关系投入到各生产部门中的过程。在以生产社会化和商品经济发展为特征的资本主义生产方式下，在内在动力和外在压力的共同作用下的经济主体无一例外地遵循着效率的最大化和损耗的最小化的资源配置要求，从而在客观上极大地提高了国内资源和国际资源的合理配置和有效使用，促进了资本主义经济的迅速发展。

（三）资本主义生产关系具有一定的自我调节能力

在任何社会生产方式下，随着生产力的发展，生产关系都会做出相应调整，这是生产力和生产关系矛盾运动的结果。随着生产社会化的发展，资本主义生产关系必然在其自身的范围内做出局部调整。

资本社会化和资本国际化就是资本主义生产关系进行自身调整所采取的具体形式。在三次科技革命的推动下，资本的运行方式从单个资本过渡到股份资本，从股份资本过渡到私人垄断资本，又逐渐由私人垄断资本向国家垄断资本过渡，股份资本和私人垄断资本是

① 马克思，恩格斯．马克思恩格斯全集：第4卷．北京：人民出版社，1958：471.

与生产社会化相适应的资本社会化，而国家垄断资本也是与生产社会化进一步发展相适应的资本社会化的较高形式。它们反过来又推动着社会生产力的发展。同时，生产社会化的发展必然形成生产国际化。资本国际化在自由竞争资本主义阶段，主要表现为商品资本的国际化；在一般垄断资本主义阶段，主要表现为借贷资本的国际化；在当代国家垄断资本主义阶段，使资本的民族再生产过程发展为资本的国际再生产过程，真正实现了资本的全面国际化。产业资本的国际化，要求资本、生产资料和劳动力在国际范围内合理配置，从而要求有关国家协调它们的生产和经营。正是为了适应这种要求，第二次世界大战以后发达国家之间国家垄断资本主义的国际经济调节日益发展起来。实践证明，这种调节在相当大的程度上促进了发达国家经济和世界经济的增长。

当代资本主义国家的调节体制，是一个市场调节机制和计划调节机制相结合并共同发挥作用的综合调节体系。国家通过财政政策、货币政策、收入政策和对外经济政策等经济政策调节国民经济的运行。这些国家和政府的干预行为虽然没有从根本上解决资本主义内部固有的矛盾和危机，但是确实在一定程度上对于促进公平、维护竞争起到了很大的作用。

行为科学和企业文化等现代管理理论进入资本主义世界，重视人际关系的协调，重视劳资关系的和谐，已经成为资本主义国家经济发展的激励机制。在管理中，从传统的注重组织结构、法令、规章制度及权责分配，到同时重视组织中人员意见的沟通、个人欲望的满足、非正式组织的作用；从只重视监督制裁到重视激发人的积极性。总之，从“重事”到“重人”的转变已经开始在资本主义经济行为中推行，并且提高了资本主义企业的管理效率。

可见，资本主义国家在生产关系上的自行调整对资本主义经济的发展起到了不可忽视的关键性作用。

以上分析说明，资本主义生产对商品经济的发展、资本主义经济的运行机制和资本主义生产关系的调整比以往社会的生产方式更能推动社会生产力的发展。资本主义生产方式包含着绝对发展生产力的趋势，并且已经把人类社会的生产推进到一个前所未有的高度。从这一点来看，资本主义生产方式的确具有历史进步性，在社会发展进程中占有无可比拟的重要地位。

二、资本主义的基本矛盾及其表现

（一）资本主义的基本矛盾

资本主义制度与前资本主义社会制度相比具有无可比拟的优越性和创造力。但是，生产力与生产关系的矛盾并不会因此而终结。资本主义生产的目的和动机是无止境地追求剩余价值、实现资本的最大增值，这一方面推动了劳动生产率的巨大提高和生产社会化的长足发展，另一方面又对生产社会化的进一步发展造成了严重障碍。

商品经济的大发展使资本主义经济从根本上具备了发展生产力、推动社会进步和繁荣的内在动机，但

> 随着简单商品经济发展到资本主义商品经济，商品经济的基本矛盾——私人劳动与社会劳动的矛盾，就进一步发展为资本主义的基本矛盾，即生产社会化与生产资料资本主义私人占有形式之间的矛盾。这个基本矛盾在资本的积累过程中通过平均利润率下降、资本和人口的相对过剩以及生产过剩的经济危机表现出来。

这个动力在资本主义的大生产向纵深发展的程度上却成为对生产的一种制约。资本主义的生产是一种社会化生产，商品经济是建立在社会分工基础上的。社会分工的存在，使得生产者的劳动具有社会劳动的性质，他们的生产是为了满足社会需要，各自的劳动都是社会劳动的一部分；而生产者的劳动又具有私人劳动的性质，生产者独立进行生产决策，产品归生产者私人占有。尤其是社会化生产随资本积累而不断发展，资本和生产资料逐渐被控制在少数大资本家手中。于是生产的社会化与生产资料资本主义私人占有之间就出现了尖锐的矛盾，这个矛盾就是资本主义的基本矛盾。之所以说它是基本矛盾，是因为资本主义生产的各种矛盾最终都归结为基本矛盾，都是基本矛盾的表现。

资本主义生产关系的调整是在资本关系内部一切可能的限度内实现的，不论这种调整的幅度有多大，都只是"局部调整"。资本主义生产关系的局部调整，在一定程度上缓解了资本主义的基本矛盾，而且使这一矛盾在形式上发生了变化，从而使科学技术、社会生产力、管理水平迅速发展，生产进一步社会化、现代化，但同时又进一步深化了资本主义的基本矛盾。这就是资本主义基本制度框架内存在的资本主义基本矛盾的运动规律。也正是这一运动规律的支配，造成了经济危机的周期性爆发。第二次世界大战以后，虽然国家垄断资本主义有了较大的发展，科学技术有了较快的进步，社会生产力也有了较迅速的发展，但经济危机却更加频繁地爆发，甚至出现了通货膨胀与经济停滞并存的局面，这都表明资本主义基本矛盾更加深刻了。

（二）资本主义基本矛盾的表现

资本主义基本矛盾决定着资本主义经济运行中的一系列其他矛盾，其中最主要的是在资本积累过程中资本主义生产目的和达到目的的手段之间的矛盾。资本主义生产目的是生产剩余价值，实现资本的价值增值；而资本家为了实现剩余价值无限增值所采取的主要手段则是不断提高劳动生产率，这就要求必须不断扩大生产规模，提高生产技术和经营管理水平。追求利润的目的和提高劳动生产率的手段相互作用的结果必然会导致矛盾的进一步加深，这通过平均利润率下降、资本和人口的相对过剩以及生产过剩的经济危机表现出来。

1. 资本的平均利润率下降。

资本有机构成的高低，是影响利润率的一个重要因素，一定量的利润率同它的有机构成是按反方向变动的。随着资本主义生产的不断扩大，由技术进步引起的资本有机构成的提高，不仅意味着一定量劳动力推动了比过去更多的生产资料，而且意味着在增加的资本总量中，不变资本比可变资本增长得更快，可变资本在总资本中的比重下降了，这样，在剩余价值率不变的情况下，资本有机构成提高将使利润率随之下降。

正如马克思所指出的："一般利润率日益下降的趋势，只是劳动的社会生产力的日益发展在资本主义生产方式下所特有的表现……在资本主义生产方式的发展中，一般的平均的剩余价值率必然表现为不断下降的一般利润率。"①

但是，平均利润率的下降并不意味着利润总量的绝对减少。平均利润率的下降只是一种趋势，并不是直线地下降，它不仅不排除利润量的增加，同时也不排除有时会出现利润率的提高。这是因为在资本有机构成提高的同时存在着其他一些反作用的因素阻碍着平均

① 马克思．资本论：第3卷．2版．北京：人民出版社，2004：237.

利润率的下降，如剩余价值率的提高、不变资本各要素变得便宜、相对人口过剩的存在和增加、对外贸易等。同时，为了抵消利润率下降造成的损失，资本家只得提高积累率，增大积累量，从而使总资本急剧增大，结果使得利润率下降的同时利润总量却增加了。积累的不断扩大、资本有机构成的不断提高又会进一步造成利润率下降的压力。为了减轻这种压力，资本家只有更多地积累。正是这样一种螺旋上升的积累趋势推动着资本主义经济的不断发展，同时又不断地加剧着资本主义经济制度的内在矛盾。

(1) 平均利润率下降的规律表现为生产的扩大和价值增值之间的矛盾。资本主义生产的最直接目的就是价值增值。为了达到这个目的，资本家积极改进技术、扩大生产规模、不断在生产部门乃至全社会内部进行局部调整，力求使生产获得无限发展的趋势。可是，随之而来的是资本有机构成的不断提高，引起了平均利润率的下降。同时，技术的进步不可避免地会引起原有生产资料价值的贬值。这是资本家不愿意看到的，是与他们发展生产的初衷背道而驰的。也就是说，资本主义生产所要达到的目的即价值增值，同实现这个目的所要采用的手段即社会生产力的发展之间存在着尖锐的矛盾。

(2) 平均利润率下降的规律表现为剩余价值的生产和剩余价值的实现之间的矛盾。利润率的下降和资本积累的扩大，是同时进行而又相互促进的统一过程的两个方面。剩余价值的生产必然造成必要劳动与剩余劳动、工资与利润的严重对立，剩余价值的相对增大只能以工人工资的相对缩小为代价。同时，在商品经济中，生产并不是最终的目的，实现包含在商品中的剩余价值才是资本主义生产的意义所在。因此，实现剩余价值，把产品在消费领域全部卖出，才是解决商品经济的矛盾的重点所在。但是，劳动与资本的对立关系使社会生产能力在无限扩张的同时，工人阶级和社会绝大多数人的消费被限制在相当狭隘的界限内。资本主义解决这一矛盾的方式只能是不断提高劳动生产率，降低商品的价格，扩大商品的市场，但是这样一来，由资本积累和资本有机构成提高导致的所有矛盾又在更大的程度上被再生产出来。

(3) 平均利润率的下降还表现为人口过剩和资本过剩的矛盾。随着资本有机构成的提高，相对过剩人口在不断扩大。在利润率下降的情况下，资本家生产所必需的资本最低限额增加了，这就会形成资本过剩。所谓资本过剩，实质上是指那种利润率的下降不会由利润量的增加而得到补偿的资本的过剩，或者是指那种自己不能独立行动而以信用形式交给大产业部门的指挥者去支配的资本过剩。资本的这种过剩同相对人口过剩一样，都是由资本的积累和资本的有机构成提高造成的。一方面有大量的过剩资本不被用于生产，另一方面又有大量的过剩人口找不到工作，从而造成了人力、物力、财力的巨大浪费。由于资本通常以商品的形式出现，所以资本过剩往往表现为商品生产的过剩，以商品资本存在的生产资料和消费品无法获得正常的利润，大量的资本被闲置、被贬值，资本主义的再生产过程受到破坏。

2. 相对人口过剩。

随着资本积累的发展和资本有机构成的提高，社会总资本中不变资本部分和可变资本部分的比例会发生变化，不变资本部分相对增加，可变资本部分相对减少。假定不变资本与可变资本原来的比例是 1∶1，后来将变成 2∶1、3∶1、4∶1 甚至 10∶1。显然，随着资本的增长，资本总价值中用于购买劳动力的那部分资本将不再是 1/2，而是 1/3、1/4 甚至 1/10，用于购买生产资料的部分则递增为 2/3、3/4 甚至 9/10。可见，所谓相对过剩人口，就是指劳动力的供给超过了资本对它的需求。也就是说，这些人口相对于资本增值的需要来说是“多余”的。

对劳动力的需求是由总资本中可变资本的大小决定的，在资本有机构成提高的情况下，相对过剩人口的增加比可变资本的相对减少更迅速。这是因为在只增加工资而不增加工人的情况下，可变资本的增长带动的是劳动的增长，而不是就业工人的增加；另外，通过延长工作日或提高劳动强度的方法，也可以使同量可变资本发挥更大的作用，这样可增加劳动的外延量和内涵量而不增加工人。因此，在有些部门，资本构成发生变化而资本的绝对量没有增长；在有些部门，资本的绝对量增长是同它的可变部分或它所吸收的劳动力的绝对减少结合在一起的；在有些部门，资本时而在一定技术基础上持续增长，并按照它增长的比例吸收追加的劳动力，时而有机构成发生变化，资本的可变组成部分缩小。从总体发展的趋势来看，随着资本积累的发展，资本的有机构成总是在不断提高，工人本身在生产出资本积累的同时，也以日益扩大的规模生产出使他们成为相对过剩人口的手段，这就是资本主义生产方式特有的人口规律。

相对人口过剩是资本积累的必然产物，反过来又成为资本积累的杠杆，甚至成为资本主义生产方式存在的一个条件。这是因为：第一，相对过剩人口形成一支可供支配的产业后备军，它绝对地隶属于资本，不仅可以随时为资本增值的需要提供劳动力资源，而且通过劳动市场的竞争，对工人的就业和工资水平施加压力，从而把劳动力市场的作用范围限制在符合资本增值需要的界限之内。第二，相对过剩人口可起到劳动力“蓄水池”的作用，以适应资本主义生产周期性发展的需要。资本主义再生产总是经历着从危机到高涨再到危机的周期循环。当发生危机时，生产缩减，大批工厂倒闭，大量工人被抛进失业大军；当生产走向高涨时，生产急剧扩大，需要追加大量工人，人口自然增长不能满足这种需要，失业人口的存在则可以及时提供所需要的劳动力，满足变化中的资本增值的需要。所以，经常存在的大量失业人口，好像劳动力的“蓄水池”，可以随时满足再生产周期不同阶段资本对劳动力的需要。相对过剩人口的存在意味着在资本主义经济制度下，失业问题是制度性的，是资本主义制度的顽疾。

在资本主义社会，相对过剩人口有三种基本形式：第一种是流动的过剩人口。这是指在城市里的时而失业、时而找到工作的失业工人。第二种是潜在的过剩人口。这是指农业中的过剩人口。由于农业资本有机构成的提高，对农业工人的需要会减少，虽然从表面上看，这些过剩人口还常常保留少量的生产资料和土地，好像没有失业，但实际上已经过剩了。他们潜伏在农村，等待有利时机，随时准备流向城市。他们是补充城市雇佣劳动队伍的源泉。第三种是停滞的过剩人口。这是指那些没有固定职业，只能揽点零活在家里劳动的人。这些人虽然形式上还是现役劳动军的一部分，但是就业极不规律，经常处于失业和半失业状态，其特点是劳动时间最长、劳动条件最恶劣而工资最低，生活状况低于工人阶级的平均正常水平。

3. 资本主义经济危机。

(1) 经济危机的表现和实质。

由于资本主义基本矛盾导致种种社会矛盾，社会再生产往往不能顺利进行，其结果就会导致整个社会生产的比例失调和经济危机。自从 19 世纪初开始出现第一次经济危机以来，在一个相当长的历史时期中，资本主义世界每隔 10 年左右就爆发一次经济危机。危机发生时的主要表现是："剩余"商品堆积于仓库，成千上万的企业倒闭；信用关系破坏，股票、债券和其他有价证券的行情暴跌；失业人数激增，实际工资下降；经济混乱，群众感到必需品极端缺乏，他们的需要比其他任何时候都更难得到满足。"在危机期间，发生一种在过去一切时代看来都好像是荒唐现象的社会瘟疫，即生产过剩的瘟疫"①。

资本主义经济危机的实质是生产过剩的危机，但这种过剩不是所生产的生活资料与现有的人口相比而言太多了，而是太少了；也不是要使人口中有劳动能力的那部分人能够就业，生产资料生产得已经太多了，而是太少了，少得无法容纳社会的就业；不是财富生产得太多了，而是对于有购买能力的需求来说财富生产得太多了。也就是说，商品生产过剩是相对于资本价值增值来说的，所以它们是相对的。这同资本主义以前社会的以生产不足为特征的危机大有不同，资本主义的生产危机是生产相对过剩的危机。

> 所谓资本主义经济危机，是指与资本主义经济制度直接有关，由资本主义经济制度因素引起的经济危机，即生产相对过剩的危机。

资本主义经济危机爆发的根本原因，在于资本主义经济制度本身。可以说，生产相对过剩的危机是资本主义基本矛盾的集中表现，危机的根源在于生产的社会化和生产资料资本主义私人占有之间的矛盾。

这一矛盾首先表现为个别企业内部生产的有组织性和整个社会生产的无政府状态之间的矛盾。各个资本主义企业为了获取尽可能多的利润，并在竞争中取胜，必然加强企业的组织性，改善经营管理。同时，生产的社会化也迫使企业改善经营管理，加强生产的组织性，使生产得以顺利进行。但从整个社会生产来看，不同企业归不同资本家所有，它们彼此分离，互相独立，因而整个社会生产不能有组织地进行，必然呈现无政府状态。发展到一定极致，当社会资本再生产的比例关系遭到破坏而严重失调时，就形成大量商品相对过剩，导致经济危机爆发。其次，这一矛盾又表现为资本主义生产无限扩大的趋势同劳动人民有支付能力的需求相对缩小的矛盾。一方面，在资本主义私有制下，追逐剩余价值的内在动力和竞争的外在压力，促使每个企业都要扩大生产，而生产的社会化又为扩大生产的趋势提供了物质基础；但另一方面，正由于对剩余价值的追逐，必须加强对劳动者的剥削，从而使劳动者有支付能力的需求，相对于生产无限扩大的趋势来说呈现出相对缩小的趋势。这就造成社会生产与社会消费的矛盾。当这一矛盾发展到尖锐的程度，商品大量积压，从而使社会再生产的实现条件遭到严重破坏时，就会导致经济危机的爆发。

> 经济危机的基本现象是相对于现实总需求的普遍生产过剩；经济危机的实质是资本积累的过剩。

经济危机是资本主义基本矛盾运动的必然产物，只要资本主义基本矛盾存在，经济危机就无法消除。尽管当代资本主义国家采取了许多反危机措施，但无法摆脱经济危机频繁

① 马克思，恩格斯．马克思恩格斯选集：第 1 卷．3 版．北京：人民出版社，2012：406.

爆发。第二次世界大战以来，西方各国发生经济危机 5～8 次。其中，1957—1958 年、1973—1975 年、1980—1981 年这三次危机是当代资本主义世界性危机，而 20 世纪 70 年代的这次危机是战后最严重的经济危机。20 世纪 90 年代以来，美国经济连续增长 10 年后，从 2000 年下半年开始下滑，经济增长速度极其缓慢，并进入衰退。与美国经济联系较为紧密的欧洲和日本经济所受影响严重，欧洲经济呈现低速增长，日本经济在衰退中挣扎。整个资本主义经济从 2001 年初开始踏上坎坷之旅。第二次世界大战后西方发达国家经济衰退的周期性出现，影响工人就业和经济增长，证明资本主义的固有矛盾不可克服。

（2）经济危机的周期性。

> 固定资本的更新是经济危机周期性发生的物质基础。

资本主义经济危机是一种周期性现象，从一次危机的开始到下一次危机的开始为一个再生产周期。一般情况下，一个再生产周期包括危机、萧条、复苏和高涨四个阶段。其中危机是再生产周期的决定性阶段，它既是上一个周期的结束点，又是新周期的起点。一般情况下，再生产周期的各个阶段具有以下特征：

A. 危机阶段。危机既是上个周期的终点，又是下一个周期的起点。生产力的破坏以暴风骤雨般的形式表现出来，与此相伴的特征突出地表现在：整个经济处于瘫痪和混乱状态之中，生产力遭到种种大规模的破坏。为了阻止这种情况的恶化，强制性地使已经破坏的生产力和生产关系恢复均衡，资本家人为地强制把商品供过于求的情况改变过来，从而使危机阶段过渡到萧条阶段。

B. 萧条阶段。生产的下降、商品价格的下跌、企业的倒闭、失业队伍的增加等都已停止，但是，社会购买力仍然很低，商品销售仍然困难，社会信贷关系仍处于停滞的状态。在生产下降已达到谷底并经历了一段时间的停滞后，滞留商品慢慢地销售出去，存货逐渐减少，在危机中幸存下来的经历调整的企业就开始恢复生产，有的甚至开始扩大生产规模，信用恢复的因素也在逐步增加。于是生产周期逐渐由萧条阶段进入复苏阶段。

C. 复苏阶段。这一阶段实现了经济的全面恢复。随着市场的销售量全面恢复，物价开始回升，生产逐步扩大；就业人数逐渐增多，有支付能力的需求随之提高；随着企业利润的增长，信贷关系也活跃起来；资本家进一步扩大生产经营，设法改进技术，进行固定资本更新，市场对新的机器设备的需求推动了生产资料部门的恢复和发展，从而推动了整个社会的生产恢复过来。当社会生产达到并超过危机前所达到的最高点时，经济周期就由复苏阶段进入了高涨阶段。

D. 高涨阶段。消费日渐旺盛，市场容量增加迅猛，推动着生产迅速膨胀，新建企业层出不穷，生产规模不断扩大；尽管商品大量增加，但价格也在逐步上升，资本家的利润急剧增长；新增就业人数逐渐增多，工人的收入也有所增长；金融市场活跃，信用膨胀。由于整个生产过程呈现出购销两旺的势头，这种情况诱使资本家把生产的增长推到狂热的程度。这一切使生产和商业规模的扩大大大超出了有支付能力的需求，为下一次生产过剩危机的到来提供了条件。恩格斯形象地描绘了这个过程："步伐逐渐加快，慢步转成快步，工业快步转成跑步，跑步又转成工业、商业、信用和投机事业的真正障碍赛马中的狂奔，最后，经过几次拼命的跳跃重新陷入崩溃的深渊。如此反复不已。”①

第二节　资本主义发展的历史趋势

一、生产力与生产关系的矛盾推动资本主义的发展

资本主义制度像人类社会所有的制度一样，是在生产力与生产关系的矛盾运动中向前发展的。

人类社会的发展是一个不以人的意志为转移的自然历史过程。生产力与生产关系、经济基础与上层建筑之间的矛盾构成社会的基本矛盾，推动着人类社会有规律地发展。资本主义社会的基本矛盾是生产社会化与生产资料资本主义私人占有之间的矛盾。纵观资本主义发展的历史，它总是在不断调整生产关系、变革经济体制的过程中生存和发展的。资本主义的发展不断把生产社会化推向新的更高的水平。生产社会化水平的不断提高，又必然要求生产关系相应地变更。资产阶级不可能实现资本主义私有制向公有制的转变，却不得不在资本主义生产关系内部一次次地进行调整，不断提高资本社会化的水平，以适应生产社会化的要求。

伴随三次科技革命，资本主义的生产关系不断进行调整来适应生产力发展的要求。资本主义生产资料所有制最初表现为单个资本家所有制。第一次科技革命发展起来的社会化生产力与资本主义生产关系发生了尖锐的冲突，资本主义在自由竞争中逐步调整生产关系，于是股份制得到了迅速发展。股份资本扬弃了资本的个人占有和个人企业的形式，使得生产规模急剧扩大，结果促进了社会生产力的发展。第二次科技革命、生产社会化的进一步发展，迫使集团资本家联合起来，私人垄断资本集团所有制居于统治地位。自20世纪30年代特别是50年代中期以来，随着第三次科技革命的兴起和发展，生产高度社会化与私人占有制的矛盾进一步尖锐化。高度社会化的大生产要求生产资料在全社会范围集中，要求对社会的管理进行调节和监督，要求全国统一的经济协调和计划。于是，国家垄断资本主义得到了进一步发展。国家垄断资本主义的发展，在一定时期内给生产力的发展提供了一定的余地。但是，它不能解决资本主义基本矛盾，相反，使资本主义基本矛盾更加尖锐化。

二、资本主义生产关系的调整不能根除资本主义的基本矛盾

当代资本主义对生产关系的“自我调节”是有条件的。它是资产阶级在不触动根本制度和根本利益的前提下，对生产关系所做的局部调整。它只是资本主义制度的一种自我修补，而不是生产关系的根本变革，它消除不了资本主义内在的基本矛盾。

以所有制结构为内容的生产关系的调节，私人垄断资本与国家垄断资本在一定范围内的结合，虽然提高了当代垄断资本的社会化程度，促进了资本主义经济的发展，但是起决定作

① 马克思，恩格斯．马克思恩格斯选集：第3卷．3版．北京：人民出版社，2012：663-664.

用的仍然是私人垄断资本。因此，以私人垄断资本占有为基础的当代资本主义所有制与社会化生产力的发展仍存在着根本的对立。同时，国家垄断资本虽然是资本社会化的最高形式，但它毕竟代表的是垄断资产阶级的利益，因而无法摆脱资本主义私人占有制的局限性。

以加强国家干预为主要内容的经济运行机制的调节，创造了比自由的市场机制更有效的手段来协调和管理社会经济。然而，在私有制基础上的这种国家干预并不能保证资本主义经济消除不平衡和由此出现的比例失调。随着西方发达国家从 20 世纪 70 年代开始的经济持续增长时期的消逝，风行多年的凯恩斯主义的宏观经济政策开始失灵。于是，货币主义和供给学派等经济主张纷纷出现。货币主义主张控制货币供应量，保持物价稳定。供给学派主张减免税收，削减福利开支，刺激供给增长。但是，这两个学派的经济主张也难以解决经济困境。英国撒切尔政府于 1979 年实行货币主义，当年就陷入经济危机。1981 年，糅合货币主义和供给学派理论的“里根经济学”正式推出，虽然遏制了通货膨胀，使美国经济低速增长，但由于大举借债，连年财政赤字，美国沦为最大债务国。随后，克林顿政府通过采用温和降低利率、发展高科技等政策，使美国经济从衰退中温和恢复，并在发达国家中以较高速度发展。进入 21 世纪以来，美国经济又陷入困境，虽然布什政府连续调高利率以刺激经济增长，并起到了一定作用，但终究解决不了美国经济的根本矛盾和问题。

以福利国家制度为主要内容的分配关系的调节，在一定程度上缓和了资本主义社会的阶级矛盾，为经济的发展和社会的稳定提供了条件。但是，国家对收入分配的调节并没有改变无产阶级雇佣劳动者的地位，因而，也不可能克服购买力相对缩小的趋势，不可能真正解决资本主义生产和消费的矛盾。

总之，生产关系在资本主义制度范围内的调整，改变的只是基本矛盾的表现形式。资本主义基本矛盾不仅没有被根除，反而在新的基础上进一步积累和加深。

三、资本主义基本矛盾的发展必将导致向社会主义的过渡

从资本主义基本矛盾的运动中可以看出，资本主义的演变都是为资本主义向社会主义过渡准备着条件。当代资本主义发展起来的巨大的生产力，使得生产社会化的规模空前强化，这为社会主义最终取代资本主义准备了物质条件。

首先，垄断使得资本主义生产走向最全面的社会化，这是社会主义的最重要的物质准备。第二次世界大战后，在新科技革命的推动下，社会生产更集中于少数大额垄断企业。它们使生产专业化和协作化在企业内外得到更大发展，生产、分配、消费越来越具有广泛的社会规模。特别是国家作为经济实体直接介入社会资本的生产过程，并通过对经济的干预影响着整个社会经济的发展。国家垄断资本主义还通过国际调节影响着资本主义世界经济的发展，使生产和交换走向更全面的社会化、国际化。

其次，垄断特别是国家垄断为社会主义准备了社会化的管理机构。第二次世界大战后，在新科技革命的基础上，银行、邮政、运输等这类全国规模的管理机构进一步发展和完善起来，而且在工业、农业、商业、服务业等部门中，各种现代化的社会管理机构和组织形式都更充分、更广泛地发展起来了。

> 马克思和恩格斯认为：生产的社会化与生产资料的私人占有是矛盾的，生产资料的社会占有是解决这一矛盾的基本途径。

最后，垄断特别是国家垄断成为使资本变为社会财产的过渡点。资本的社会化有两种基本形式：一是股份公司，一是国有化。国有化是资本社会化的最高形式，它虽然没有最终解决生产的社会化与资本主义私人占有的矛盾，但是已经为这一矛盾的解决指明了基本方向和线索。“在股份公司内，职能已经同资本所有权相分离，因而劳动也已经完全同生产资料的所有权和剩余劳动的所有权相分离。资本主义生产极度发展的这个结果，是资本再转化为生产者的财产所必需的过渡点，不过这种财产不再是各个互相分离的生产者的私有财产，而是联合起来的生产者的财产，即直接的社会财产。另一方面，这是再生产过程中所有那些直到今天还和资本所有权结合在一起的职能转化为联合起来的生产者的单纯职能，转化为社会职能的过渡点。”① 国家垄断资本主义的出现和发展，使资本社会化在资本主义生产方式下达到最高限度，资本再进一步的社会化，就只能是对生产资料资本主义私有制的彻底否定。正如列宁所指出的：“国家垄断资本主义是社会主义的最充分的物质准备……在这一级和叫作社会主义的那一级之间，没有任何中间级。”②

马克思和恩格斯认为，生产的社会化发展到一定程度必然导致资本的社会化，资本的社会化是生产的社会化在资本主义占有方式内部的必然表现，同时，它又进一步证明了资本主义占有方式的历史局限性。因此，从这个角度来看，历史的发展是证实而不是否定了马克思和恩格斯的生产社会化理论。

四、从资本主义向社会主义过渡的长期性

人类社会发展的历史表明，一种新的社会经济制度代替另一种过时的旧的社会经济制度，都经历了漫长的历史过程。社会主义制度代替资本主义制度是一个相当长的历史过程。这是因为：

1. 资本主义基本矛盾运动的复杂性和曲折性决定了社会主义取代资本主义的长期性。基本矛盾的运动不是简单的、直线式的，资本主义基本矛盾会随着生产社会化的发展而加深和激化。它在加深的同时，一些起反作用的因素也在发展，如生产的社会化迫使资本主义在不触动根本制度的前提下，不断调整生产关系，改进统治方法，从而延缓矛盾的激化。同时，科技革命、劳动生产率的提高、社会财富的增加又为缓和矛盾提供了物质条件，特别是以微电子技术为核心的新的科技革命，极大地促进了资本主义经济的发展，为资本主义的生存和发展创造了新的空间。资本主义经济中国家干预的广泛发展，在一定程度上克服了私人资本生产的盲目性，同时，随着新科技革命而出现的新的经济结构带来了阶级结构的复杂化以及福利国家的产生，把资本主义社会工人阶级和资产阶级的冲突控制在一定的范围之内。

2. 资本主义是一个世界体系，这样一个体系整个地退出历史舞台，必然是一个相当长

① 马克思．资本论：第3卷．2版．北京：人民出版社，2004：495.

② 列宁．列宁选集：第4卷．3版．北京：人民出版社，1995：495.

的历史时期。资本主义经济政治发展不平衡规律的作用的另一面，是当有的国家突破了某些薄弱环节过渡到了社会主义时，绝大多数资本主义国家还继续存在和发展，并进行着较强的自我调节，能够在较长时期内容纳并促进生产力的发展。特别是发达资本主义国家驾驭现代科学技术的能力非常强，现代科学技术的发展和在生产中的应用，产生了巨大的经济效益，这就在相当大的程度上延缓了资本主义向社会主义过渡的时间。而不发达的资本主义国家如果没有特殊的矛盾集结和革命形势，需要经过资本主义发展的较长时期，才能逐渐为社会主义准备物质条件。已经建立起社会主义的少数国家，有的已经发生“和平演变”；有的还在困难中发展，其优越性还没有充分发挥出来；有的正在探索适合本国国情的、有本国特色的社会主义道路。社会主义对资本主义的感召力还不强。因此，在资本主义这个世界体系中，资本主义向社会主义的过渡，只能是从个别国家向更多国家的相当长时期的扩展过程。

3. 从资本主义向社会主义过渡是公有制取代私有制、消灭剥削制度，与以往从一种私有制过渡到另一种私有制不同，这是一场深刻的革命，是社会主义最终战胜资本主义。一种新的社会制度要彻底战胜旧的社会制度，归根到底是要创造出更高的劳动生产率。在落后的国家首先走上社会主义道路，由于资本主义的封锁和自身的基础以及发展道路的探索等原因，社会主义国家要普遍地创造出比资本主义更高的劳动生产率，还需要一个较长的历史时期。社会主义与资本主义还将在一个相当长的历史时期内和平共处，并存竞争。

另外，各国社会主义革命条件的成熟程度不平衡，革命形势的高低潮相互交错，也是社会主义取代资本主义具有长期性的重要原因。一方面，过渡具有长期性；另一方面，过渡具有必然性。认识必然性，使我们树立社会主义必胜的信念，并努力为之奋斗；认识长期性，使我们继承和借鉴资本主义已有的科学技术和管理方法，促进社会主义的发展。

本章小结

1. 资本主义生产方式是人类社会发展过程中的一个特定经济形态，是一种过渡性的生产方式。资本主义生产方式在其发展的几百年里，对科学技术的进步和社会生产力的发展以及人类文明的进程产生过巨大的推动作用。资本主义生产方式的历史进步性表现在：资本主义生产方式对商品经济的发展、资本主义经济的运行机制和资本主义生产关系的调整比以往社会的生产方式更能推动社会生产力的发展。资本主义的基本矛盾是生产的社会化与生产资料资本主义私人占有之间的矛盾。资本主义的基本矛盾是资本主义社会的其他一切矛盾的根源，在资本主义的积累过程中，基本矛盾主要通过平均利润率的下降、资本和人口的相对过剩以及生产过剩的经济危机表现出来。

2. 同以往所有的社会制度一样，资本主义社会在生产力与生产关系的相互作用下发展，虽然资本主义国家以资本社会化水平的提高、国家对经济的干预、福利制度等生产关系领域的调整来适应生产的社会化，缓解社会矛盾，但这种生产关系的调整只是在资本主义制度范围内的调整，改变的只是基本矛盾的表现形式，资本主义基本矛盾不仅没有被根除，而且会随着生产力的进一步发展而逐渐加深。从资本主义基本矛盾的运动中可以看出，资本主义发展起来的巨大的生产力，使得生产社会化的规模空前强化了，这为社会主义最终取代资本主义准备了物质条件。但是，这并不代表资本主义将很快灭亡。资本主义在发展过程中通过不断调整还具有很强的活力，社会主义制度代替资本主义制度还需要一个相当长的历史过程。

练习与思考

一、名词解释

资本主义的基本矛盾　　　相对过剩人口　　　资本主义经济危机

二、不定项选择题

1. 社会经济制度更替的一般规律是（　　）。

A. 生产关系随生产力的发展而逐渐改变自身的性质

B. 生产力不断运动

C. 生产关系不断变革

D. 生产力和生产关系不断进行矛盾运动

2. 资本主义制度必然被社会主义制度代替是（　　）。

A. 生产力自身运动的规律决定的

B. 价值规律决定的

C. 剩余价值规律决定的

D. 生产关系一定要适应生产力运动的规律决定的

3. 社会主义最终取代资本主义，需要经历一个很长的历史时期，这是因为（　　）。

A. 资本主义已经积累了雄厚的经济实力和丰富的统治经验

B. 资本主义生产关系还有调整的余地，在一定程度上允许生产力继续发展

C. 落后国家首先走上社会主义道路，在物质技术基础上超过资本主义需要相当长的时期

D. 社会主义是新生事物，认识和掌握其发展规律需要一个历史过程

E. 社会主义在一国或几国首先胜利，面对国外敌对势力的破坏，可能出现倒退和反复

4. 资本主义基本矛盾的主要表现是（　　）。

A. 社会化大生产和资本主义私有制的矛盾

B. 单个企业内部生产的有组织性与整个社会生产的无政府状态的矛盾

C. 生产无限扩大的趋势和劳动人民有支付能力的需求相对缩小的矛盾

D. 无产阶级和资产阶级的矛盾

E. 生产力和生产关系的矛盾

三、问答题

1. 资本主义经济危机的实质是什么？为什么说资本主义经济危机是资本主义基本矛盾的必然产物？

2. 如何理解固定资本更新是资本主义经济危机周期性存在的物质基础？

3. 垄断是怎样产生的？为什么说垄断的产生是资本主义经济关系的局部调整和部分质变？

4. 为什么社会主义代替资本主义是一个长期和曲折的历史过程？

5. 资本主义经济危机为什么会周期性地爆发？

四、思考题

如何理解资本主义的历史地位？

第8章

社会主义经济制度的建立和社会主义初级阶段理论

19世纪，马克思、恩格斯创立了科学社会主义理论，为全世界无产阶级指明了方向，提供了强大的思想武器。20世纪，科学社会主义由理论转变为现实。邓小平理论坚持科学社会主义理论和实践，抓住“什么是社会主义，怎样建设社会主义”这个首要的基本理论问题，深刻揭示了社会主义的本质，把对社会主义的认识提高到新的科学水平。本章主要考察科学社会主义理论的诞生及其对社会主义运动的深刻影响，揭示社会主义本质，分析我国社会主义初级阶段的特征及其根本任务，进而论述社会主义初级阶段的基本路线、基本纲领以及社会主义初级阶段的基本经济制度和收入分配制度。

第一节　社会主义经济制度的建立

一、社会主义制度代替资本主义制度具有客观必然性

社会主义经济制度是以生产资料公有制为基础的一种新的经济制度。社会主义经济制度代替资本主义经济制度，是生产关系一定要适应生产力性质规律的客观要求，是资本主义的基本矛盾，即生产社会化和生产资料资本主义私人占有在资本主义经济运动中发挥

作用的必然结果。

资本主义经济制度在历史上对社会生产力起过巨大的推动作用。资本主义经济制度取代封建经济制度，瓦解了自给自足的自然经济体系，促进了商品经济的迅速发展，使生产成为社会化的大生产。马克思和恩格斯指出："资产阶级在它的不到一百年的阶级统治中所创造的生产力，比过去一切世代创造的全部生产力还要多，还要大。"① 但是，由于资本主义固有的基本矛盾，随着生产力的发展，资本主义生产关系成了束缚生产力发展的桎梏。生产力的社会化要求所有制关系的社会化，从而客观上要求以社会主义公有制代替资本主义私有制，以解放生产力。同时，随着资本主义剥削的加强，贫富差距的加大，无产阶级与资产阶级的矛盾进一步加剧。无产阶级同社会化大生产相联系，长期处于社会最底层，具有彻底的革命精神，在科学社会主义理论的指导下，富有组织性和纪律性等特点，使之成为先进的革命阶级，成为推翻资本主义、建立社会主义的主要阶级力量。因此，社会主义公有制代替资本主义私有制，社会主义经济制度代替资本主义经济制度是不以人们的意志为转移的客观规律，具有客观必然性。正如列宁所指出的："生产社会化不能不导致生产资料转变为社会所有，导致'剥夺者被剥夺'。"②

> 社会主义经济制度代替资本主义经济制度，是生产关系一定要适应生产力性质规律的客观要求，是资本主义的基本矛盾，即生产社会化和生产资料资本主义私人占有在资本主义经济运动中发挥作用的必然结果。

社会主义经济制度的产生过程，同以往历史上以生产资料私有制为基础的社会经济制度的更迭过程有着根本的区别。以私有制为基础的经济制度可以在旧制度的母体中自发地孕育成长，因为它们之间只存在生产资料私有制形式和剥削形式的差异。以生产资料公有制为基础的社会主义经济制度，是对资本主义私有制的否定，资产阶级绝不会自动放弃其根本的经济利益，必然利用它掌握的国家机器镇压无产阶级和劳动人民，保护资本主义私有制。社会主义经济制度，只有在无产阶级通过社会主义革命，掌握国家政权，成为统治阶级以后才能建立起来。这是迄今为止各社会主义国家建立社会主义经济制度的共同道路。因此，无产阶级革命和无产阶级专政是社会主义经济制度得以建立的政治前提。社会主义代替资本主义将是一个极其艰巨、复杂、曲折的历史过程。社会主义经济制度是人类社会发展的必然趋势。中国特色社会主义道路是历史的必然选择，社会主义经济制度代替资本主义经济制度，是人类社会发展的普遍规律，在中国同样适用。

二、我国社会主义经济制度的建立

我国社会主义经济制度的建立，具有历史必然性。旧中国是一个半殖民地半封建国家，帝国主义、封建主义和官僚资本主义代表最落后、最腐朽的生产关系，严重阻碍和破坏了社会生产力的发展。中国人民处于水深火热之中，为了翻身求解放，进行了长期的艰苦卓绝的探索和斗争。从1840年鸦片战争到中华人民共和国成立的100多年间，中国人民不断进行革

① 马克思，恩格斯. 共产党宣言. 3版. 北京：人民出版社，1997：32.

② 列宁. 列宁全集：第26卷. 2版. 北京：人民出版社，1990：74.

命斗争的历史，就是不断选择中国前途的历史。走社会主义道路是中国人民的必然选择。

（一）资本主义道路在中国走不通

旧中国的国情决定中国首先要进行民主革命，推翻压在中国人民头上的“三座大山”——帝国主义、封建主义、官僚资本主义。民族资产阶级由于其特有的软弱性和妥协性，无法承担领导中国革命的责任，领导革命的历史重任落在无产阶级的肩上。

在这样的历史条件下，资本主义道路在中国被证明是走不通的，只有社会主义才能救中国。首先，中国不具备走资本主义道路的国际条件。帝国主义势力不允许中国走资本主义道路。19 世纪末 20 世纪初，资本主义国家开始进入帝国主义阶段，为维护其在中国的利益，坚决不允许中国摆脱它们的依附成为独立的资本主义共和国。其次，旧中国不具备走资本主义道路的国内条件。民族资产阶级无法领导中国取得资产阶级革命的彻底胜利，一方面，封建主义为了维护自己的封建统治，竭力反对走资本主义道路；官僚买办资产阶级成为帝国主义的附庸，并同封建主义相勾结，不能建立独立的资本主义制度；民主资产阶级具有革命性和妥协性的两面性，不可能领导中国资产阶级革命取得胜利，旧中国缺乏走资本主义道路的社会力量。另一方面，广大人民群众深受“三座大山”的剥削和压迫，不支持中国走资本主义道路，缺乏群众基础。

中国共产党将马克思列宁主义的普遍真理与中国革命实践相结合，分析和揭示了中国半殖民地半封建的社会性质和主要矛盾，指出中国革命的道路，领导中国人民经过新民主主义革命走上社会主义道路。

（二）从资本主义向社会主义过渡

由于旧中国是一个半殖民地半封建社会，这决定了中国革命必须分为两个阶段：第一阶段是新民主主义革命，即无产阶级领导的人民大众反对帝国主义、封建主义和官僚资本主义的道路；第二阶段是社会主义革命，建立社会主义经济制度。新民主主义革命是社会主义革命的必要准备，社会主义革命是新民主主义革命的必然趋势。

1949 年中华人民共和国成立，标志着新民主主义革命的胜利，标志着我国从半殖民地半封建社会进入新民主主义社会。新民主主义社会不是一个独立的社会形态，只是一个过渡性的社会形态，必须向社会主义社会发展。

从资本主义社会进入社会主义社会必须经过一个过渡期，这是由当时的客观经济条件决定的，这个过渡期就是新民主主义社会。无产阶级革命胜利后建立的新民主主义社会，面临着复杂的多种经济成分并存的情况，建立社会主义经济制度并使它在社会经济中占统治地位需要经过一个相当长的历史时期，因此需要有一个过渡阶段。而无产阶级掌握政权后对社会生活各方面的改造和变革也需要有一个过程。在从资本主义社会到社会主义社会的过渡时期，经济结构上的特征是多种经济成分并存；政治上的主要矛盾是无产阶级同资产阶级、社会主义道路同资本主义道路的矛盾。整个过渡时期的基本任务是把以生产资料私有制占统治地位的各种经济成分改变为以社会主义经济成分占统治地位的经济结构。中共中央在 1952 年底开始酝酿并于 1953 年正式提出了过渡时期的总路线，即从中华人民共和国成立到社会主义改造基本完成，这是一个过渡时期。共产党在过渡时期的总路线和总任务，是要在一个相当长的时期内，逐步实现国家的社会主义工业化，并逐步实现国家对农业、手工业和资本主义工商业的社会主义改造，简称“一化三改”。总路线的实质是把生产资料私有制改造成社会主义公有制，在全国范围内建立起社会主义经济制度。

（三）社会主义经济制度的建立

由于各国的历史、经济和政治条件不同，各国在建立社会主义经济制度时所采用的形式、方法和步骤也有所不同。根据我国的国情，党和国家采取了一系列的形式和步骤，在不长的时期内，顺利地建立了社会主义经济制度。我国的社会主义制度是建立在生产资料社会主义公有制基础之上的。因此，社会主义经济制度的建立过程，从根本上讲就是生产资料社会主义公有制的建立过程。1953 年，中国共产党提出了过渡时期的总路线，即逐步实现国家的社会主义工业化，并对农业、手工业和资本主义工商业进行社会主义改造。我国建立社会主义经济制度过程中所遇到的私有制主要有两种：一种是资本主义私有制，它又区分为官僚资本和民族资本两类；另一种是以个体劳动为基础的小私有制，包括农业和手工业。由于这两种私有制的性质不同，因而把它们转变成社会主义公有制的具体途径也是不同的。

1. 没收官僚资本，建立社会主义全民所有制经济。旧中国的官僚资本，以蒋、宋、孔、陈四大家族为主要代表，具有国家垄断资本主义的性质，是旧中国资本主义经济的主要组成部分。据统计，中华人民共和国成立前夕，我国全部工业资本的大约 2/3 和全国工矿、交通运输业固定资产的 80%，掌握在官僚资本手中。官僚资本依附于帝国主义，并与封建势力相勾结，具有封建性和买办性，是社会生产力发展的严重障碍。到 1949 年底，共没收官僚资本企业 2 858 家。通过内部的民主改造，这些企业转变成社会主义全民所有制企业，成为我国社会主义生产关系的基础。没收官僚资本，具有双重革命性质：一方面，由于这是在无产阶级及其政党领导下所进行的反对买办势力和封建势力的斗争，因而具有新民主主义革命的性质；另一方面，由于没收官僚资本是剥夺资产阶级，消灭垄断资本主义，因而又具有社会主义革命的性质。通过没收官僚资本，社会主义国家掌握了国民经济命脉，为建立社会主义经济制度奠定了基础，也为对民族资本主义和个体经济进行社会主义改造创造了有利条件。

2. 赎买民族资本，壮大社会主义全民所有制。马克思主义认为，在特定的历史条件下，无产阶级可以通过和平赎买的方法，把资本主义私有制转变为社会主义公有制。这一思想在中华人民共和国成立后得到实践和发展，实现了对民族资本的和平改造。

我国对民族资本主义工商业的社会主义改造，是通过两个步骤来实现的：第一步，变私人资本主义为国家资本主义；第二步，变国家资本主义为社会主义国有经济。我国的国家资本主义，是指无产阶级国家能够加以限制并规定其活动范围的资本主义。在改造过程中，我们采取了委托加工、计划订货、统购包销、委托经销代销、公私合营、全行业公私合营等一系列从低级到高级的国家资本主义的过渡形式。国家对资本家的生产资料实行赎买，即社会主义国家有代价地把民族资产阶级的生产资料收归国有。在全行业公私合营之前，赎金的支付采取利润分成的形式，将企业盈利的 1/4 左右分配给资本家；在全行业公私合营之后，则实行定息制度，资本家按核定的资产，每年获得 5%的定息。到 1966 年，停止向资本家支付定息以后，公私合营企业便完全转变成社会主义全民所有制企业，社会主义全民所有制得到了壮大。

3. 对农业和手工业中的个体私有制经济实行合作化。马克思主义一贯认为：对个体农民不能剥夺，只能引导他们通过互助合作，改造为社会主义集体所有制的合作经济。

1952年底，土地改革在全国范围内已基本完成，我国废除了封建土地所有制，建立了农民的土地所有制。但是，建立在生产资料私有制基础上的小农经济，并不能使农民彻底摆脱贫困的命运，更无法克服由于分散、落后的生产方式所带来的生产上的种种困难。在这种情况下，根据农业生产力发展的要求和农民的觉悟程度，遵循自愿互利、典型示范和国家帮助的原则，我国对小农经济的社会主义改造采取了三个相互衔接的步骤：第一步，组织不触动土地私有制而实行集体劳动的农业生产互助组；第二步，在互助组的基础上建立以土地入股和统一经营为特点的初级农业生产合作社；第三步，在初级农业生产合作社的基础上发展以土地和主要生产资料归集体所有为特点的高级农业生产合作社。高级农业生产合作社的建立，标志着我国对农业的社会主义改造已基本完成，农民的个体私有制已经转变为社会主义的集体所有制。

个体手工业是一种纯粹的小商品经济，同市场联系比较密切，根据它的特点，我国对个体手工业的改造，是从流通领域入手的。首先组织手工业供销合作社，然后在生产上逐步组织起来，发展成为手工业生产合作社，有些进一步发展为合作工厂。对小商店、小摊贩则组织成合作小组或合作商店。

到1956年底，社会主义改造基本完成，在国民经济中，生产资料公有制（包括全民所有制和集体所有制）已经占主体地位。至此，我国的社会主义经济制度基本上建立起来了，基本完成了从新民主主义社会到社会主义社会的转变，我国进入社会主义社会。

第二节　社会主义初级阶段理论

一、社会主义初级阶段理论的形成与发展

马克思和恩格斯科学地论证了社会主义代替资本主义的历史趋势，并且对未来社会发展阶段问题做了论述。根据发达资本主义国家的情况，他们提出：在资本主义社会和共产主义社会之间，有一个过渡时期，共产主义社会将分为“共产主义社会第一阶段”和“共产主义社会的高级阶段”。并指出，社会主义社会不是固定不变的，而是经常变化和改革的社会。共产主义社会第一阶段“是刚刚从资本主义社会中产生出来的，因此它在各方面，在经济、道德和精神方面都还带着它

> 党的十五大总结了对社会主义初级阶段的认识，指出：在中国要建设社会主义，那就只能一切从社会主义初级阶段的实际出发，而不能从主观愿望出发，不能从这样或那样的外国模式出发，不能从对马克思主义著作中个别论断的教条式理解和附加到马克思主义名义下的某些错误论点出发。我们要建设有中国特色的社会主义，就要把社会主义初级阶段理论作为重要基础，这也是中国共产党对马克思主义科学社会主义理论的重大发展。

脱胎出来的那个旧社会的痕迹"①。只有在共产主义社会的高级阶段，"才能在自己的旗帜上写上：各尽所能，按需分配!"② 但是，由于历史条件的限制，他们对经济文化落后国家要经过哪些发展阶段才能达到共产主义，没有也不可能做出具体的分析。

列宁继承和发展了马克思、恩格斯关于未来社会发展阶段的理论，把马克思所设想的共产主义社会第一阶段明确称作社会主义社会，把共产主义社会高级阶段称作共产主义社会。他认为，社会主义社会本身的发展也具有阶段性，要经过低级、中级和高级阶段。但是，由于十月革命刚刚结束，苏联的主要任务在于巩固苏维埃政权和恢复发展国民经济，对于社会主义发展阶段问题，列宁没有做出系统的论述。

在我国，对社会主义发展阶段的认识，经历了一个曲折的过程。1958 年在党的八大二次会议上，毛泽东提出，经过社会主义改造，我们建立了社会主义，但不等于说我们建成了社会主义。他把"建立"与"建成"做了区分。以后又提出了"不发达的社会主义"和"比较发达的社会主义"两个阶段，后一阶段比前一阶段可能需要更长时间。这些认识是符合我国实际情况的，也为社会主义初级阶段理论的最终形成提供了重要的思想资料。但是，自 1958 年开始，受"左"倾冒进思想影响，提出要过渡到共产主义社会，并认为共产主义在我国的实现并不是遥远的事情。把社会主义社会同"过渡时期"相混淆，认为"在进入共产主义社会的高级阶段以前都属于从资本主义到共产主义的过渡时期"。在这一错误观念的支配下，导致了"大跃进"和"文化大革命"的严重后果。这种混淆社会发展阶段的认识，给我国社会主义建设带来了重大损失。

1978 年党的十一届三中全会确立了解放思想、实事求是的思想路线，此后，对中国国情的研究才真正上升到对社会主义社会发展阶段的具体认识上来。此次全会召开后不久，邓小平就指出，现在搞建设，要适合中国情况，走出一条中国式的现代化道路，中国现代化建设必须考虑底子薄、人口多、耕地少等特点，因而中国的现代化必然是长期的。这种对国情和社会主义建设长期性的认识，是社会主义初级阶段理论形成的基础。1981 年 6 月，党的十一届六中全会通过了《中国共产党中央委员会关于建国以来党的若干历史问题的决议》，第一次明确提出了"我们的社会主义制度还处于初级的阶段"的论断。1982 年 9 月党的十二大再次指出："我国的社会主义社会现在还处在初级发展阶段，物质文明还不发达。"1987 年党的十三大召开前夕，邓小平指出："我们党的十三大要阐述中国社会主义是处在一个什么阶段，就是处在初级阶段，是初级阶段的社会主义。社会主义本身是共产主义的初级阶段，而我们中国又处在社会主义的初级阶段，就是不发达的阶段。一切都要从这个实际出发，根据这个实际来制订规划。"③ 根据这个精神，党的十三大报告全面系统地阐述了社会主义初级阶段的性质、基本路线、经济发展战略，以及有关社会主义改革和建设的指导方针，从而最终形成了社会主义初级阶段理论。

1992 年党的十四大将社会主义初级阶段理论作为邓小平理论的重要组成部分做了深入的阐述，再一次说明了社会主义初级阶段理论确立的意义，说明了这一理论与建设有中国特色社会主义理论的内在联系。1997 年党的十五大根据新的实践经验，进一步深化了

---

① 马克思，恩格斯. 马克思恩格斯选集：第 3 卷. 3 版. 北京：人民出版社，2012：363.

② 同①365.

③ 邓小平. 邓小平文选：第 3 卷. 北京：人民出版社，1993：252.

这个理论。江泽民在十五大报告中指出："我们讲一切从实际出发，最大的实际就是中国现在处于并将长时期处于社会主义初级阶段。"① 而且这次大会在党的纲领中明确提出了社会主义初级阶段的科学概念，这在马克思主义历史上是第一次。

二、社会主义初级阶段的科学内涵及特征

（一）社会主义初级阶段的含义

社会主义初级阶段，不是泛指任何国家进入社会主义都必须经历的起始阶段，而是特指我国在生产力落后、商品经济不发达条件下建设社会主义必然要经历的特定发展阶段。这个社会主义初级阶段，从 1956 年生产资料私有制的社会主义改造基本完成起，到 21 世纪中叶社会主义现代化在我国基本实现为止，至少需要 100 年的时间。

> 社会主义初级阶段包括两层含义：第一，从社会性质上说，我国的社会已经是社会主义社会。第二，从发育程度上说，我国的社会主义还不成熟、不完善，还处在它的初级阶段。

社会主义初级阶段这一论断包括两层含义：第一，我国已经进入了社会主义社会，我们必须坚持而不能离开社会主义。第二，我国的社会主义制度还不成熟、不完善，我们的社会主义社会还处在初级阶段。

（二）社会主义初级阶段的特征

党的十五大报告从以下九个方面对社会主义初级阶段的基本特征和历史任务做了论述：

（1）社会主义初级阶段，是逐步摆脱不发达状态，基本实现社会主义现代化的历史阶段。

（2）社会主义初级阶段，是由农业人口占很大比重、主要依靠手工劳动的农业国，逐步转变为非农业人口占多数、包含现代农业和现代服务业的工业化国家的历史阶段。

（3）社会主义初级阶段，是由自然经济半自然经济占很大比重，逐步转变为经济市场化程度较高的历史阶段。

（4）社会主义初级阶段，是由文盲半文盲人口占很大比重、科技教育文化落后，逐步转变为科技教育文化比较发达的历史阶段。

（5）社会主义初级阶段，是由贫困人口占很大比重、人民生活水平比较低，逐步转变为全体人民比较富裕的历史阶段。

（6）社会主义初级阶段，是由地区经济文化很不平衡，通过有先有后的发展，逐步缩小差距的历史阶段。

（7）社会主义初级阶段，是通过改革和探索，建立和完善充满活力的社会主义市场经济体制、社会主义民主政治体制和其他方面体制的历史阶段。

（8）社会主义初级阶段，是广大人民群众牢固树立建设有中国特色社会主义共同理想，自强不息，锐意进取，艰苦奋斗，勤俭建国，在建设物质文明的同时努力建设精神文

---

① 江泽民. 高举邓小平理论伟大旗帜，把建设有中国特色社会主义事业全面推向二十一世纪. 北京：人民出版社，1997：15.

明的历史阶段。

(9) 社会主义初级阶段，是逐步缩小同世界先进水平的差距，在社会主义基础上实现中华民族伟大复兴的历史阶段。

可以从生产力、生产关系、上层建筑等方面来认识以上九个特征。从生产力方面来看，我国社会生产力有了很大发展，国家的经济实力有了巨大增长。然而，“总的来说，人口多、底子薄，地区发展不平衡，生产力不发达的状况没有根本改变”①。从生产关系方面来看，首先是社会主义经济制度不完善。十一届三中全会后，我国逐步形成了以公有制为主体、多种所有制经济共同发展的基本经济制度和以按劳分配为主、多种分配方式并存的分配制度，这些制度当然还未达到完善的程度。其次是社会主义市场经济体制还不成熟。我国原来实行高度集中的计划经济体制，十一届三中全会后，开始推行趋向市场主导的经济体制改革，目前，国家宏观调控与市场自发配置资源还未建立起协调、有效的运作方式。再次是社会主义民主法制还不够健全。中华人民共和国成立后长期忽视民主法制建设，“文化大革命”期间民主法制又遭到严重破坏，十一届三中全会后，法制建设不断加强，但尚未达到健全的程度。从上层建筑方面来看，社会主义的基本政治制度及其意识形态已经在全社会范围内占主导地位，但封建主义、资本主义腐朽思想在社会上还有广泛影响。

牢牢把握上述九个方面的内容，才能对社会主义初级阶段有一个积极、准确、客观的认识，才能对社会主义初级阶段的长期性、复杂性、艰巨性有足够的思想准备。社会主义初级阶段是一个伟大的历史进程，至少需要100年，而“巩固和发展社会主义制度，还需要一个很长的历史阶段，需要我们几代人、十几代人，甚至几十代人坚持不懈地努力奋斗”②。

三、社会主义的本质以及社会主义初级阶段的主要矛盾及根本任务

(一) 社会主义的本质

1992年初邓小平在南方谈话时，对社会主义本质这一重大理论问题做了总结性的理论概括：“社会主义的本质，是解放生产力，发展生产力，消灭剥削，消除两极分化，最终达到共同富裕。”③

我们可以从以下五个方面来理解社会主义本质：

1. 社会主义的首要任务是解放和发展生产力。正如邓小平所指出的，过去我们只讲在社会主义条件下发展生产力，没有讲还要通过改革解放生产力，这是不完全的。应该把解放生产力和发展生产力结合起来，解放生产力是发展生产力的前提，生产力只有从旧体制的束缚下解放出来，才能获得发展。“马克思主义最注重发展生产力。我们讲社会主义是共产主义的初级阶段，共产主义的高级阶段要实行各尽所能、按需分配，这就要求社会生产力高度发展，社会物质财富极大丰富。所以社会主义阶段的最根本任务

① 江泽民. 江泽民文选：第2卷. 北京：人民出版社，2006：15.

② 邓小平. 邓小平文选：第3卷. 北京：人民出版社，1993：379-380.

③ 同②373.

就是发展生产力”[①]。按照马克思主义的观点，“社会主义时期的主要任务是发展生产力，使社会物质财富不断增长，人民生活一天天好起来，为进入共产主义创造物质条件。”[②] 社会主义改造基本完成以后，国内的主要矛盾体现为人民日益增长的物质文化需要同落后的社会生产之间的矛盾，解决这一矛盾的根本手段只能是大力发展生产力。只有生产力发展了，创造出丰富的物质和精神财富，才能逐步提高人民的物质和文化水平，最终实现共同富裕的目标，这也是社会主义本质的内在要求。同时，也是显示社会主义制度优越性和巩固社会主义制度的需要。邓小平多次指出：“社会主义必须大力发展生产力，逐步消灭贫穷，不断提高人民的生活水平。否则，社会主义怎么能战胜资本主义？……社会主义、共产主义的优越性如何体现?”[③] 只有创造出比资本主义更高的社会生产力，社会主义制度才能从根本上巩固，才能防止“和平演变”。

2. 社会主义的根本要求是消灭剥削和消除两极分化。邓小平特别突出了社会主义在生产关系方面的直接目标。历史上一切以私有制为基础的社会经济制度，其共同的本质是保持和维护剥削、产生两极分化，而以公有制为基础的社会主义制度与上述社会经济制度的根本区别在于它最终要消灭剥削、消除两极分化。消灭剥削，就是指消灭剥削制度和现象。这种剥削主要是指资本主义剥削，同时也包括其他形式的剥削。消灭剥削，实质是消灭不劳而获，消除少数人凭借生产资料私有权去剥削压榨劳动者、无偿占有他人劳动的不合理的社会现象。消除两极分化，是指消除在财富的占有和使用上的严重不平等。一极为人数甚少、十分富有的阶级和集团；一极为人数众多，十分贫穷的阶级、阶层和群体。

但是，根据生产关系一定要适应生产力状况这一经济规律的要求，我国目前正处于并将长期处于社会主义初级阶段，生产力水平还比较低，并且发展不平衡，存在着多层次。这就决定了我国现阶段除占主体地位的公有制经济以外，还必然存在着大量的非公有制经济成分。这些非公有制经济成分是社会主义市场经济的重要组成部分，它们的存在是有利于社会主义初级阶段生产力的发展的。在其内部一定程度的剥削存在是合法的，商品生产者在价值规律的自发作用下也会产生两极分化。但是，个人收入渠道多元化以及分配不公的存在，必然会使一部分人收入差距拉大，这种状况的发展会引起社会矛盾加剧，影响人们的社会主义生产积极性，必须采取措施加以制止。所以，消灭剥削、消除两极分化，是一个动态的发展过程，是经过一定历史时期最终达到的根本要求。

3. 社会主义的根本目标是共同富裕。共同富裕是社会主义的根本目的和归宿。从社会主义社会形态和建设实践的系统结构上看，解放和发展生产力是基础、手段和途径，消灭剥削和消除两极分化是条件和保障，共同富裕是最终目的和归宿。邓小平明确指出：“共同致富，我们从改革一开始就讲，将来总有一天要成为中心课题……社会主义最大的优越性就是共同富裕，这是体现社会主义本质的一个东西。”[④] 我们的目的是共同富裕。同时我们应该认识到，实现共同富裕是一个长期的历史过程，是目标和过程的统一，目标是

① 邓小平．邓小平文选：第3卷．北京：人民出版社，1993：63.

② 同①171.

③ 同①10.

④ 同①364.

在过程中逐步实现的。一方面，我们要坚定不移地朝着共同富裕的目标前进，否则就背离了社会主义；另一方面，也要看到目标的实现是一个渐进的过程，不能一蹴而就。在实现共同富裕的过程中，必然存在着一部分地区、一部分人先富和后富的问题。这种富裕程度上的差别和次序上的先后，是符合我国国情和经济发展规律的。我们强调共同富裕不是同步富裕，也不是同等富裕。允许和鼓励一部分地区、一部分人先富起来，然后，由先富裕起来的地区和人们，带动其他地区和更多的人富裕起来。要实现共同富裕，既要反对平均主义，贯彻按劳分配原则，又要防止人们之间的收入差距过分扩大，出现两极分化。对采取非法手段敛财的要坚决取缔和打击。

4. 社会主义本质的实现是一个动态的过程。邓小平在谈到社会主义本质时，并没有把它限定在僵死的定义中，而是用了五个动词："解放""发展""消灭""消除""达到"。它表明，社会主义本质的实现是一个动态的过程，社会主义本质的充分体现只能是最终的结果。过去，我们讲社会主义的时候往往犯的一个毛病就是从静态中用僵硬的定义概括出一个僵硬的社会主义概念，而事实证明，社会主义本质的实现具有过程性，它所体现的是从不够充分到比较充分和最终体现社会主义本质这样渐进的阶段性过程。也就是说，社会主义本质的实现是同社会主义的发展相伴随的。既然社会主义社会是一个相当长的历史过程，那么社会主义本质的体现也应当是一个相当长的历史过程。邓小平对社会主义本质的这种动态描述，克服了过去将社会主义看成是永远不变、僵化固定的模式的形而上学的观点，从历史和逻辑的形成过程中，物质基础与社会关系、生产力与生产关系的相互作用中，发展过程与最终结果的统一过程中，来阐明社会主义本质及其逐步实现。所以，邓小平反复强调："社会主义初级阶段的最根本任务就是发展生产力。""社会主义的任务就是要发展生产力，增强社会主义国家的力量，使人民的生活逐步得到改善，然后为将来进入共产主义准备基础。"因此，是否有利于发展社会主义社会的生产力，是否有利于增强社会主义国家的综合国力，是否有利于提高人民的生活水平，一句话，是否有利于实现社会主义的本质，这是检验社会主义运动发展状况乃至判断真假社会主义的根本标准。

5. 社会主义本质体现了发展生产力与完善社会主义生产关系的辩证统一。社会主义本质的科学论断，不仅强调了解放和发展生产力是社会主义的内在属性，而且揭示了社会主义生产关系的本质要求——消灭剥削，消除两极分化，最终达到共同富裕，指出了社会主义要坚持生产力和生产关系的辩证统一。解放和发展生产力，是巩固和完善社会主义生产关系的根本前提。社会主义发展的趋势，就是消灭私有制。要实现这个目标，必须经历漫长的历史进程，具备一系列重要的前提条件，其中最基本的条件是社会生产力的高度发展。只有在生产力高度发展的基础上，才能使生产力彻底突破私有制这一外壳，才能根除人们头脑中的私有观念。反过来说，坚持和完善以公有制和按劳分配为主体的生产关系则是解放和发展生产力的根本保障。社会主义社会是建立在社会化大生产基础上的，只有公有制才能把社会化大生产从私有制的束缚下解放出来，并适应和推动它更快发展。

总之，社会主义本质涵盖着生产力与生产关系两个方面。在这个问题上，要防止两种倾向：一种是片面强调生产关系"一大二公三纯"，忽视生产力的发展；另一种是只顾发展生产力，忽视巩固和完善社会主义生产关系，导致生产关系难以适应生产力的发展。正确的方针是：在致力于发展生产力的同时，坚持和完善社会主义生产关系，使生产力与生产关系相互适应，相得益彰。

(二) 社会主义初级阶段的主要矛盾

根据马克思主义原理，一个历史时期或社会发展阶段的主要矛盾，是在该历史时期或社会发展阶段的矛盾系统中处于支配地位、制约其他矛盾的存在和发展、起着决定作用的矛盾，是社会基本矛盾即生产力与生产关系之间的矛盾在不同历史发展阶段的集中表现。

中国特色社会主义进入新时代，我国社会主要矛盾已经转化为人民日益增长的美好生活需要和不平衡不充分的发展之间的矛盾。

在社会主义制度建立之前，社会的基本矛盾表现为阶级矛盾，具有对抗性。我国在新民主主义革命时期，无产阶级和人民大众同帝国主义、封建主义、官僚资本主义的矛盾，是当时社会的主要矛盾。社会主义改造时期，无产阶级和资产阶级之间的阶级斗争是社会主要矛盾。1956 年社会主义改造基本结束以后，剥削制度和剥削阶级已经基本被消灭，我国进入社会主义初级阶段。社会的基本矛盾不再是对抗性的，阶级矛盾也不再是主要矛盾。这时的主要矛盾是人民日益增长的物质文化需要同落后的社会生产之间的矛盾。2017 年，习近平同志在十九大报告中强调，中国特色社会主义进入新时代，我国社会主要矛盾已经转化为人民日益增长的美好生活需要和不平衡不充分的发展之间的矛盾。

人民日益增长的美好生活需要和不平衡不充分的发展之间的矛盾贯穿我国社会主义初级阶段的整个过程和社会生活的各个方面。只有清醒认识并牢牢把握住这个主要矛盾，才能制定正确的方针政策，有效促进各种社会矛盾的解决。我国在这个问题上经历了长期曲折的探索。早在 1956 年，党的八大一次会议决议就指出，“国内矛盾已经不再是工人阶级和资产阶级的矛盾，而是人民对于经济文化迅速发展的需要同当前经济文化不能满足人民需要状况之间的矛盾。”① 但是，随后反右斗争扩大化，并且认为在整个社会历史阶段始终存在着“两个阶级”“两条道路”的斗争，一切工作都必须“以阶级斗争为纲”，结果导致“文化大革命”的发生，生产力遭到严重破坏，人民物质文化生活水平提高受到极大阻碍。1978 年党的十一届三中全会后，拨乱反正，在总结中华人民共和国成立以来社会主义建设经验教训的基础上，得出了科学、正确的结论。此后，将工作中心转移到经济建设上来，大力发展生产力，综合国力不断提高，人民生活水平得到极大改善。

(三) 社会主义初级阶段的根本任务

解决人民日益增长的美好生活需要和不平衡不充分的发展之间的矛盾，只能依靠社会生产力的巨大发展。因此，党的十六大通过的《中国共产党章程》指出，我国社会主义建设的根本任务，是进一步解放生产力，发展生产力，逐步实现社会主义现代化。为此，全党要牢牢把握社会主义初级阶段这个基本国情，牢牢立足社会主义初级阶段这个最大实际，牢牢坚持党的基本路线这个党和国家的生命线、人民的幸福线，领导和团结全国各族人民，以经济建设为中心，坚持四项基本原则，坚持改革开放，自力更生，艰苦创业，为把我国建设成为富强民主文明和谐美丽的社会主义现代化强国而奋斗，并且为此而改革生

① 中国共产党中央委员会关于建国以来党的若干历史问题的决议. 北京：人民出版社，2009：15.

产关系和上层建筑中不适应生产力发展的方面和环节。

1. 马克思主义最注重发展生产力。根据历史唯物主义原理，生产力是最活跃、最革命的因素。生产力的发展变化是人类社会一切经济形态、生产方式、交换方式、社会制度演化的根源。“随着新生产力的获得，人们改变自己的生产方式，随着生产方式即保证自己生活的方式的改变，人们也就会改变自己的一切社会关系。”①

2. 发展生产力，是社会主义本质的内在要求。大力发展生产力是社会主义最终战胜资本主义的根本保证，生产力归根到底是保证新社会制度战胜旧社会制度的最重要力量。社会主义是具有生命力的新的社会制度，不断发展生产力，创造比资本主义更高的生产力，满足人民日益增长的物质文化生活需要，是社会主义发展的必然要求，只有这样才能显示出社会主义制度的优越性，使社会主义制度更加巩固。一种社会制度是否具有优越性，从根本上说，就是看其能否促进生产力的发展。邓小平指出：“我们是社会主义国家，社会主义制度优越性的根本表现，就是能够允许社会生产力以旧社会所没有的速度迅速发展，使人民不断增长的物质文化生活需要能够逐步得到满足。”② 迅速发展生产力，不断提高人民的物质文化生活水平，既是社会主义本质的内在要求，也是社会主义制度优越性的具体体现。

3. 大力发展生产力，是解决社会主义初级阶段主要矛盾的根本手段。我国稳定解决了十几亿人的温饱问题，总体上实现小康，不久将全面建成小康社会，人民美好生活需要日益广泛，不仅对物质文化生活提出了更高要求，而且在民主、法治、公平、正义、安全、环境等方面的要求日益增长。同时，我国社会生产力水平总体上显著提高，社会生产能力在很多方面进入世界前列，更加突出的问题是发展不平衡不充分，这已经成为满足人民日益增长的美好生活需要的主要制约因素。因此，实现“两个一百年”奋斗目标、实现中华民族伟大复兴的中国梦，不断提高人民生活水平，必须坚定不移把发展作为党执政兴国的第一要务，坚持解放和发展社会生产力，坚持社会主义市场经济改革方向，推动经济持续健康发展。

4. 大力发展生产力，才能为将来过渡到共产主义奠定必需的物质条件。马克思和恩格斯指出：未来社会是以生产力的巨大增长和高度发展为前提的，生产力的充分发展为社会成员过上富足的生活提供了物质保证。邓小平同志指出：“搞社会主义，一定要使生产力发达，贫穷不是社会主义。我们坚持社会主义，要建设对资本主义具有优越性的社会主义，首先必须摆脱贫穷。现在虽说我们也在搞社会主义，但事实上不够格。只有到了下世纪中叶，达到了中等发达国家的水平，才能说真的搞了社会主义，才能理直气壮地说社会主义优于资本主义。现在我们正在向这个路上走。”③

5. 发展生产力，是由社会主义制度建立的历史前提和现实状况决定的。近代中国是一个半殖民地半封建社会，经济文化落后是其最显著的特点，这是我们的先天不足。中华人民共和国成立以后，我们在社会主义建设过程中长期没有搞清楚社会主义的本质，走了弯路，所以我们面临的现实状况是仍将长期处于落后的初级阶段。这个阶段的特征，则是生产力不发达、生产关系不成熟、上层建筑不完善、科技文化落后，而生产力状况又是决定性的因素。因此，社会主义的根本任务只能是迅速解放和发展生产力。

---

① 马克思，恩格斯. 马克思恩格斯全集：第4卷. 北京：人民出版社，1958：144.

② 邓小平. 邓小平文选：第2卷. 2版. 北京：人民出版社，1994：128.

③ 邓小平. 邓小平文选：第3卷. 北京：人民出版社，1993：225.

坚持以经济建设为中心，继续推动经济体制改革，改变生产关系中束缚生产力发展的因素，以“三个有利于”作为判断一切问题是非得失的根本标准，用发展的办法解决前进中的问题，是我国现阶段社会发展的必然选择。

四、社会主义初级阶段的基本路线和基本纲领

（一）社会主义初级阶段党的基本路线

为了正确解决社会主义初级阶段的主要矛盾，完成社会主义初级阶段的根本任务，党的十九大对社会主义初级阶段建设中国特色社会主义的基本路线重新进行了阐释，这就是：“领导和团结全国各族人民，以经济建设为中心，坚持四项基本原则，坚持改革开放，自力更生，艰苦创业，为把我国建设成为富强民主文明和谐美丽的社会主义现代化强国而奋斗。”[①]“一个中心，两个基本点”是这条基本路线的简明概括。

在社会主义初级阶段，围绕发展社会生产力这个根本任务，要集中力量进行经济建设，实现工业化和经济的市场化、现代化。把改革作为推进建设有中国特色社会主义各项工作的动力。改革是全面的改革，是在坚持社会主义基本制度的前提下，自觉调整生产关系和上层建筑的各个方面和环节，来适应现阶段生产力发展水平和实现现代化的历史要求。因此，必须毫不动摇地坚持党的基本路线。

1. 坚持党的基本路线不动摇，关键是坚持以经济建设为中心不动摇。除非发生大规模外敌入侵，无论什么情况下都不能偏离经济建设这个中心。只有以经济建设为中心，生产力才能得到极大发展，人民的物质文化生活才能不断提高，才能使社会主义经济制度、政治制度、文化制度得以巩固和完善，才能使社会主义制度的优越性充分显现出来。当今世界，和平与发展是时代主题，各国的竞争归根结底是经济和科技的竞争。我们只有抓住机遇，一心一意谋发展，把经济建设搞上去，才能提升我国的国际地位，才能使我国在国际事务中发挥更大的作用。

2. 坚持党的基本路线不动摇，就必须把坚持“一个中心，两个基本点”统一于建设有中国特色社会主义伟大实践中。以经济建设为中心是党的基本路线的核心和主体，坚持四项基本原则和坚持改革开放都必须服从和服务于经济建设这个中心。四项基本原则是我们的立国之本，改革开放是我们的强国之路，二者相辅相成，缺一不可。在进行现代化建设过程中，我们必须防止两种错误倾向，要警惕右，但主要是防止“左”，以克服各种干扰，使建设有中国特色社会主义事业顺利发展。

3. 坚持党的基本路线不动摇，就必须正确处理改革、发展和稳定之间的关系。安定团结的政治局面是进行经济建设和改革开放的重要社会条件，具有极其重要的意义。党中央提出的“抓住机遇、深化改革、扩大开放、促进发展、保持稳定”，是指导我国社会主义现代化建设的根本方针。必须把改革的力度、发展的速度和社会可以承受的程度统一起来，在政治稳定、社会安定中推进改革、发展，在改革、发展中实现政治稳定、社会安定。发展是改革的目的，改革是发展的动力。只有改革深入了，经济和社会文化发展了，

① 中国共产党第十九次全国代表大会文件汇编. 北京：人民出版社，2017：70.

人民的物质文化生活才能得到提高，社会各种矛盾才能得到解决，政治才能稳定，社会才能安定。反过来，只有形成长期的、稳固的、安定团结的政治局面，才能为改革的深入、经济社会文化的发展创造良好的环境和条件。

（二）社会主义初级阶段党的基本纲领

党的十八大以邓小平理论为基础，从我国的国情出发，明确地提出了党在社会主义初级阶段的基本纲领，即建设有中国特色社会主义的经济、政治、文化社会、生态的基本目标和基本政策。它是社会主义初级阶段党的基本路线在经济、政治、文化等方面的展开，是党的基本路线的具体化，明确了什么是初级阶段的社会主义，以及如何建设有中国特色的社会主义的经济、政治和文化。它是根据邓小平建设有中国特色社会主义理论和党的基本路线，在总结社会主义现代化建设的经验基础上形成的。它是从20世纪末开始一直到21世纪中叶，我们党领导全国人民把建设有中国特色社会主义事业不断推向前进的行动纲领。

1. 建设有中国特色的社会主义经济，就是在社会主义条件下发展市场经济，不断解放和发展生产力。这就要坚持和完善以社会主义公有制为主体、多种所有制经济共同发展的基本经济制度；坚持和完善社会主义市场经济体制，使市场在国家宏观调控下对资源配置起决定性作用；坚持和完善按劳分配为主体的多种分配方式，允许一部分地区、一部分人先富起来，带动和帮助还没有富起来的人，逐步走向共同富裕；坚持和完善改革开放，积极参与国际经济合作和竞争，保证国民经济持续、快速、健康发展，人民共享经济繁荣的成果。

2. 建设有中国特色的社会主义政治，就是在中国共产党的领导下，在人民当家做主的基础上，依法治国，发展社会主义民主政治。这就要坚持和完善工人阶级领导的、以工农联盟为基础的人民民主专政；坚持和完善人民代表大会制度和共产党领导的多党合作、政治协商制度以及民族区域自治制度；发扬民主，健全法制，建设社会主义法治国家。实现社会安定，政府廉洁高效，全国各族人民团结和睦，生动活泼的政治局面。

3. 建设有中国特色的社会主义文化，就是以马克思主义为指导，以培育有理想、有道德、有文化、有纪律的公民为目标，发展面向现代化、面向世界、面向未来的和民族的、科学的、大众的社会主义文化。这就要坚持用邓小平理论武装全党，教育人民；努力提高全民族的思想道德素质和教育科学文化水平；坚持为人民服务、为社会主义服务的方向和百花齐放、百家争鸣的方针，重在建设，繁荣艺术和文艺。建设立足中国现实、继承历史文化优秀传统、吸取外国文化有益成果的社会主义精神文明。

4. 构建社会主义和谐社会，按照民主法治、公平正义、诚信友爱、充满活力、安定有序、人与自然和谐相处的总要求和共同建设、共同享有的原则，以改善民生为重点，着力解决人民最关心、最直接的利益问题，努力形成全体人民各尽所能、各得其所而又和谐相处的局面。

5. 建设中国特色社会主义生态文明，就是坚持节约资源和保护环境的基本国策，着力推进绿色发展、循环发展、低碳发展，形成节约资源和保护环境的空间格局、产业结构、生产方式、生活方式，从源头上扭转生态环境恶化趋势，努力建设美丽中国，实现中华民族永续发展。

这个纲领是邓小平理论的重要内容，是党的基本路线在经济、政治、文化、社会、生态等方面的展开，进一步明确了社会主义初级阶段的奋斗目标和方针政策。

五、社会主义初级阶段的基本经济制度

（一）坚持和完善以公有制为主体、多种所有制经济共同发展，按劳分配为主体、多种分配方式并存，社会主义市场经济体制等基本经济制度

一个社会的基本经济制度，既包括所有制结构，也包括个人收入分配制度等方面。党的十九届四中全会指出，公有制为主体、多种所有制经济共同发展，按劳分配为主体、多种分配方式并存，社会主义市场经济体制等基本经济制度，既体现了社会主义制度优越性，又同我国社会主义初级阶段社会生产力发展水平相适应，是党和人民的伟大创造。由于所有制是经济制度的基础和决定性环节，因而有时将基本经济制度同所有制结构作为含义相同的概念论述。

党的十五大报告明确指出，公有制经济不仅包括国有经济和集体经济，还包括混合所有制经济中的国有成分和集体成分。

从所有制结构方面来看，社会主义初级阶段的基本经济制度是：以公有制为主体，多种所有制经济共同发展。这一基本制度的确立，是由社会主义性质和初级阶段的国情决定的：第一，我国是社会主义国家，必须坚持公有制作为社会主义经济制度的基础；第二，我国正处在社会主义初级阶段，需要在公有制为主体的条件下发展多种所有制经济；第三，一切符合“三个有利于”的所有制形式都可以而且应该用来为社会主义服务。

公有制的主体地位，是由它的性质和作用决定的。首先，生产资料公有制是社会主义制度的本质和核心，是社会主义经济关系的基础。只有坚持公有制的主体地位，社会主义现代化建设才有坚实的基础和雄厚的物质力量，才能巩固和发展社会主义制度。其次，公有制与社会化大生产相适应，代表着经济发展的方向。生产关系要适应生产力的性质，社会化大生产的发展必然要求生产资料归社会所有，这是不以人的意志为转移的社会经济发展的客观规律。最后，公有制是消灭剥削、消除两极分化、最终实现共同富裕的制度保证。邓小平说：“只要我国经济中公有制占主体地位，就可以避免两极分化。”① 在社会主义初级阶段，公有制的主体地位主要体现在：公有资产在社会总资产中占优势，要有量的优势，更要有质的提高；保证国有经济控制整个国民经济命脉；国有经济发展起主导作用，主要体现在控制力上。公有制经济的主体地位，是就全国而言的，有的地方、有的行业可以有所差别。

非公有制经济是我国社会主义市场经济的重要组成部分。发展社会主义市场经济，就是要追求社会公平和市场效率，而社会公平是建立在市场效率的基础之上的。要建立这种既有公平又有市场效率的所有制结构，只能是公有制和私有制并存，形成多元化的所有制结构。实践证明，以公有制为主体、多种所有制经济共同发展的基本经济制度，有利于发展社会生产力、有利于增强综合国力、有利于提高人民生活水平，必须继续坚持并不断完善。要做到：毫不动摇地巩固和发展公有制经济，推行公有制多种实现形式；毫不动摇地鼓励、支持和引导非公有制经济发展，保证各种所有制经济依法平等使用生产要素，公平参与市场竞争，同等受到法律保护；坚持公有制为主体，促进非公有制经济发展，统一于

① 邓小平．邓小平文选：第3卷．北京：人民出版社，1993：149.

社会主义现代化建设的进程中，不能把两者对立起来。

（二）公有制经济及其多种实现形式

1. 公有制经济的含义。党的十五大报告明确指出，公有制经济不仅包括国有经济和集体经济，还包括混合所有制经济中的国有成分和集体成分。

国有经济即社会主义全民所有制经济，是全体劳动人民共同占有生产资料的一种所有制形式。它同社会化程度较高的生产力相适应，全体劳动者在生产资料的所有关系上是平等的。在我国现阶段，社会主义全民所有制采取国家所有制的形式，也就是由社会主义国家代表全体人民行使对生产资料的所有权。因此，社会主义全民所有制经济也称国有经济。国有经济是公有制经济的主要形式，在国民经济发展中起着主导作用：第一，它掌握着国民经济命脉，控制着生产和流通，是国民经济的领导力量。第二，它拥有现代化的大工业和比较先进的技术装备，是对国民经济进行技术改造和实现现代化的强大物质技术基础。第三，它为社会主义建设积累了大量资金，为满足人民物质文化需要提供了大量社会产品。第四，它是国家进行宏观调控，用经济手段引导其他所有制经济健康发展的物质条件。国有经济的主导作用主要体现在控制力上。对关系国民经济命脉的重要行业和关键领域，国有经济必须占支配地位；在其他领域，可以通过资产重组和结构调整，加强重点，提高国有资产的整体素质。只要公有制经济占主体，国家掌握经济命脉，国有经济的控制力和竞争力得到增强，即使国有经济的比重少些，也不会影响我国的社会主义性质。

集体经济即社会主义集体所有制经济，是部分劳动者共同占有生产资料的一种公有制形式。它与社会化程度较低的生产力水平相适应，既包括农业中的集体经济，也包括乡镇集体企业和城市中的集体企业。与全民所有制经济一样，集体所有制经济也是以劳动者共同占有生产资料和联合劳动为基础，但是二者又有区别。在同一集体经济单位内，劳动者在生产资料占有和产品分配上是平等的；而在不同集体经济单位之间，由于地理位置、经营管理水平、生产资料数量等的不同，劳动者在生产资料占有和产品分配上存在很大差别。现阶段这种差别是必然的，而且必须承认这种差别。集体经济与较低的生产力水平相适应，具有自身的优越性：一是自主经营，自负盈亏，权责利清晰；二是规模小，资金投入少，经营灵活，市场适应力强；三是可以广泛吸收社会闲散资金，繁荣市场，增加就业。可见，大力发展集体经济，能调动广大群众的人力、财力、物力，推动国民经济的迅速发展。

混合所有制经济，简称混合经济，它是由不同性质的所有制经济组合而成的一种经济形式。随着经济体制改革的深入、社会主义市场经济的发展、投资来源的多元化、企业组织形式的多样化，由多种所有制共同组成的各种形式的混合所有制经济的发展也越来越完善。目前，我国混合经济主要有跨所有制组成的经济联合体和企业集团、股份制企业、中外合资经营企业和中外合作经营企业等。这些企业中的国有成分和集体成分，其最终所有权属于国家和集体，由国家和集体行使所有者权利，因而属于公有制经济。

2. 公有制经济的多种实现形式。公有制和公有制实现形式是两个既有联系又有区别的概念。公有制是就所有制的性质而言的，公有制的实现形式则是指公有制财产的具体组织形式和经营方式，两者是内容和形式的关系。能否找到好的公有制实现形式，关系到公有制的优越性能否得到发挥，在市场竞争中的主体地位能否得到保证。

党的十六届三中全会提出："要适应经济市场化不断发展的趋势，进一步增强公有制经济的活力，大力发展国有资本、集体资本和非公有资本等参股的混合所有制经济，实现投资主体多元化，使股份制成为公有制的主要实现形式。”我国在过去的很长一段时期内，认为股份制是只有在资本主义条件下才可以实行的企业组织形式。随着实践的发展，人们逐渐认识到股份制具有一系列优点：实行股份制有利于所有权和经营权的分离，提高企业运作效率；有利于把分散的社会资本集中起来，迅速扩大生产规模；股份制的治理结构合理，保证经营者拥有充分自主权的同时，又能实行有效监督，不损害所有者利益。因而，现代大中型企业一般都采取股份制的形式。要坚持公有制的主体地位和国有经济发挥主导作用，就必须积极推进股份制，大力发展混合所有制经济。股份制企业的性质由占主体地位的股份的性质决定，不能笼统地说姓“资”还是姓“社”。

在我国社会主义条件下，多种多样的股份合作制经济，是群众在实践中的企业制度创新。它兼具合作制和股份制的特征，既有劳动联合又有资本联合，有许多优点：产权清晰，政企分开，企业自主经营；职工既是出资者，又是劳动者，共同占有和使用生产资料，职工成为企业真正的主人；自主决策，利益共享，风险共担，便于充分调动劳动者的积极性。党的十五大报告强调，对于目前城乡大量出现的多种多样的股份合作制经济，要提倡和鼓励，并不断总结经验，使之逐步完善。

公有制实现形式可以而且应该多样化。一切反映社会化生产规律的经营方式和组织形式都可以利用。要努力探索能够极大促进生产力发展的公有制实现形式。

（三）非公有制经济及其各种表现形态

我国社会主义初级阶段的非公有制经济主要有劳动者个体所有制经济、私营经济、外资经济以及混合所有制经济中的非公有制经济成分。

个体所有制经济是指生产资料归劳动者个人所有，并由劳动者个人及其家庭成员直接支配和使用的一种经济形式。个体经济在促进国民经济发展、活跃市场、增加就业以及方便生活等方面都起到了不可替代的独特作用。但是，在生产经营活动中它也会有一定的盲目性和自发性，会产生一些消极影响。因此，国家在鼓励、支持其发展的同时，还必须通过经济的、行政的、法律的手段，对其进行指导、帮助和监督。

私营经济是指企业资产属于私人所有，存在雇佣劳动关系的经济成分。在我国现阶段的生产力条件下，私营经济的存在和发展有一定的积极作用：它能以较快速度集中资金、技术和劳动力，生产社会短缺产品，满足生产和人民生活需要；与个体经济相比，经营规模较大，劳动生产率较高，便于利用海外先进技术，开发新产品；它能吸收一部分社会剩余劳动力，缓解就业压力。私营经济是公有制经济的必要的、有益的补充。当然，私营经济的发展也会带来一些消极作用，与社会主义经济存在矛盾的一面。国家在制定经济政策和法律，保护其合法权益和利益的同时，也要加强对它的引导和管理。

外资经济是指中外合资经营企业、中外合作经营企业和外商独资企业，简称“三资”企业。其中，中外合资经营企业和中外合作经营企业属于混合所有制经济范畴，外商独资企业属于非公有制性质，它们的活动范围要受到社会主义国家的规范和控制，一切经营活动都要遵守我国的有关法律法规。因而，“三资”企业经济是社会主义条件下我国能够加以限制和利用的。在社会主义初级阶段，发展外资经济，对于弥补我国资金不足、引进国外先进技术和经营管理经验等方面具有十分重要的作用。随着我国加入世界贸易组织，进一步扩大对外开放的领域，这类经济形式还会有更大的发展，为此我们应做好充分准备，以引导其健康发展。

六、社会主义初级阶段的分配制度

我国处在社会主义初级阶段，个人收入分配既不能实行单一的按劳分配，也不能实行完全的按生产要素分配，必须坚持按劳分配为主体、多种分配方式并存的分配制度，把按劳分配和按生产要素分配结合起来。

（一）按劳分配是社会主义公有制经济的基本分配原则

> 我国社会主义初级阶段必须坚持按劳分配为主体、多种分配方式并存的分配制度，把按劳分配和按生产要素分配结合起来。

按劳分配是指劳动者为社会和集体提供自己的劳动，社会在做了必要的各项扣除以后，按照劳动者向社会提供的劳动质量和数量分配个人消费品。等量劳动获得等量报酬，多劳多得，少劳少得，不劳动者不得。在社会主义公有制条件下，劳动者的个人收入分配依据按劳分配的原则，归根到底是受社会主义社会生产力发展状况决定的，具有历史必然性。

第一，生产资料公有制是实行按劳分配的经济前提。马克思指出，消费资料的任何一种分配，都不过是生产条件本身分配的结果。在社会主义生产资料公有制条件下，劳动者共同占有生产资料，处于平等地位，谁也不能凭借对生产资料的私有权而不劳而获。因此，按劳分配既是生产资料公有制本身的要求，同时又是生产资料公有制的实现。

第二，生产力发展水平是实行按劳分配的客观原因和根本条件。“分配方式本质上毕竟要取决于有多少产品可供分配”[①]。在生产力水平极低的原始社会，可分配的消费品数量非常有限，为了生存下去，只有实行平均分配，从而保证社会的继续发展。而在共产主义社会，社会物质财富极大丰富，便可以实行按需分配。我国处在社会主义初级阶段，生产力水平还远没有达到按需分配的程度，只能实行按劳分配。

第三，由于旧式分工的存在，劳动还是谋生的手段，是实行按劳分配的直接原因。在社会主义社会，脑力劳动和体力劳动、简单劳动和复杂劳动之间还存在差别，各个劳动在相同时间内提供的劳动数量和质量也不一致。同时，劳动并不是人们生活的第一需要，而仅仅是一种谋生的手段。因此，为了调动劳动者的积极性，必须承认这种差别，实行按劳分配。

按劳分配的主体地位包括两重含义：一是在社会主义公有制经济中，劳动者收入的主要部分是根据按劳分配的原则取得的；二是从全社会范围来看，按劳分配是主要的分配方式，即全社会大多数劳动者的主要收入来源于按劳分配。

（二）把按劳分配和按生产要素分配结合起来

生产要素是指投入生产过程中的生产资源。按生产要素分配，即社会根据各种生产要素在商品和劳务生产服务过程中的投入比例和贡献大小给予报酬，让资本、劳动、土地、技术、信息、管理等要素共同参与收益分配。

在我国社会主义初级阶段，坚持按劳分配为主体、多种分配方式并存，把按劳分配和按生产要素分配结合起来，是由初级阶段的多种所有制结构和社会主义市场经济发展要求

① 马克思，恩格斯．马克思恩格斯选集：第4卷．3版．北京：人民出版社，2012：599.

决定的。

第一，所有制形式决定分配方式，有什么样的所有制形式，就要求有相应的分配方式与之相适应。我国所处的社会主义初级阶段，除了占主体地位的公有制经济以外，还有个体经济、私营经济、外资经济等多种非公有制经济存在。这就决定了分配方式必然是以按劳分配为主，多种分配方式并存。

第二，社会主义市场经济的有效运行，要求生产要素参与收入分配。市场经济条件下的按生产要素分配，是一种通过市场机制实现的、能把生产要素所有者权益与资源配置效率统一起来的分配规则。资源具有稀缺性，只有让生产要素参与收入分配，使得生产要素所有权或者占有权在经济上得以实现，才能充分发挥市场的调节作用，寻求最优的要素组合，推动经济高效、快速、健康地发展。生产要素收益权的实现程度，取决于生产要素能否并在多大程度上得到社会的承认。对于生产要素所有者来说，提高要素质量并按照市场需求调整供给量，是实现其要素收益的关键。因而，按生产要素分配的过程，就是以追求生产要素所有者权益为动因，以生产要素贡献率为依据，以社会资源优化配置为结果的市场分配机制发挥作用的具体体现。

（三）坚持和完善按劳分配为主体、多种分配方式并存的分配制度

改革开放40多年来，我国已基本形成了按劳分配和按生产要素分配相结合的个人收入分配格局。但分配不公、个人收入差距尤其是地区差距拉大等问题仍不容忽视，尚需采取一系列措施，深化收入分配制度改革。

首先，坚持效率优先、兼顾公平。效率，是一个经济学概念，更偏重于资源的合理配置和高效利用；公平，更多的是伦理学上的意义，主要指分配公平。二者有统一的一面：效率是公平的基础，只有社会财富不断增加，人民才能在高水平下实现社会公平；公平是效率的前提，只有保证收入分配公平，保护劳动者的基本利益，才能激发劳动者的积极性，也才可能提高生产效率。二者之间也存在矛盾：竞争是市场经济的基本特征，优胜劣汰是根本法则，在提高效率的同时，因为劳动者自身素质以及资源禀赋的差异，收入差距也会拉大；而一味追求绝对平均分配，则不利于激发劳动者的积极性，损失了效率。在我们这样的发展中国家，效率具有特殊的意义，必须坚持效率优先，同时兼顾公平。在个人收入分配中引入竞争机制，通过竞争产生效率，拉开收入差距，打破平均主义；同时，从全社会利益出发，发挥政府的宏观调控能力，防止社会成员收入的过分悬殊，维护社会稳定。

其次，建立、健全市场分配机制，发挥市场机制的基础性调节作用。使一部分人通过诚实劳动、合法经营先富起来，先富带动和帮助后富，逐步实现共同富裕。共同富裕不是全体社会成员同一时间、以同等速度富裕起来，而是有先有后。若是搞同步富裕，会导致新的平均主义产生，阻碍社会生产力的发展。因此，要充分发挥市场的作用，建立和完善生产要素市场及其运行机制，以及由市场供求机制、竞争机制决定形成的价格机制，使价格真正成为调节收入分配的指示器。更大程度更广范围发挥市场在资源配置中的决定性作用，完善宏观调控体系，完善开放型经济体系，推动经济更有效率、更加公平、更可持续发展。

再次，发挥政府宏观管理职能，防止个人收入差距进一步拉大。初次分配注重效率，再分配注重公平。党的十五大提出了规范收入分配、防止两极分化的具体措施：依法保护合法收入；取缔非法收入；整顿不合理收入；调节过高收入。在我国的市场经济建设过程

中，市场还不成熟、不完善，市场机制的作用还未充分发挥，因而，政府必须加强法制建设和税收调节弥补市场不足。

最后，完善社会保障制度。社会保障是为了保障社会成员的基本生活需求，保持社会的稳定而形成的一项制度。其实质是通过国民收入的再分配，提供必要的救济和补助，保障社会成员的基本生活权利。社会保障的主要功能就是要消除市场经济竞争过程中产生的不安定因素，使社会有序发展。同时，它本身也在社会范围内起到了收入调节的作用，在高收入者与低收入者之间进行了一次收入再分配，使整个社会收入分配趋于公平。因此，在完善城镇职工基本养老保险和基本医疗保险的同时，要健全失业保险制度和城市居民最低生活保障制度，积极探索建立农村养老、医疗保险和最低生活保障制度。

要坚持社会主义基本经济制度和分配制度，调整国民收入分配格局，加大再分配调节力度，着力解决收入分配差距较大的问题，使发展成果更多、更公平地惠及全体人民，朝着共同富裕的方向稳步前进。

本章小结

1. 我国走社会主义道路是近代中国历史发展的必然选择。中华人民共和国成立以后，通过没收官僚资本，对农业、手工业和资本主义工商业进行社会主义改造，建立了以公有制为基础的社会主义经济制度。

2. 社会主义初级阶段理论是邓小平理论的重要内容。社会主义初级阶段是指从1956年社会主义改造基本完成到21世纪中叶社会主义现代化基本实现这一历史时期。一方面，我们已经建立了社会主义经济制度，必须坚持而不能离开社会主义方向。另一方面，由于我国的生产力水平较低、政治文化制度尚不完善，因而还处于初级阶段，即不发达阶段。建设社会主义，必须首先搞清楚什么是社会主义，怎样建设社会主义。邓小平科学地概括了社会主义的本质，即解放生产力，发展生产力，消灭剥削，消除两极分化，最终达到共同富裕。我国现阶段的主要矛盾是人民日益增长的美好生活需要和不平衡不充分的发展之间的矛盾，解决这个矛盾的根本途径是解放生产力、发展生产力。我们党从我国正处于并将长期处于社会主义初级阶段这个基本国情出发，制定了社会主义初级阶段的基本路线和基本纲领。

3. 以公有制为主体、多种所有制经济共同发展，是我国社会主义初级阶段的基本经济制度。这一基本制度的确立，是由社会主义性质和初级阶段的国情决定的。相应地，现阶段的收入分配制度是以按劳分配为主体、多种分配方式并存，把按劳分配与按生产要素分配结合起来。在社会主义市场经济建设中，要坚持效率优先、兼顾公平的原则，不能搞平均主义，也不能使收入差距过分悬殊，这就必须发挥政府的宏观调控能力，同时完善社会保障制度。

练习与思考

一、名词解释

社会主义初级阶段　　社会主义本质　　社会主义根本任务

二、不定项选择题

1. 我国社会主义初级阶段的主要矛盾是（　　）。

A. 生产力与生产关系之间的矛盾

B. 人民日益增长的美好生活需要和不平衡不充分的发展之间的矛盾
C. 人民群众日益增长的物质文化需要同落后的社会生产之间的矛盾
D. 社会主义与资本主义之间的矛盾

2. 坚持党的社会主义初级阶段的基本路线不动摇，关键是坚持（　　）。
A. 以经济建设为中心不动摇
B. 自力更生、艰苦创业的方针不动摇
C. “两手抓、两手都要硬”的方针不动摇
D. 改革开放不动摇

3. 社会主义的根本任务是（　　）。
A. 深化改革，扩大开放
B. 发展科技和教育
C. 发展生产力
D. 加强社会主义精神文明和民主政治建设

4. 社会主义的两大原则是（　　）。
A. 改善生产关系　　B. 共同富裕
C. 改革企业　　D. 发展生产
E. 部分人、地区先富起来

5. 社会主义的本质是（　　）。
A. 解放生产力　　B. 发展生产力
C. 消灭剥削　　D. 消除两极分化
E. 最终达到共同富裕

6. 坚持公有制的主体地位是因为（　　）。
A. 社会化大生产　　B. 社会发展方向一致
C. 社会主义根本特征　　D. 社会主义社会的经济基础
E. 实现现代化目标的保证

7. 公有制的含义是（　　）。
A. 国有经济　　B. 集体经济
C. 混合所有制经济　　D. 混合所有制经济中的国有成分
E. 混合所有制经济中的集体成分

三、问答题

1. 科学社会主义诞生的社会条件是什么？具有怎样的历史意义？
2. 我国的社会主义经济制度是怎样建立的？
3. 社会主义初级阶段理论是怎样形成的？
4. 如何理解社会主义初级阶段的含义及特征？
5. 如何理解社会主义的本质及初级阶段的根本任务？
6. 怎样坚持党的基本路线不动摇？
7. 我国社会主义初级阶段基本经济制度确立的依据是什么？
8. 如何坚持按劳分配为主体、多种分配方式并存的分配制度？

第9章 社会主义市场经济体制和经济运行

建立和发展社会主义市场经济，是建设有中国特色社会主义这一宏伟事业的重要组成部分，学习本章的目的就是掌握社会主义市场经济理论。本章重点要求：认识市场经济是一种资源配置方式，以及社会主义市场经济的必要性和特征；认识社会主义市场经济的微观基础和市场运行机制；认识社会主义市场经济中的政府职能和宏观调控基础等基本问题。

第一节　社会主义经济是市场经济

一、市场经济是一种资源配置方式

市场经济就是市场对资源配置起决定性作用的经济形态，它是人类为了满足自身需要而对有限资源进行合理配置的经济运行方式。个别生产者生产商品，通过商品交换，随着由市场供求决定的价格波动自发地调节资源配置。一般而言，人类从事经济活动的目的是通过提供产品和劳务来满足人类自身生存和发展的需要。人类进行生产活动、提供产品和劳务，离不开一定的物质条件，如土地、森林、矿藏、厂房、机器、工具、劳动力等。

所谓资源就是人类生产活动所必需的各种生产要素的总和。在经济学中，资源可以分为自由索取资源和经济资源。自由索取资源是指阳光、空气等可以自由取用而不会枯竭的资源，而经济资源则是指具有稀缺性的资源。经济资源在人们的经济活动中占有重要地位。由于人类的需求具有无限性，而人类开发资源的能力总是要受到生产力水平的限制，因此，人类在一定时期可以实现利用的资源总是稀缺的。资源的稀缺性是一种客观存在，同时又具有普遍性。从人类社会发展的历史来看，无论是古代还是现代，无论是发达国家还是落后国家都存在资源稀缺的问题。

资源的稀缺性决定了人类社会对资源的利用必须面临一系列选择，如在生产什么、如何生产、为谁生产等问题上的选择。将稀缺的资源在各种可能的生产用途中做出选择，使其得到有效利用并最大限度地满足人类的需求就是资源配置。

资源配置的有效性表现在：(1) 资源能顺利流向生产组织完善、布局合理和劳动生产率高的部门或企业，使资源利用效率达到最佳；(2) 使各种资源配置所形成的总供给量和供给比例与社会总需求量和需求比例相适应，防止生产过剩和供求比例失调。合理配置资源是经济生活的基本问题，是任何时期、任何社会都必须解决的问题。

在社会化大生产条件下，资源配置通常有两种主要的方式：市场配置方式和计划配置方式。

> 市场发挥作用的优势在微观领域。计划发挥作用的优势在宏观领域。计划与市场两种手段并存，共同作用，已经成为社会主义市场经济体制的重要特征。

（一）市场配置方式

市场配置方式是以市场为基础手段的资源配置方式，即通过市场上供求关系的变化、价格的波动和竞争，促使资源从效率低的生产部门流向效率高的生产部门，从而实现稀缺资源的有效配置。

市场配置资源的特点在于：第一，具有利益主导性。市场配置方式是以具有独立经济利益的企业作为市场主体，是一种以经济利益为驱动力的调节方式。第二，具有灵活性。由于市场经济机制直接涉及人们的经济利益，要求各个经济主体对于市场价格的变化迅速、及时、灵活地做出反应，调整自己的生产方式和规模。第三，具有竞争强制性。市场配置是在竞争的强制下进行的。它既能提高效益，又能起到优胜劣汰的作用。第四，具有自发性。即通过市场价格机制的自由波动自发地调节资源的配置。第五，具有事后性。市场配置资源是根据市场上价格信号的变化来进行的，因而是根据前一阶段市场活动的结果来进行的，是事后调节。

市场配置资源的特点决定了它对经济发展的积极作用：第一，市场配置资源有利于调动和鼓励经济主体的积极性和主动精神。第二，有利于及时调节社会生产与社会需求，促使社会总供求的平衡。第三，有利于提高资源的使用效率，使资源得到优化配置。市场配置在对资源起优化调节作用的同时，也通过市场机制的作用，促使企业提高技术水平，提高劳动生产率，改善经营管理，提高经济效益，这也必然促进整个社会科学技术的进步和社会生产力的发展。

市场配置资源也有其自身的弱点和缺陷，主要表现为：(1) 市场配置的自发性和事后性，容易造成资源配置上的盲目性和滞后性。这难免会出现资源的某些浪费，引起经济活动的波动。(2) 单个经济主体追求经济利益的最大化，不一定能达到整个社会经济利益和福利的最大化。(3) 对于经济的“外部性”引起的诸如生态问题、环境问题等，市场无法调节。(4) 市场配置容易造成收入分配两极分化，不能保证社会公平。此外，市场配置还容易导致垄断，垄断影响了公平竞争，影响了正常的市场秩序。

（二）计划配置方式

计划配置方式是政府依靠行政权力，通过指令性和指导性计划来实现资源配置的方式。计划配置的主体是政府，其核心是由政府制订和实施经济和社会的发展计划。

与市场配置方式相对应，计划配置资源的主要特点是：第一，具有社会主导性。即计划配置能从社会整体利益出发对资源进行配置。第二，具有自觉性。计划配置不是通过经济机制的自主运行来进行的，而是通过政府的自觉行动，有计划、有步骤地从外部干预来促使经济主体按照政府希望的方式达到资源合理配置的目的。第三，具有事前性。计划配置是政府根据对经济发展的预测所确定的计划和方案进行的事前配置。第四，具有确定性。计划配置是以一定时期对经济发展的预测所做出的计划为依据，它一般不能随便改变，不能随着市场信号的变动而变动。

计划配置资源的优越性主要在于：(1) 可以在社会范围内迅速动员和集中资源，保证重点建设项目。(2) 可以从整体利益上协调地区之间、部门之间以及不同社会集团之间的物质利益关系，有助于防止收入差距的过分悬殊。(3) 可以有效地解决环境保护和生态平衡问题，有效地调节“公共”产品的生产，同时有利于基础设施、基础产业的建设和发展。

计划配置的缺点和不足主要表现在：第一，由于计划配置主要依靠由上到下的行政手段发挥作用，它不利于调动和发挥企业和职工的积极性和主动性。第二，由于信息的不完全和计划工作人员认识能力的限制，计划配置容易出现主观与客观的脱节，造成诸如重复建设那样的资源浪费。第三，计划的相对稳定性不能灵活地适应市场需求和社会需求的变化。

市场经济的实质就是市场对资源配置起决定性作用的资源配置方式，其本身并不具有制度属性。但是长期以来，由于人们受传统的计划经济观念的影响和对马克思主义经典作家计划经济思想的教条式理解，往往把市场经济这种资源配置方式作为一种制度范畴来理解，并且把市场经济等同于资本主义制度。这种认识的根本错误在于把经济运行的具体方式即资源配置方式与区分社会经济制度的根本标志即生产资料所有制混在一起，这既不符合我国社会主义的实践，又不符合世界各国经济发展的实践。

二、社会主义选择市场经济的必然性

社会主义市场经济是在社会主义国家宏观调控下，市场机制在资源配置中发挥决定性作用的经济形式。我国当前正处在社会主义的初级阶段，实行市场经济具有客观必然性。其理由在于：传统的计划经济体制严重束缚了社会生产力的发展，社会主义必须选择新的资源配置方法；市场经济能给社会主义经济带来巨大的活力，使它的优越性得到全面发挥；理论和实践都充分证明，市场经济优于计划经济。市场经济为什么优于计划经济？这个问题也可以反过来问：计划经济为什么不如市场经济？从理论上对这些问题做出科学回答，是帮助消除根深蒂固的传统计划经济观念的关键。通过对市场经济和计划经济的比较可以发现，市场经济在动力结构、信息结构、决策科学性和创造能力等方面都明显优于计划经济。

1. 市场经济具有激励和创新的内在动力，而计划经济中存在严重的激励兼容性问题。经济动力本质上是经济主体的利益问题，经济主体的利益决定其行为目标。一个经济体中，主体的目标越明确、利益越直接，就越有利于优化资源配置，有利于技术进步，有利于资本积累。市场经济具有强大的发展动力，这就是企业对最大化利润和个人对最大化效用的追求。那么，计划经济为什么缺乏动力呢？根本原因在于计划当局的目标函数与经理的目标函数、职工的目标函数之间存在差异。利益的差异使得经理和职工为了自身利益的最大化而损害整体的利益。信息不对称使计划当局试图通过必要的奖惩措施来改变经理和职工的目标函数的努力显得极为困难。苏联经济学家利别尔曼曾设想通过密切计划与利润、工资、奖金之间的内在联系，以调动企业经理和职工完成国家计划的积极性。但在计划经济体制中，价格和利润的变动不能像在市场经济中那样发挥调节资源配置的作用。在严格紧张的计划下，产量指标往往成为一系列绩效指标中的主要考核指标，效益和成本指标则往往被忽视。因此，在计划经济体制下，包括计划当局在内的所有经济主体，都缺乏提高经济效益的动力。

2. 市场经济具有最优越的信息传递渠道和处理机制，而计划经济存在严重的信息不对称问题。信息对于经济决策来说至关重要，其作用在于为决策提供事实依据；信息可以通过降低不确定性来提高决策效率，降低决策成本。从整个经济社会的角度来看，信息在社会网络中流动和利用方式的有效性，从根本上决定了整个经济体制的效率。因此，能不能经济地获得决策所需要的信息，是决定经济决策的质量，从而决定经济体制效率的关键因素之一。在市场经济中，由于是分散决策，每个决策主体不必了解所有发生的事件，也不必了解这些发生的事件究竟会产生什么样的影响，唯一需要了解的是相对价格发生了何种变化。市场价格的波动综合了各个分散事件的影响，反映了供给和需求的变化，极大地减少了决策所需的信息量，价格机制将特定时间、特定环境中信息的重要性极小化了。可以说，价格是最优越的经济信息形式，市场是一个有效的信息处理机制。

在计划经济中，由于缺乏真正的市场竞争，价格关系就成为一种纯粹的数量关系，失去了信息传递和经济激励的功能。计划经济由于由中央集中决策，必须拥有关于整个经济的宏观信息，信息需求量非常巨大。由于利用实物数量信息的费用过高，事实上不可能获得充分的信息。而且，中央计划当局的每一个决策所需的信息都要沿着庞大的层级组织的纵向结构，从金字塔的底层一直送达顶端，然后再由上而下地逐级反馈回来。由于信息渠道狭窄、漫长、曲折，在信息传输过程中，信息失真、滞后和噪声无法避免，使中央决策的信息更不充分。总之，市场经济是能以最低廉的成本利用信息的经济，与之相比，计划经济的信息非常昂贵，对经济信息的利用更不充分，决策所需的信息也更缺乏。

3. 市场经济具有进步和创新的巨大潜力，而计划经济必然走向停滞和衰退。计划经济是一个以集中化和官僚化为主要特征的封闭的经济系统。计划经济就其本质而言，是与自发性互不相容的，中央的集中决策与企业和基层单位的自主决策也是相互矛盾的。集中决策要依靠行政权威和下级的服从来保证。如果下级发挥主动精神进行自主决策，就势必冲击上级乃至中央的计划。这意味着不服从上级和对上级权威的挑战，是行政体制的规则所不能容忍的。计划经济中各级经济组织之间实行的所谓对口管理，就是一种从组织结构上排除和限制自发性的重要措施。自发性意味着计划调节失灵，是一种超出计划机关控制范围的干扰因素，因此，计划就从各个方面努力限制自发的经济活动。但是，限制了自发的经济变动，也就在相当大的程度上限制了创新。在计划经济中，不仅自发的创新很难发生，即使出现了创新，也很难扩散。由于企业缺乏创新动力，体制缺乏创新空间，无论是技术进步还是制度变革，都要由中央自上而下地发动。封闭的系统状态和僵化的体制结构决定了计划经济缺乏对变动的灵活适应性，因此，从长远来看，计划经济必然会走向停滞和衰退。

与计划经济形成对照的是，市场经济作为一个完全开放的系统，因其体制结构充分的弹性和高度的可塑性，因而具有高度的适应性和无限的发展潜力。市场经济没有统一的决策中心，每个经济主体都保持着充分的独立，它们有权对自己的产品、技术、市场和组织进行改变，只要合法，没有人能禁止它们这样做。因此，市场经济在任何一点上随时都可能会发生新的变化。市场经济的主体可以拿自己的财产做任何合法形式的试验或冒险，只要它们愿意，别人无权阻止它们这样做。在市场经济中，如果说变化和创新的产生在相当大的程度上取决于经济主体的意愿，那么变化和创新的扩散则具有不以人的意志为转移的客观性质。一个有益于社会的创新一旦出现，市场经济的规则——竞争会以无情的压力把它强加在所有经济主体的头上，使它们都要忙不迭地尽快调整自己的行为，适应新的变化，否则就将从市场舞台上被赶下去，因而使变化和创新的波及效应以不可抗拒的必然性扩展到整个经济当中。

市场经济正是凭借自身强大的动力、优越的信息机制和潜在的创造力，使其具有其他任何一种社会形式都不可能具备的极高的经济效率和活力。因此，信息结构、激励机制和经济体制适应性中固有的问题，会使任何试图通过完善计划体制来代替市场机制的努力都成为徒劳，我国经济体制改革必然是以市场为取向的改革。市场经济与计划经济的比较如表 9-1 所示。

表 9-1　市场经济与计划经济的比较

	市场经济	计划经济
激励和创新的动力	强大	缺乏
信息传递和处理机制	优越	不畅
进步和创新的潜力	巨大	缺乏

三、社会主义市场经济的含义和特点

市场经济是借助市场交换关系，依靠供求、竞争和价格机制组织社会经济运行，调节资源配置的经济形式。明晰的产权关系，竞争性的市场体系，自主经营的企业制度，多层次的社会保障体系，国家对经济的间接调控，构成了现代市场经济的基本特征。在供求、竞争和价格机制的作用下，市场机制自发地调节着社会资源在各个生产部门之间的分配，调节着商品的生产和流通。

市场经济不会由于不同国家政治制度和经济制度上的差异而失去一般属性。不同市场经济形态的共同点，集中表现在功能、特征和使之得以正常运行的基本要素上。同时，市场经济与不同的社会制度相结合，形成了各种具体的市场经济类型。市场经济与社会主义基本制度相结合，形成了社会主义市场经济。我国所要建立的市场经济受到社会主义社会的基本制度、我国所处的社会主义初级阶段、发展中大国的经济特点等因素的影响，因此，具有一些不同于其他类型的市场经济的特点，主要体现在以下几个方面：

1. 以公有制为主体的市场经济。历史上，市场经济是同资本主义私有制相结合的。因此，人们一提到市场经济就很容易将其与资本主义制度联系在一起。其实，在资本主义制度下形成和发展起来的事物未必都是资本主义性质的，其中很多事物都属于发展社会生产力的手段和方法，市场经济就是其中之一。而且，资本主义私有制和市场经济的本质之间存在矛盾，马克思对此做过极为精辟的论述。现代市场经济是建立在社会化大生产基础上的，公有制经济也要通过市场契约形式把各个经济单位联结成一个有机的整体，从而摆脱传统公有制经济条块分割的封闭模式。社会主义公有制和市场经济的本质都是社会化，两者完全能够有机结合。在解决了市场经济与公有制的兼容性问题以后，还要努力探索适合我国国情的公有制实现形式。在这里，坚持公有制的主体地位，是社会主义的一项基本原则，也是我国社会主义市场经济的基本标志。在整个改革开放和现代化建设过程中，都要坚持这条原则。

2. 以按劳分配为主体，以共同富裕为目标的市场经济。在社会主义市场经济体制下，由于公有制经济占主体地位，从而使按劳分配在收入分配方式中占主体地位。要使市场对资源配置起决定性作用，必须相应发展资本市场、劳动力市场、土地市场、技术市场等生产要素市场，从而也就必须承认按生产要素的贡献分配。但是，对于绝大多数社会成员来说，要素报酬数量有限，加之国家税收的调节作用，难以成为他们个人收入的主要来源。效率优先、兼顾公平体现了公有制与市场经济对个人收入分配的要求。坚持效率优先，有利于调动企业和个人的生产积极性，促进经济发展，把“蛋糕”做大，从而增加可分配的社会产品与劳务。不讲效率的平均主义分配方式，只会带来普遍的贫穷，而贫穷不是社会主义。鼓励一部分地区、一部分人通过诚实劳动和合法经营先富起来，可以形成示范效应，从而带动和帮助后富者。

3. 社会主义国家宏观调控下的市场经济。国家的干预和调节是自由市场经济转变为现代市场经济的重要标志。社会主义市场经济具有现代市场经济的一般特征，国家的宏观调控和计划指导是社会主义市场经济的内在要求，也是其健康发展的必要条件。此外，我国市场经济中的宏观调控还要受以下两方面因素的影响：（1）我国的市场经济是在体制转轨过程中逐步形成的，离不开政府的培育和扶持。在发达国家，市场经济的发育和成熟经历了一个相当长的历史时期，其中伴随着严重的经济危机和社会动荡。我国是在市场经济已经高度发展的国际环境中起步的，因而有可能借鉴发达国家发展市场经济的丰富经验，通过政府有意识地引进与培育，在较短时间内，以最低的社会成本，建立起与现代社会化大生产相适应的市场经济体制。（2）我国是一个发展中大国，总量平衡和结构调整的任务十分艰巨，宏观调控和计划指导显得尤为重要。政府要发挥组织和引导经济建设的职能，运用计划、财政、金融等宏观调控手段，调节社会利益和矛盾，以加快经济发展。

第二节　社会主义市场经济的微观基础

构筑社会主义市场经济的微观基础，是建立和完善社会主义市场经济体制的基础性工作。本节将对如下问题进行探讨：什么是市场经济的微观基础，构成社会主义市场经济微观基础的主要经济主体有哪些，它们具有哪些基本特征；如何深化国有企业改革，建立现代企业制度，把国有企业改造成真正的社会主义市场经济的微观基础。

一、市场经济中的交易主体类型

在经济学中一般将市场交易主体抽象概括成三类，即居民（或居民家庭）、企业（包括各类以营利为目的的组织）和政府（包括各级、各类型的政府权力机构）。

在市场经济活动中，市场交易关系是最基本的经济关系。市场作为交易关系的总和，将众多由于社会分工而形成的处于分离状态的利益主体有机地结合在一起，形成在社会分工基础上的合作、交易关系。这些参与市场交易的利益主体构成了市场经济中的交易主体。

每一个自然人参与市场交易活动，既可以以个人身份与其他经济主体发生直接的交易关系，也可以参加某种形式的经济组织，借助经济组织与其他主体发生间接的交易关系。所以市场交易的主体包括个人、家庭、企业、事业单位以及各类政府组织等形式。由于市场交易主体的构成非常复杂，很难细分，因而，在研究中一般将市场经济中的交易主体抽象概括为三种类型：即居民、企业和政府。

居民在市场经济中的身份具有双重性，既是消费品的需求主体，又是生产要素的供给主体。在社会生产力水平较为低下的历史时期，居民的各类需求可以通过自给自足的方式得到全部或部分满足。但随着生产力的发展，特别是在资本主义大发展之后，社会分工不断深化，劳动者劳动专业化程度不断提高，居民的消费需求逐步演变为只能通过市场交易得到满足。居民作为消费者，成为市场经济中消费品的购买主体之一。它在可支配收入的预算约束条件下，按照个人效用最大化原则和个人消费偏好来决定购买行为。

企业成为市场经济中最重要的交易主体的原因有两个：一方面，作为购买者，企业是市场经济活动中生产要素最主要的购买者；另一方面，作为供给者，企业将其生产的商品或提供的劳务通过市场转化为现实收益或利润，它是市场经济中最主要的供给者。

在市场经济中，政府作为市场经济活动的参与者，其身份地位较居民和企业更为复杂。首先，政府是市场经济活动中的“第三种”力量——市场秩序监管者，它的职责是维护市场交易秩序，防止非法的市场活动破坏市场秩序。其次，它以调节者的身份运用行政、法律和经济手段对经济运行进行调节和干预，以实现经济稳定增长、物价稳定、充分就业和国际收支平衡等既定的宏观经济运行目标。最后，政府还是市场经济中交易活动的参与者，它必须借助市场获得执行政府职能的资源或消费品，从这个角度而言，政府也是与居民和企业相同的市场交易主体。

二、社会主义市场经济中的企业

（一）我国社会主义市场经济中的企业类型

在我国社会主义市场经济中，作为微观基础的企业有两种基本类型：一类是国有企业；另一类是非国有企业。

其中，在对国有企业的认识方面，在相当长的时期内普遍存在这样的误区：一方面，将国有企业等同于国有经济，将国有制等同于公有制，将国有制视为公有制的高级形式；另一方面，忽视生产力的现实发展水平和要求，把实行国有制、扩大国有经济和不断拓展国有企业在整个国民经济体系中的分布范围，作为社会主义经济发展壮大的重要标志。

党的十五大在总结过去社会主义经济发展的经验教训的基础上，明确了在社会主义市场经济中国有经济及国有企业的地位和基本功能，提出国有经济的发展和国有企业的改革，既是关系到社会主义市场经济体制建立和国民经济发展的重大经济问题，也是关系到社会主义制度命运的重大政治问题。在社会主义市场经济发展中，国有经济必须起主导作用，但同时又明确提出“国有经济起主导作用，主要体现在控制力上”，对关系国民经济命脉的重要产业和关键领域，国有经济必须占支配地位。在此前提下，国有经济比重可以减少一些。要着眼于搞好整个国民经济，优化结构，抓大放小，对国有企业进行战略性改组，从根本上提高整个国民经济的素质。

不仅社会主义市场经济中的国有企业是微观基础，大量的非国有企业（包括集体所有制企业和其他非公有制企业）也是微观基础。对于非公有制企业能否作为社会主义市场经济的微观基础以及非公有制经济在社会主义市场经济中应当处于何种地位等问题的认识，也有一个不断深化的过程。党的十五大在所有制结构的认识上有了重大突破，明确提出：公有制为主体，多种所有制经济共同发展，是整个社会主义初级阶段的一项基本经济制度，非公有制经济也是我国社会主义市场经济的重要组成部分。从而在理论和实践两个层面的结合上，确定了社会主义市场经济的微观基础不仅仅是国有企业、各种形式的公有制企业，还包括大量的非公有制企业，它们共同构成社会主义市场经济的微观基础。

（二）市场经济条件下企业的基本特征与作用

市场经济条件下企业的基本特征可以概括为以下几点：自主经营、自负盈亏、自我发展、自我约束。自主经营即企业拥有经营的自主权；自负盈亏即在扣除成本、税收后的盈利归企业所有，亏损由企业自己负责；自我发展即企业规模的扩展、经营链条的延伸、跨行业甚至跨国经营，都取决于企业自身能力并由企业根据市场状况及其预期的获利空间自主决策；自我约束即企业自觉地约束自己的行为。企业要形成这些基本特征，前提条件是必须有明确的产权，并在明确产权的基础上进一步明确投资主体。

> 市场经济下企业的基本特征是：自主经营、自负盈亏、自我发展、自我约束。

企业作为社会主义市场经济的主体，对我国社会主义市场经济的运行有巨大的影响，具有十分重要的经济作用：

1. 企业是社会生产的基本单位。企业通过组织生产资料和劳动力来进行各种特定的商品和劳务的生产经营活动，在客观上为广大人民提供生活所必需的消费品，满足人们日益增长的物质文化生活需要。

2. 企业是社会创新的重要力量，能够推动社会的技术进步和生产力的革新。企业的生产经营活动以及对利润的不断追求促进企业不断改进生产工具和生产方式，提高劳动生产率。同时企业也是将科学技术直接转化为生产力的主体，我国建设创新型社会，需要依靠社会主义市场中的企业来推动。

3. 企业是加快社会经济流通的重要载体和纽带。企业通过产品的生产和销售互动，同其他企业、社会部门、市场建立起广泛的经济联系，是社会经济流通中的重要环节。

三、市场经济中的国有企业改革

新中国的国有企业是建立在继承解放区的军工企业、没收官僚资本、对资本主义工商业进行社会主义改造以及各个时期国家财政投资的基础之上的。中华人民共和国成立初期至社会主义改造完成以前，针对多种经济成分并存的客观现实，中央政府对国有企业的生产和流通实行直接计划，对其他经济成分的生产和流通则在中央计划的指导下通过市场调节。在高度集中的计划经济体制下，国有企业不是真正独立的利益主体，而更像是政府行政机构的附属物，企业处于无权、无责、无利的地位，其结果导致国有企业自身缺乏相应的激励机制。改革开放以来，我国从根本上改革了传统的国有企业制度，经历放权让利、两权分离等改革阶段，国有企业制度发生了重大的变化。党的十四大明确了国有企业改革的方向是建立社会主义市场经济条件下的现代企业制度，使国有企业的改革进入以产权改革为重点的阶段。而产权改革中最重要的是产权清晰，产权是指财产所有权及与财产所有权有关的财产权利。产权的基本内涵包括了所有权、占有权、使用权、收益权和处分权等，是涵盖一组权利的整体。在这组财产权利中，所有权处于核心地位，其他一切财产权利都是从所有权中派生出来的。

（一）现代企业制度改革

习近平总书记在全国国有企业党的建设工作会议上指出，建立现代企业制度是国有企业改革的方向，也必须一以贯之。

建立现代企业制度就是要使国有企业具备产权清晰、权责明确、政企分开和管理科学的特征。其中，最重要的是产权清晰。怎样使国有企业做到产权清晰，这是建立现代企业制度首先要解决好的问题，只有解决好这一问题，其他的特征才能更好地体现出来。

> 现代企业制度的基本特征是：产权清晰、权责明确、政企分开、管理科学。

1. 产权清晰。国有企业建立现代企业制度，首先要做到产权清晰。产权就是财产权利，是经济主体用自己的财产去从事经济活动时所拥有的权利。从这一角度来认识产权，应该把握以下两点：第一，产权是一组权利，而不是单一的权利。财产用于经济活动时会具有多种权利，这些权利包括财产的所有权、经营权、使用权、收益权、处分权等，它们都属于财产权利。正是因为产权是由一组权利构成的，所以才会产生一个理顺产权关系的问题。由此可见，产权所具有的内涵是比较丰富的，它比所有权这一概念的含义更为宽泛，所有权是包含在产权这一概念之中的，是产权的一个构成内容，或者说是财产权利的一部分。第二，产权是可以分割的。产权所包含的一组权利是可以分割的，从而被不同的经济主体掌握，这也是理顺产权关系的一个基本前提。如果产权不能分割，只能由一个经济主体来掌握，那么也就不存在理顺各经济主体之间的产权关系问题了。理顺产权关系就是要解决好产权所包含的各种权利在不同的经济主体之间进行分割的问题。

在国有企业中，理顺产权关系主要涉及国家与企业之间的关系。国家作为出资者，是财产的所有者。企业是经营者，作为经营者应该具有哪些权利，在多大程度上掌握这些权利，这是理顺出资者与企业经营者之间关系的关键。

建立现代企业制度，理顺国家与企业的关系，核心问题就是要建立企业的法人财产权。国有企业法人财产权的建立是国有企业制度创新的关键，也是理顺国家与企业关系的一个最重要的环节。《中华人民共和国公司法》对企业的法人财产权做出明确的界定：企业中的国有资产所有权属于国家，企业拥有包括国家在内的出资者投资形成的全部法人财产权，成为享有民事权利、承担民事责任的法人实体。国有企业法人财产权的这一界定，为理顺国家与企业之间的产权关系提供了法律依据。首先，界定了出资者的所有权。出资者对自己的资产拥有所有权，企业中的国有资产的所有权属于国家，其他任何人（包括法人）都不能对国有资产行使所有权，这是理顺产权关系的基本内容之一。其次，界定了企业法人财产权。企业拥有包括国家在内的出资者投资形成的全部法人财产权。这里的全部法人财产权就其内容来说，包含着企业对自己法人财产的所有权，以及其他各项权利：经营权、使用权、收益权、处分权。在现代公司制度下，企业是一个独立的法人，是一个经济实体。作为一个经济实体，企业必须有自己独立的财产。企业有自己独立的财产，当然包含着对自己财产的所有权。这是对企业法人财产权的基本认定。

2. 权责明确。权责明确是指要解决好出资者所有权与企业经营权的关系。出资者按投入企业的资本额享有所有者的权益，即资产收益权、重大决策权和选择管理者的权利。企业破产时，出资者只以投入企业的资本额对企业债务负有限责任。出资者所有权与法人财产权分离以后，在一定条件下表现为出资者拥有股权，以股东的身份依法享有所有者权益。出资者不能对法人财产中属于自己所有的部分进行支配，只能运用股东的权利影响企业的行为，而不能直接干预企业的生产经营活动。出资者承担的责任也同投入企业的资本额相当。出资者不再对企业债务承担无限责任，而只以出资额为限对企业债务负有限责任，这使出资者所拥有的权利与承担的责任相平衡。

企业以其全部法人财产依法自主经营，自负盈亏，照章纳税，对出资者承担资产保值增值的责任。企业通过建立资本金制度和资产经营责任制，使自负盈亏的责任真正落实到企业。企业拥有法人财产权，作为一个独立的法人实体所具有的经营者的权利经过法律确认，受法律保护，从而使经营者的权利和责任相平衡。

在明确了所有者与经营者权利与责任关系的基础上，就能够进一步规范各自的行为，既充分行使属于自己的权利，又切实承担应有的责任，并使所有者与经营者相互尊重属于对方的权利。权责明确了，企业作为独立的法人实体也就能够切实得到落实，自主经营、自负盈亏、自我发展、自我约束的机制就能建立起来。

3. 政企分开。政企分开实质是要理顺作为行政管理者的政府与企业的关系，重点是解决好政府职能与企业职能的关系问题。政府的职能是从事社会行政管理和对整个社会经济活动的管理，即政府该管的是整个社会的问题，是宏观上的问题，而不是直接干预企业的生产经营活动。这是对政府职能的基本定位。这一定位明确了，政企分开才有可能。

实现政企分开，必须有制度保证。这一制度包括两个方面：一是切实转变政府职能，规范政府应有的权力，明确哪些事应该由政府来办，哪些事不应该由政府来办。二是切实赋予企业独立的法人地位，并且构造企业自身规范的法人治理结构。从制度上保证政府无法直接干预企业的生产经营活动，企业能够有效地抵御政府的干预。政府处在企业之外，既不直接干预企业的生产经营活动，也不用超经济的手段保护企业。企业按市场规律运行，既不盲从于政府，也不依赖于政府。现代企业制度的建立，有利于这一目标的实现。

4. 管理科学。管理科学主要是针对企业内部来说的。建立现代企业制度不仅要理顺企业与外部的关系，同时也必须在企业内部建立科学的管理制度。企业内部的管理制度涉及企业的领导体制和组织管理制度，重点是解决好所有者、经营者和员工之间的关系。这一管理制度的主要内容包括以下几个方面：

一是建立规范的法人治理结构和领导体制。理顺所有者、经营者和员工之间的关系是通过规范的公司治理结构来实现的。股东大会是最高的权力机构；董事会是最高的决策机构；经理班子是具体的执行机构；监事会是监督机构。这些机构形成各自独立、权责分明、相互制约的关系，并通过法律和公司章程加以确立和实现。它既赋予经营者充分的自主权，又切实保障所有者的权益，同时充分调动了员工的积极性。

二是在组织制度方面，企业的机构设置必须按照科学、高效、精简的原则，建立起高效的运行机制。在企业的用工制度、工资制度和财务制度等企业的基础管理方面也必须进行改革，通过建立科学的管理制度来提高企业的整体素质。

三是建立激励与约束相结合的经营机制。无论是企业的决策活动还是生产活动，都必须既要有激励制度，也要有约束制度，并且使这二者相平衡。激励机制要在内部建立起科学、合理的利益分配制度，并根据实践的发展和具体情况，创造出新的利益分配形式和制度。约束机制在于内部建立起各种严格的责任制度和处罚制度，并在更广泛的范围内引入竞争机制。

应该看到，现代企业制度所具有的上述特征，是相互联系的统一整体，缺一不可，不能只强调其中的某一方面而忽视其他方面。同时，也只有这几个方面都做到了，才能真正实现国有企业在制度上的变革，才能真正实现建立现代企业制度的目标。

（二）国有资产管理体制改革

建立现代企业制度不仅是对国有企业制度微观上的改革，而且也涉及对整个国有资产管理体制的改革。改革开放以来，我国国有企业改革取得了显著的成效。但是，随着市场的发育和国有企业改革的深化，国有资产管理体制存在的问题凸显出来。一是国有资产运营效率低下，重复建设现象普遍，收入分配混乱，国有资产流失严重。二是政企职责不分，一些政府部门仍然同时兼有国有资产出资人职责和社会管理者职责。三是出资人职责由多个部门分割行使，管人、管事与管资产相脱节，“无人负责”与“行政干预”的问题并存。上述问题得不到解决的重要原因在于国有资产管理体制改革滞后。

国有资产管理体制改革，是在坚持国家统一所有的前提下，充分发挥中央和地方两个积极性，建立中央政府和地方政府分别代表国家履行出资人职责，享有所有者权益，权利、义务和责任相统一，管资产和管人、管事相结合的国有资产管理体制。为实现这一目标，要在认识上和实践上解决好两个问题：

第一，解决好中央政府与地方政府管理国有资产的权责问题，通过构建符合基本经济制度要求的国有资产管理体系，明确国有资产出资人。坚持国家统一所有是深化国有资产管理体制改革的基本前提。国有资产属于全民，归国家统一所有。国务院代表国家统一行使国有资产所有权，权利主体不能分割。国家统一所有权，集中体现在统一制定法律法规，拥有最终处置权。具体由中央政府和地方政府分别代表国家履行出资人职责，这是从体制上落实国有资产管理权责的重要举措。在现实中，国有资产尽管由国家统一所有，但资产形成相当复杂，既有中央的直接投资，也有地方政府的投资，还有政府未注入资本金，而由企业靠借贷和积累所形成的。更重要的是，在实际工作中，国有资产的管理、监督和运营主要由各级政府承担，特别是对国有资产经营，各级政府实际上履行了出资人职责。因此，分级行使出资人职责，通过逐级授权，明确界定各自管理国有资产的范围，负责所管辖国有资产的管理、处置和收益等，有利于发挥省、市（地）两级地方政府有效管理国有资产的积极性，有利于从整体上落实对国有资产的管理，搞活国有资产，实现保值增值的目标。

第二，解决部门多头管理国有资产的问题。通过成立统一的国有资产管理机构，实现管资产和管人、管事相结合。实践证明，统一的国有资产管理机构是解决部门分割，使出资人到位，实现管资产和管人、管事相结合的现实选择。统一的国有资产管理机构应是受政府委托管理国有资产的特殊法定机构，代表政府部门专门行使国有资产出资人职责。必须正确处理政府和国有资产管理机构的关系，明确界定国有资产管理机构、国有资产运营主体和生产经营企业之间的责任和权利。国有资产管理体制改革是一个不断发展完善的过程，深层次的体制问题和矛盾会随着国有资产管理体制改革的实践进一步暴露。因此，必须在实践中积极探索，不断深化国有资产管理体制改革。

深化国有资产管理体制改革，在体制上的一项重大改革是设立国务院国有资产监督管理委员会（简称国资委）。国务院授权国资委代表国家履行出资人职责。国资委监管的范围，确定为中央直属企业的国有资产。地方所属企业的国有资产，由省、市（地）两级地方政府国有资产管理机构负责监管。国资委的主要职责是：根据授权，依照《中华人民共和国公司法》等法律和行政法规履行出资人职责，指导推进国有企业改革和重组；代表国家向部分大型企业派出监事会；通过法定程序对企业负责人进行任免、考核并根据其经营业绩进行奖惩；通过统计、稽核对所管国有资产的保值增值情况进行监管；拟订国有资产管理的法律、行政法规和制定规章制度，依法对地方国有资产管理进行指导和监督；承办国务院交办的其他事项。

第三节　社会主义市场经济中的政府职能和宏观调控

在社会主义市场经济中，市场机制在资源配置中起决定性作用，但由于市场机制本身存在局限性，不可能单独调节经济运行的全过程，因而需要国家的宏观调控或计划指导。实践证明，只有把市场机制同国家的宏观调控或计划指导有机地结合起来，才能实现资源的有效配置及整个经济的协调发展。这种结合不是并列在一起同时作为基础性的调节机制，而是在市场经济的框架内实行国家宏观调控和计划指导。党的十九大报告指出："创新和完善宏观调控，发挥国家发展规划的战略导向作用，健全财政、货币、产业、区域等经济政策协调机制。"①

在充分发挥市场对资源配置起决定性作用的条件下，加强国家对经济的宏观调控，充分发挥政府职能，这既是社会化大生产的要求，也是弥补市场调节缺陷的需要。构建完善的宏观调控体系是经济体制改革的重要任务。

一、社会主义市场经济中的政府职能

（一）市场经济中的政府职能

以市场机制的自发调节作用为基础，以自由的价格制度、现代企业制度和契约关系为核心，这是市场经济从古典到现代的共同本质所在。但市场并非万能的。不完全竞争和无法消除垄断、无法满足社会对公共物品的需求、经济信息的不完全和不对称以及对收入均等化无能为力，凡此种种均会导致"市场失灵"，使得政府必须为弥补失灵的结果而出任干预的角色，这是现代市场经济的一个基本事实。市场经济中的政府职能主要包括以下几个方面：（1）进行宏观调控，保持宏观经济稳定。（2）建立市场规则，维持经济秩序。（3）组织与实现公共物品的供给。（4）调节社会分配，组织社会保障。

（二）社会主义市场经济中的政府职能的内涵

1. 部分地替代市场。在我国现阶段，市场经济形成和发展所需要的各种资源都很有限，特别是现代企业家人数少、素质不高、管理水平较低、市场经验不多，尚没有成为一支重要的社会力量。这样单靠市场机制来引导现代化经济的发展，不仅力度不够，而且持续的时间较长，稳定性也较差，这在客观上就要求政府应代替市场行使一部分配置资源的职能，以推动现代化经济的发展。但同时，建立发展新体制，深化行政管理体制改革，进一步转变政府职能，持续推进简政放权、放管结合、优化服务，提高政府职能。

2. 推进市场化改革。与西方发达国家经济体制的形成和成熟是一个长达数百年的内蕴自发和循序渐进的过程不同，中国必须在短时间内实现从根深蒂固的传统计划经济体制向现代市场经济体制的根本转变。新旧体制的博弈必然会带来无序状况，造成观念转变、权力利益调整等方面的冲突。为了稳定社会环境，政府就必须对体制转轨的模式、着力点与突破口、速度与力度等问题进行战略设计，以推进市场化改革。同时要处理政府和市场的关系，必须更加尊重市场规律，更好地发挥政府作用。

3. 培育市场体系。我国是在计划经济条件下开始向市场经济过渡的。长期的计划经济体制使我国的市场发育一方面受到生产力不发达的制约，另一方面还受到传统体制的严重制约，以至于市场发育程度不仅相对于发达国家而且相对于发展中国家都是极不成熟

① 习近平. 决胜全面建成小康社会 夺取新时代中国特色社会主义伟大胜利. 北京：人民出版社，2017.

的。除了有一定的商品市场，我们几乎没有资本、土地、劳务、技术、信息等市场体系所必需的市场要素。而要实行市场经济，就必须建立、培育和发展这些市场体系所必备的要素并使之有序均衡地发展，形成全国统一市场。通过建设统一开放、竞争有序的市场体系，使市场在资源配置中起决定性作用，同时加快形成有利于创新发展的市场环境、产权制度、投融资体制、分配制度、人才培养引进使用机制。政府具有促进经济持续发展的使命，理所当然地应承担这一特殊职责。

4. 管理监督国有资产。社会主义市场经济不同于一般市场经济，更不同于资本主义市场经济。社会主义市场经济的基础是生产资料公有制，必须坚持以公有制为主体、多种经济成分共同发展的方针。公有制为主体体现在国家和集体所有的资产在社会总资产中占优势、国有经济控制国民经济命脉并对经济发展起主导作用等方面。因此建立并完善符合社会主义市场经济体制和中国国情的国有资产经营管理和监督机制，就成为社会主义国家政府的一项重要职能。为此政府应加快国有资产管理法规体系建设，真正做到国有资产的管理职能与经营职能分开。

二、社会主义市场经济中的宏观调控

（一）宏观调控是现代市场经济的基本特征

> 社会主义宏观调控，是指政府按照社会主义经济满足人民需要的基本要求和国民经济能以较快速度稳步协调发展的需要，综合运用经济的、计划的、法律的和必要的行政手段，对整个国民经济运行和发展进行的调节和控制。

在市场经济条件下，国家是否应该干预和调节经济活动在经济理论界历来存在重大的分歧。经济自由主义理论主张经济活动应该由市场机制自发进行调节，在市场机制的作用下，经济活动能够自动达到均衡，实现经济的最高效率，因此，反对国家对经济活动的干预。而国家干预主义则认为，市场机制的自发作用并不能实现经济的均衡，也不能达到经济活动的最高效率，而是不可避免地会发生经济危机，只有靠国家采取措施进行干预，才能保证经济活动的正常运行。在各国经济发展的长期实践中，人们越来越认识到，在市场经济条件下，市场调节与国家调控并不矛盾，二者可以并存和互补。而且，市场调节与国家调控的结合已成为现代市场经济的一个基本特征。党的十九大报告指出："创新和完善宏观调控，发挥国家发展规划的战略导向作用，健全财政、货币、产业、区域等经济政策协调机制。"

在现代市场经济中，国家是社会经济活动的一个重要主体，社会生产的高度社会化和经济运行的基本特征，以及国家具有的职能决定了国家对经济进行调控的客观性。

1. 国家调控是社会化大生产发展的客观要求。社会化大生产的发展会从两个方面要求国家对经济活动进行调控：一是在社会化大生产条件下，要求通过国家的调控来保持各企业、各部门之间按一定的比例协调发展。因为光靠市场机制的自发调节是难以实现彼此独立的企业和部门形成协调的比例关系的，特别是一些涉及长远发展的产业，在一定时期是难以靠市场条件来实现其发展的。这就需要通过国家对整个经济的调控，主动地、自觉地根据经济发展的实际情况，干预和调节经济活动，使各企业、各部门之间能够保持协调的比例，以保证社会化大生产的顺利进行。二是在社会化大生产的条件下，要求通过国家的调控来为经济发展创造各种基础条件。社会化大生产所表现出来的另一个特点是企业的发展对社会基础条件的依赖性越来越强。生产的社会化程度越高，企业对社会条件的依赖性也就越强。最典型的就是交通、通信、能源、基础设施等。这些社会基础条件和基础设施的建设光靠市场调节是难以实现的，必须依靠国家进行投资来建设，从而为经济发展创造良好的环境。

2. 国家调控是弥补市场调节缺陷的需要。市场在对经济活动进行调节的过程中，存在着以下两方面的不足：一是市场并不能对所有的经济活动都起到有效的调节作用。市场条件有其发挥作用的优势领域和范围，主要是在微观经济领域。但对经济结构的优化、对经济发展速度的控制等问题，市场是解决不了的。市场解决不了的问题只能由国家来解决。二是市场在对经济活动进行调节时会带来一些副作用。市场调节经济活动是通过各经济主体追求经济利益的最大化来实现的，它的作用机制是纯经济性的。但是，经济发展过程中需要解决的问题并不是纯经济性的，除了经济问题之外还有社会问题需要解决。而对于社会问题市场是无力解决的。这就需要由国家采取措施进行调控，在经济发展的同时处理好这些社会问题。

3. 国家调控是充分发挥国家经济职能的需要。在现代市场经济发展中，国家对内、对外的经济职能都在进一步强化。一是国内经济的发展离不开国家经济职能的充分发挥。国家作为社会经济的管理者，要协调整个经济的运行，制定经济发展战略，确定经济发展目标，选择经济发展的重点；国家作为一个重要的经济主体，手中掌握着巨大的经济实力，并承担着为经济发展创造基础条件的责任。所有这些决定了国家在经济发展中具有重要职能。二是对外经济的发展离不开国家经济职能的充分发挥。在经济全球化发展的大趋势下，国家之间的经济关系越来越密切，各国都在为本国的企业能够更好地进入国际市场、提高市场竞争力创造条件。在国际范围内，这种条件的创造是离不开国家的。

综上所述，国家调控是现代市场经济发展的一个基本特征。市场经济必须是市场对资源配置起决定性作用，但现代市场经济又必须是由国家调控的，只有把二者有机地结合起来，处理好二者的关系，才能实现发达的现代市场经济。

在市场经济条件下加强国家对经济的宏观调控，必须明确宏观调控的目标。宏观调控的基本目标有：

1. 促进经济增长。经济增长是经济全面发展的重要指标，是一个宽泛、综合的概念。它既体现经济总量的增加，也体现人均收入的增长和生活质量的改善。同时，总量上的增长是建立在比例协调、结构优化和效率提高的基础上的。国内生产总值的年增长率是衡量经济增长的主要指标。经济增长是否适度，在不同国家判断标准不一样。

2. 增加就业。增加就业不但能够更加充分地利用劳动力要素，而且能够促进居民收入的普遍增长。因此，增加就业既是经济健康发展的标志，也是社会公平和稳定的体现。总供给大于总需求会造成失业，同时经济发展中的结构变化和技术进步也会带来失业。失业会增加社会福利支出，加

> 宏观经济调控的具体目标包括：
>
> - 平衡社会总供给与社会总需求；
> - 保持经济增长，优化经济结构；
> - 稳定物价，增加就业；
> - 平衡国际收支；
> - 实现公平收入分配等。

重财政负担，失业率过高还会引起社会的不安定。在我国，劳动者充分就业的需求与劳动力供给总量过大且劳动者素质不相适应之间存在着矛盾，这将是一个长期存在的问题。因此，要把增加就业作为长期的战略和政策。

3. 稳定物价。保持物价总水平的大体稳定是经济健康、平衡发展的保证。无论是通货膨胀还是通货紧缩，都会带来对价格预期的紊乱，影响各类经济行为主体的判断和信心，扭曲资源配置，对社会稳定和经济发展产生负面影响。因此，应该特别注意通过货币政策来调节货币供应量，注意采用综合、协调的宏观经济政策来保持物价和币值的稳定。

4. 保持国际收支平衡。国际收支是在一定时期内一个国家或地区与其他国家或地区之间进行的全部经济交易的系统记录。国际收支在经常项目和资本项目中出现顺差和逆差都需引起高度重视和警觉。长期的经常项目逆差会影响币值稳定，增加通货膨胀压力，同时会大量消耗国际储备并降低国内、国际对本国经济的信心，出现资本外逃，投资环境恶化，削弱国家抵御经济风险的能力，甚至可能会出现经济危机。因此，政府必须采取有效的汇率政策和资本流动管理等手段，保持国际收支的健康和平衡。

经济增长、通货膨胀率、就业率、国际收支这四个经济总量指标往往相互联系而又此消彼长。例如，在经济萧条阶段，经济增长速度放慢、停滞甚至负增长，同时伴随着物价下降、失业率上升；而在经济繁荣阶段，经济增长速度加快，通货膨胀率上升，失业率逐步下降。由于各国经济情况千差万别，四个经济总量指标可能走向一致，也有可能互相背离，往往呈现出周期性波动。因此，宏观经济调控可以运用财政政策、货币政策等多种手段进行调节，在处理这四个方面的关系时寻求一个平衡点。

（二）健全和完善宏观调控体系

在市场经济条件下，国家对经济的调控是否有效，主要取决于两大方面的问题：一是国家对经济调控的制度是否合理和健全；二是国家调控的手段和措施是否有力。因此，国家调控体系的建立，就其内容来说，实际上就是调控制度和调控手段的建立，其中主要是财税体制和金融体制的构建。

> 宏观调控的基本要求是使宏观经济活动通过市场中介和微观经济活动有机地结合起来，保持总供求的基本平衡，顺利实现经济发展的战略目标。

财税体制是规范中央与地方、国家与企业、国家与个人分配关系以及国家收支预算的基本制度安排。国家从宏观上调节地方、企业的利益分配和个人的收入分配都必须借助一定的财税体制和政策才能实现。地方、企业、个人的利益变化，又必然会影响到其经济行为，财税体制就是通过制度来规范它们的利益分配机制，以实现对经济的调控。从社会主义市场经济发展的要求出发，建立新型的财税体制要从以下三个方面来为加强国家对经济的调控创造条件：

1. 推进国税地税“合二为一”，处理好中央和地方财政关系。1994 年，中国实行分税制改革，分别设立国税地税部门。而在 2018 年 7 月 20 日，中共中央办公厅、国务院办公厅印发了《国税地税征管体制改革方案》（以下简称《改革方案》）。《改革方案》强调全面贯彻党的十九大和十九届二中、三中全会精神，改革国税地税征管体制，合并省级和省级以下国税地税机构，划转社会保险费和非税收入征管职责，构建优化高效统一的税收征管体系。

《改革方案》对税务部门领导管理体制做了规定，明确国税地税机构合并后实行以税务总局为主、与省区市党委和政府双重领导的管理体制，并着眼建立健全职责清晰、运行顺畅、保障有力的制度机制，在干部管理、机构编制管理、业务和收入管理、构建税收共治格局、服务经济社会发展等方面提出了具体要求，明晰了税务总局及各级税务部门与地方党委和政府在税收工作中的职责分工，有利于进一步加强对税收工作的统一管理，理顺统一税制和分级财政的关系，充分调动中央和地方两个积极性。

2. 改革和完善税收制度，理顺国家与国有企业的利益分配关系。按照社会主义市场经济和现代企业制度的发展要求，理顺国家与国有企业的分配关系，必须从体制上构建国家与国有企业之间科学、合理、规范的分配制度。这一分配制度的基本内涵包括两个方面：一是体现国家的双重身份、双重职能。国家对国有企业具有社会行政管理者和资产所有者双重身份，同时，行使社会行政管理和资产管理双重职能。国家作为行政管理者的身份和行使行政管理的职能需要对国有企业征税，作为资产所有者的身份和行使资产管理的职能有权对国有企业收取投资收益。二是体现企业之间公平竞争的要求。要建立公平的所得税制度，要有合理的税制、税率和税基。因此，改革和完善税收制度，必须有利于理顺国家与国有企业之间的分配关系，有利于体现公平税负的基本要求，有利于增强国家对经济的调控能力。

进一步改革和完善税收制度的基本方向是要使我国的税制模式从以流转税为主向以所得税为主转变，即逐步提高所得税的比重，降低流转税的比重。目前主要是对所得税和流转税做进一步的规范，使其更加科学、合理，同时加强税收征管制度的建设，加快税收法制化建设。在此基础上，逐步进行税种的调整，使整个税制不断地完善，并与社会主义市场经济发展的要求相适应。

3. 实行复式预算，理顺国家财政内部的收支关系。复式预算是按财政收支性质和用途将国家预算划分为两个或两个以上预算。目前，我国把国家预算和地方预算分为政府公共预算和国有资产经营预算，对这两类预算实行不同的管理办法，同时，根据实际需要建立社会保障预算和其他预算。政府公共预算是指国家以社会管理者身份取得的收入和用于维护政府活动、保障国家安全和社会秩序、发展各项社会公益事业的预算。国有资产经营预算是指国家以国有资产所有者身份取得的收入和国家用于经济建设及国有资产经营的预算。另外，根据社会发展的需要，单独建立社会保障预算。

金融在国民经济中的作用日益突出，构建新的金融体制是健全国家对经济调控体系的重要环节。建立新的金融体制，主要内容是合理调整银行机构，划分各银行的职能，加强国家对金融的调控权。20 世纪 80 年代以来，根据社会主义市场经济的发展要求，对金融体制进行了重大的改革，初步构建了与市场经济发展要求相一致的金融体制。金融体制改革的主要内容和特征具体体现在以下几个方面：

一是建立了中央银行体制，把中国人民银行办成真正的中央银行。1983 年国务院决定，从 1984 年开始，中国人民银行专门行使中央银行职能，对中央银行和各类金融机构的职能分别做了规定。中央银行的职能是制定和实施货币政策，保持货币的稳定；对金融机构实行严格的监管，保证金融体系安全有效地运行。货币政策的目标是保持货币的稳定，并以此促进经济增长；金融监管则主要是对金融机构的监管，对证券市场的监管主要由中国证监会执行。

二是完善金融运行体制。完善金融运行体制包括三方面的内容，即加强对金融调控权的集中、重塑金融市场的行为主体和建立规范化的金融市场体系。加强金融的调控权，主要是由中央银行独立执行货币政策，并以此为基础建立中央银行的宏观调控体系。重塑金融市场的行为主体，就是要把国有商业银行真正办成商业银行，把政策性金融与商业性金融相分离。建立规范化的金融市场体系，目标是建立统一开放、有序竞争、严格管理的金融市场，并把对货币市场和资本市场的管理相对分离。

三是加快金融立法，为规范金融秩序奠定基础。20 世纪 90 年代以来，金融体制改革取得的最重要成果之一，就是以立法的形式为整个金融体制改革奠定了基础。1995 年制定了《中华人民共和国中国人民银行法》，通过立法明确了国家专业银行的商业银行地位，并按照商业银行的原则制定了《中华人民共和国商业银行法》。该法明确了商业银行的经济原则是效益性、安全性、流动性，实行自主经营，自担风险，自负盈亏，自我约束。《中华人民共和国商业银行法》还强调了贷款的自主权和依法接受中国人民银行的监督管理。

四是建立政策性银行，理顺财政投融资体制。为了顺利地进行经济结构的调整，政府的干预是必不可少的。由政府干预引起的金融业务，就是政策性金融业务，承担这种业务的就是政策性金融机构。1993 年，国务院决定组建政策性银行，以解决国有专业银行身兼二任的问题，同时割断政策性贷款业务与基础货币之间的联系，确保中国人民银行调控基础货币的主动权。1994 年，先后组建了国家开发银行、中国进出口银行和中国农业发展银行，并在各自的职责划分和资金来源上做出了安排。国家开发银行办理国家重点建设贷款的贴息业务；中国农业发展银行承担国家粮棉油储备和农副产品合同收购、农业开发等业务中的政策性贷款；中国进出口银行的业务包括为大型机电成套设备进出口提供买方信贷和卖方信贷、为商业银行的成套机电产品出口信贷办理贴息及出口信贷担保等。

金融体制的改革，为进一步发挥金融在国民经济发展中的作用，理顺各金融机构的关系，规范金融行为，提高国家对经济的调控能力，从而更好地发挥国家金融政策的调控作用打下了良好的基础。

2010 年乃至整个“十三五”时期，中国宏观调控整体可以归纳为“三个五”：五大发展理念，即创新、协调、绿色、开放、共享；五大工作任务，即去产能、去库存、去杠杆、降成本、补短板；五大政策支柱，即宏观政策要稳、产业政策要准、微观政策要活、改革政策要实、社会政策要托底。要坚持科学的宏观调控，有效的政府治理，切实转变政府职能，深化行政体制改革，创新行政管理方式，增强政府公信力和执行力，建设法治政府和服务型政府。要健全宏观调控体系，全面正确履行政府职能，优化政府组织结构，提高科学管理水平。

本章小结

1. 市场经济就是市场对资源配置起决定性作用的经济形态，它是人类为了满足自身需要而对有限资源进行合理配置的经济运行方式。在社会化大生产条件下，资源配置通常有两种主要的方式：市场配置方式和计划配置方式。市场配置方式是以市场为基础手段的资源配置方式，其特点在于：具有利益主导性、灵活性、竞争强制性、自发性、事后性。市场配置的特点决定了它对经济发展的积极作用，但同时也有其自身的弱点和缺陷。计划配置方式是政府依靠行政权力，通过指令性和指导性计划来实现资源配置的方式。其特点是：具有社会主导性、自觉性、事前性、确定性。计划配置资源具有优越性的同时也存在明显的缺点和不足。社会主义市场经济是在社会主义国家宏观调控下，市场机制在资源配置中发挥决定性作用的经济形式。我国实行市场经济具有客观必然性，其理由在于市场经济在诸方面都明显优于计划经济。市场经济与社会主义基本制度相结合，形成了社会主义市场经济。它具有以公有制和按劳分配为主体、国家宏观调控等区别于其他形态的市场经济的特点。

2. 市场作为交易关系的总和，将众多由于社会分工而形成的处于分离状态的利益主体有机地结合在一起，形成在社会分工基础上的合作、交易关系。参与市场交易的利益主体构成了市场经济中的交易主体。一般的经济学研究将市场经济中的交易主体概括为三种类型，即居民、企业和政府。居民在市场经济中的身份具有双重性，既是消费品的需求主体，又是生产要素的供给主体。企业既是市场经济活动中生产要素最主要的购买者，又是最主要的供给者。政府作为市场经济活动的参与者，其身份地位较居民和企业更为复杂。它既是市场经济活动中的市场秩序监管者，又是经济活动的调节者，还是市场经济中交易活动的参与者。市场经济的微观经济主体或微观经济单位就是在市场经济中构成各种交易关系的交易主体。作为市场经济微观经济主体的居民和企业具有各自独特的经济活动规律。我国的国有企业作为社会主义市场经济条件下特殊形态的市场经济微观主体面临着严峻的体制改革任务。其重点是建立起社会主义市场经济条件下的使国有企业具备产权清晰、权责明确、政企分开和管理科学等特征的现代企业制度。同时建立现代企业制度也涉及对整个国有资产管理体制的改革。

3. 在社会主义市场经济中，市场机制在资源配置中起决定性作用，但由于市场机制本身存在局限性，不可能单独地调节经济运行的全过程，因而需要国家的宏观调控或计划指导。在充分发挥市场对资源配置的决定性作用的条件下，加强国家对经济的宏观调控，充分发挥政府职能，这既是社会化大生产的要求，也是弥补市场调节缺陷的需要。社会主义市场经济中的宏观调控是现代市场经济的基本特征，是社会化大生产发展的客观要求，是弥补市场调节缺陷的需要，是充分发挥国家经济职能的需要。在市场经济条件下加强国家对经济的宏观调控，必须明确宏观调控的目标。健全和完善宏观调控体系就其内容来说，就是要健全和完善财税体制和金融体制。

练习与思考

一、名词解释

市场经济	资源	资源配置	市场配置方式
计划配置方式	市场	政府的基本职能	

二、不定项选择题

1. 社会主义市场经济的微观基础是（　　）。

A. 完善的宏观调控体系

B. 统一、开放、竞争、有序的市场体系

C. 作为社会经济的细胞的企业

D. 合理的收入分配制度和社会保障制度

2. 建立社会主义市场经济体制，就必须使国有企业真正成为（　　）。

A. 国家行政机关的附属物

B. 社会主义市场经济的主体

C. 国有资产的所有者

D. 宏观经济调控者

3. 国有企业改革的方向是建立现代企业制度。按照产权清晰的要求，企业应拥有（　　）。

A. 资产所有权　　B. 法人财产权

C. 宏观调控权　　D. 行业管理权

4. 我国国有企业改革的方向是（　　）。

A. 建立现代企业制度　　B. 实现政企分开

C. 实现所有权与经营权分离　　D. 成为自主经营的市场主体

5. 我国政府对社会主义市场经济运行实行宏观调控的必要性在于（　　）。

A. 它是实现经济发展战略目标和社会主义生产目的的需要

B. 它是发展社会化大生产和保持社会总供求平衡的需要

C. 它是顺利进行经济体制改革的重要调节

D. 它是管理和经营微观经济具体活动的需要

E. 它是价值规律的客观要求

6. 单纯市场机制调节自身的弱点和缺陷表现在（　　）。

A. 它具有事后性、自发性和滞后性

B. 无法解决经济总量平衡、经济结构合理的问题

C. 无法实现社会成员共同富裕

D. 无法从总体上保证资源合理配置

7. 计划的不足和缺陷有（　　）。

A. 对微观经济活动与复杂多变的社会需求之间的矛盾难以发挥有效的调节，容易产生生产与需求之间的脱节

B. 难以协调微观经济主体之间的利益关系，容易造成动力不足、效率低下、缺乏活力等现象

C. 容易造成经济失衡和周期波动，导致资源浪费

D. 会引起贫富差距扩大和出现两极分化等现象，违背公平原则

三、问答题

1. 试述市场配置资源的特点及其优缺点。

2. 试述计划配置资源的特点及其优缺点。

3. 试述为什么市场经济优于计划经济。

4. 试述社会主义市场经济的含义、基本特征及作用。

5. 试述社会主义市场经济条件下政府职能转变的主要任务。

6. 我国社会主义市场经济实行宏观调控的依据是什么?

7. 市场经济条件下政府宏观调控经济的基本目标有哪些?

四、思考题

“产权是所有制的核心和主要内容”，但有人认为国有企业无法做到产权明晰，请对此加以分析。

第10章 社会主义条件下的经济增长与经济发展

党的十九大报告指出我国社会主要矛盾已经转化为人民日益增长的美好生活需要和不平衡不充分的发展之间的矛盾，同时我国仍处于并将长期处于社会主义初级阶段的基本国情没有变，我国稳定解决了十几亿人的温饱问题，总体上实现小康，不久将全面建成小康社会，人民美好生活需要日益广泛，不仅对物质文化生活提出了更高要求，而且在民主、法治、公平、正义、安全、环境等方面的要求日益增长。同时，我国社会生产力水平总体上显著提高，社会生产能力在很多方面进入世界前列，更加突出的问题是发展不平衡不充分，这已经成为满足人民日益增长的美好生活需要的主要制约因素。

必须认识到，我国社会主要矛盾的变化是关系全局的历史性变化，对党和国家工作提出了许多新要求。我们要在继续推动发展的基础上，着力解决好发展不平衡不充分问题，大力提升发展质量和效益，更好满足人民在经济、政治、文化、社会、生态等方面日益增长的需要，更好推动人的全面发展、社会全面进步。

第一节　社会主义条件下的经济增长

一、影响经济增长的因素

（一）经济增长的含义与指标

经济增长是指一个国家或地区在一定时期内由生产要素的投入

增加或效率提高，引起的商品和劳务数量的增加。经济增长主要研究经济发展的速度问题。在社会主义市场经济条件下，经济增长既表现为实物形态的社会产品的增加，也表现为价值形态的社会产品的扩大。

衡量一国或一个地区经济运行的总情况、总成果的总量指标是一个庞大的指标体系，在这个庞大的指标体系中，衡量经济增长的主要指标是国民生产总值（GNP）、国内生产总值（GDP）、国民收入（NI），以及它们的人均数额。

1. 国民生产总值及其人均值。

国民生产总值，是指一个国家或地区在一定时期内（通常为 1 年）所生产和提供的最终产品和劳务总量的货币表现（价值总和）。它不仅包括物质生产部门生产的产品价值、非物质生产部门提供的劳务价值，而且包括来自折旧基金的更新投资。由于避免了重复计算，因而是综合反映一国或地区经济活动总成果的指标，是现在衡量经济增长的基本量度。由于国民生产总值能把一国或地区的全部经济活动的成果概括在极为简明的统计数字中，因而已成为国际上衡量各个国家或地区经济增长的通用指标。

当然，国民生产总值这一指标有明显的不足之处：第一，GNP 不能反映产出中的产品和劳务的种类，也不能反映经济增长过程中的物质消耗和环境污染等所付出的代价。第二，不能反映收入的分配状况。第三，由于各国的相对物价结构不同，汇率用美元计算的方法也不同，以美元折算的 GNP 在各国的实际购买力也差别很大，因此，把 GNP 做国际比较，不能做出真实的比较，更不能反映各国的实际生活水平。

2. 国内生产总值及其人均值。

国内生产总值，是指一个国家或地区的所有常住单位在一定时期内（通常为 1 年）所生产和提供的产品及劳务总量的价值总和。

上述概念中的“常住单位”是指一国或地区领土内拥有一定的活动场所，从事一定的生产和消费活动，并持续经营或居住 1 年以上的单位和个人。计算 GDP 所涉及的单位和个人，不论其国籍如何，不论资产和经营管理归属哪个国家，只要符合“常住单位”的含义，都算本国或本地区的生产单位和居民。

国内生产总值计算的范围是三次产业，计算的方法有生产法、收入法、支出法三种，它能较准确地反映一个国家或地区包括三次产业在内的整个国民经济增长的变化情况，还能反映一个国家的经济发展规模，是我国国民经济核算体系中的一个重要的核心指标。

3. 国民收入及人均收入。

国民收入是指一个国家或地区国民经济各物质生产部门、各产业在一定时期内（通常为 1 年）生产的净产值（当年能创造的新价值总量），是社会总产品价值（$c+v+m$）中的 $v+m$ 部分。

由于国民收入是扣除生产资料转移价值后的净产值，因而它能准确地反映经济活动的成果，是衡量经济增长的重要综合指标。但是，国民收入在计算中不包括非物质生产部门所提供的劳务净产值，因而不能全面反映经济活动的总成果。

用上述指标表现经济增长，可以采用两种形式：绝对数和相对数，即经济增长量和经济增长率。前者表明经济增长的水平，后者表明经济增长程度。为了消除价格波动的影响，反映实际增长，应该采用不变价格进行计算。

(二) 影响经济增长的因素

影响经济增长的因素多种多样，涉及很多方面，主要有：

1. 人口。

在社会经济活动中，人既是生产者，又是消费者。作为生产者，人必须同一定的生产资料相结合，没有足够的生产资料，人作为生产者的作用就不能发挥。而作为消费者，人又要同一定的消费资料相结合，没有足够的消费资料，人口的消费便要受到影响。因此，一个国家在一定时期内，当资金、技术和自然资源等非劳动资源供给不变时，有一个能使人均收入最大化的人口规模，这个规模被称为最佳人口规模。

(1) 人口数量低于最佳人口规模。当人口数量低于最佳人口规模时，由于缺乏足够的劳动力去有效地利用现有的非劳动资源，其他的生产要素也不能得到充分利用，人均收入就不能达到应有的水平。同时，消费者的消费不仅是社会再生产的一个条件，还直接成为社会再生产的根本目的，适度和合理的消费不仅对于促进生产的发展，而且对于产品结构和产业结构的调整也具有带动作用。如果人口数量不足而缺乏足够的消费需求，消费作为生产的目标和动力的作用就得不到充分体现，结果是生产得不到应有的刺激，生产出来的劳动产品的价值就不能实现，生产处于停滞状态。我国某个时期出现的消费需求疲软而使生产处于停滞状态，就从反面说明了这一点。

(2) 人口数量高于最佳人口规模。当人口数量高于最佳人口规模时，过量的人口增长也直接限制经济的增长，具体表现在：过量的人口增长一方面使国家缺乏迅速增加资本存量和改善技术状况的后劲和能力，无力使人均收入达到本应达到的水平；另一方面，它直接增加了社会的非生产性支出，包括文教、卫生、住宅和公共事业的费用，使得人均直接收入相对减少。

过量的人口增长直接影响了劳动生产率的提高。因为在劳动力人数迅速增长时，为了缓解失业，就必须偏重发展劳动密集型产业，结果是更多的资本不得不用于低水平的技术设备，人均资本占有量相对减少，当其他条件不变时，势必要影响企业技术进步和每个工人平均产量的提高。

当人口增长速度超过人均消费品的增长速度时，会出现消费品短缺、人均消费占有量降低，同时过量的人口增长会影响储蓄与投资的增长，使得社会储蓄率降低和投资相对减少。

过量的人口增长会增加国家财政困难，导致文化、教育、卫生费用的不足，从而不利于提高人口素质。

我国是一个人口大国，拥有庞大的人口基数，这对经济增长既有有利影响又有不利影响，正确处理人口增长与经济增长的关系是我国面临的长期任务。应该根据我国的国情合理控制人口规模，使之向最佳人口规模靠拢，这样才能既保证经济发展所需的劳动力投入，又使人民生活水平逐步提高。

2. 科技与教育。

科学技术和教育在经济增长过程中发挥着巨大的作用，凡经济发达的地区无一不重视科技进步和教育的发展，特别是在当今的国际社会中，科技和教育在经济增长过程中更是发挥着无可替代的作用。

(1) 科技进步与经济增长之间有着密切的联系。科技进步是指科学发展和技术变革互相促进、互相转化的过程。科学技术是生产力，而且是第一生产力，科技进步是通过对生产力的影响来影响经济增长的。第一，科学通过技术发明创造，物化成更加完善的生产工具，转化并创造出巨大的生产力。第二，科技进步扩大了劳动对象的范围，改善和提高了劳动对象的品质，提高了社会生产力。第三，科技进步可以物化、转变为劳动者的经验和技能，提高劳动者的素质，从而在生产中创造出更高的劳动生产率。第四，科技进步可以提高生产组织和管理者的管理决策水平，优化分工和协作，提高信息资源的利用程度，使得在不增加资源投入量的情况下，生产力各要素能够得到更加充分合理的配置和使用，为经济的进一步增长提供可能。

技术进步按其对资本边际生产力和劳动边际生产力的影响可划分为三种类型：资本节约型技术进步，即降低资本边际生产力对劳动边际生产力比率的技术进步；劳动节约型技术进步，即提高资本边际生产力对劳动边际生产力比率的技术进步；中性技术进步，即资本边际生产力对劳动边际生产力的比率保持不变的技术进步。我国的劳动力资源丰富，资金缺乏，因此我们在不排斥劳动节约型技术进步的同时，适当选择资本节约型技术进步作为推动我国传统产业技术改造的主要形式是可取的。同时，要进一步开拓技术市场、加速科技成果向生产力的转化，特别是要加快高新技术成果商品化、产业化和国际化的进程，使我国的经济增长逐步转移到依靠科技进步和提高劳动者素质的轨道上来。

(2) 教育与经济增长的关系。教育对经济增长的促进作用主要体现为教育也是一种人力投资。教育不仅提高了现有劳动者的素质，更重要的是提高了未来劳动者的素质。它体现了劳动力的扩大再生产，通过提高劳动者素质、增加劳动者知识和技术的存量来影响经济增长。教育的投资同新建工厂添置设备的生产性投资一样，都应得到高度重视。

教育投资，如果从它对推动经济增长的直接关系上看，主要表现为人力投资。人力投资又可分为智能性投资和精神投资，两者最终都是通过劳动者素质的提高转化为直接生产力。

我国现阶段人力投资的主体包括政府、企业和个人。其中政府主要承担正规教育，特别是全民普及教育的投资，企业主要承担对职工进行专门技术培训的投资，个人主要承担接受教育的投资，其中包括部分接受学校正规教育的费用、部分接受专门技术培训的费用，还有劳动者自己为进行人力投资而付出的机会成本。

人力投资的目的有经济的和非经济的两部分，后者包括义务的、道德的和政治的因素等。与人力投资的目的相对应，人力投资的效益也是多方面的，因此投资主体在进行投资决策时，不能只从经济效益方面考虑。

目前，我国还处于社会主义初级阶段，生产力水平还不高，人力投资的总量和增长率不仅应取决于需要，还应取决于可能，不仅是一个经济问题，还有一个配套能力的问题。为此，我们应在深化经济体制改革的同时，进一步调整和优化我国的教育结构，实现教育资源的有效配置，使我国的教育事业能够真正面向世界，面向未来，面向社会主义现代化建设，在推动社会主义市场经济建设中发挥更大的作用。

3. 自然资源。

自然资源是自然界生成的可供人类利用的物质与能量。自然资源按其性质不同可分为生态资源、生物资源和矿产资源，它是人类赖以生存的物质基础，是生活资料和生产资料的基本源泉。自然资源对经济的增长具有明显的影响和制约作用。其途径有：

（1）通过影响生产力发展水平而影响经济增长。众所周知，自然资源是生产力发展的物质基础，没有土壤，就没有农业；没有石油资源，就没有石油开采和石化工业。自然资源的丰裕程度和质量状况，对生产力的发展有着直接的影响。自然资源丰富、质量好，即使投入同量的劳动，也能生产出更多更好的产品；反之，自然资源贫乏，质量差，生产出来的产品的数量和质量也必然受到影响。自然资源正是通过对生产力发展水平的影响来影响经济增长的。

（2）通过影响生产力布局而影响经济增长。生产力布局最终是为了实现最佳经济效益，同时还要兼顾社会和生态效益，这就决定了生产力布局应有利于充分有效地利用各地资源。各个生产单位应尽可能接近原料、燃料、动力产地与产品消费地，尽可能接近交通枢纽或线路，以减少原料、燃料和产品运输的劳动消耗，减少远距离输送动力的损耗，以实现最佳或最优的经济效益。因此，自然资源的分布状况就直接影响着生产力的布局状况，而生产力的布局又直接影响着经济布局，影响着经济发展水平，从而最终影响经济增长。

（3）作为自然资源重要组成部分的环境和自然条件而影响经济增长。因为不同地区之间的自然环境和条件往往存在着很大的差异，这种差异构成劳动地域分工的自然基础之一。如热带与温带、雨区与旱区、高山与平原、海洋与陆地等，这种客观存在的自然条件直接影响着经济的发展与增长。人们只能在自然条件许可的范围内，因地制宜安排生产、组织建设，不考虑自然条件去任意行事，必然要受到自然规律和经济规律的惩罚。

我国地大物博，自然资源十分丰富，但按人口平均计算我国却是一个资源小国。当前，我国的经济增长正在向工业化、现代化过程迈进，这一过程正是经济结构显著转换的过程。一方面由以农业为主的结构转向以工业为主的结构；另一方面在工业结构中，消耗能源、矿产资源较高的重工业部门显著增长。这种结构转换对自然资源形成巨额需求，从而使本来就相对不足的自然资源更为紧张。因此，我们要积极改善自然资源的供给条件，一方面要加强对自然界的投资，通过投资开发新能源、改良土壤和其他自然资源的生长条件；另一方面要节约自然资源，重视对资源使用较多部门的技术改造，克服资源的技术性浪费，使急剧增长的自然资源需求得到适当控制。

4. 投资。

投资被称为经济增长的第一动力。投资对一国经济增长表现为两个方面的推动作用：（1）投资增加具有乘数效应，成为拉动经济增长的动力。根据投资的乘数效应，最终带动的收入增加额会数倍于初始投入额。（2）投资效率的提高是一国经济增长的长久推动力。在投资项目不变的前提下，改善投资结构也会带来经济增长。

根据凯恩斯的理论，一国资本形成主要取决于一国居民收入状况，但并不是所有的收入都会转化为投资，只有扣除消费的部分才会转变为储蓄，才能称为投资。因此一国要保持经济增长，就必须有足够的储蓄来满足投资的需求。

值得注意的是，虽然投资来源于储蓄，但储蓄并不是在任何情况下都会自动转化为投资。储蓄转化为投资要受各种因素的影响：

（1）利润率。在市场经济条件下，追求利润是每个人的行动指南。利润高低决定着人们是否投资以及投资数额的大小。

（2）市场利息率。市场利息率既调节储蓄，又调节投资。在既定市场利息率条件下，利息率上升导致储蓄增加、投资减少。反之，储蓄减少，投资增加。

二、经济增长方式及其转变

经济增长方式具有不同的类型，在不同的历史时期，不同类型的增长方式发挥着不同的作用。当前，我国面临经济下行压力，但仍处于重要战略机遇期，要适应新常态，坚持稳中求进，重视转方式调结构，全面推进市场化改革，突出创新驱动，强化风险防控，加强民生保障，促进经济持续健康发展。

> “新常态”的含义：
> 速度：从高速增长转为中高速增长；
> 结构：经济结构不断优化升级；
> 动力：从要素驱动、投资驱动转向创新驱动。

（一）经济增长方式的类型

经济增长是一定技术水平下，各种生产要素投入产出的结果。所谓经济增长方式，实质上是指生产要素的分配、投入、组合和使用方式，它决定着生产力系统的整体效能和发展状况。

一般来说，经济增长方式分为粗放型（外延型）和集约型（内涵型）两种。前者指一定量的生产资料和劳动力投在较多土地上进行广种薄收式经营。后者指在一定面积的土地上集中较多的生产资料和劳动力，采用新的技术措施进行精耕细作的经营。在现代经济学中，一般用生产函数表达生产要素投入和产出之间的关系。总产出的增长，可以由两种原因产生：第一种包括由各种生产要素增加产生的效应；第二种则涵盖由要素生产率提高产生的效应。前一种原因形成的产出增长就是所谓的粗放型增长，即在生产要素质量不变的情况下，单纯依靠生产要素的大量投入和扩张，通过扩大生产场地、添加机器设备、增加劳动力等来实现经济的增长。粗放型经济增长常常忽略技术和管理的进步，一般以铺新摊子、上新项目的外延式扩大再生产为主要方式。后一种原因形成的产出增长就是所谓的集约增长，即依靠生产要素质量和使用效率的提高，以及生产要素的优化组合，通过技术进步，提高劳动者素质和提升资金、设备、原材料的利用率等来实现经济的增长。集约型经济增长注重技术进步和提高劳动者素质，以内涵式扩大再生产为主要形式。粗放型经济增长方式的基本特征可以概括为“三高三低”，即“高投入、高消耗、高速度，低质量、低效益、低竞争力”。它的全要素使用效率即全要素生产率对经济增长的贡献率一般仅为30%左右。

集约型经济增长方式的基本特征也可以概括为“三高三低”，即资源利用率高、质量和技术含量高、效益高，投入水平低、通货膨胀率低、环境破坏程度低，它的全要素生产率对经济增长的贡献率一般为60%左右。

> 经济增长方式是物质资源的总体配置方式，即决定经济增长的各种因素的组合方式以及各种要素组合起来推动经济增长的方式。

在一定条件下，集约型经济增长方式比粗放型经济增长方式的投资少、见效快、质量高、效益大。在分析这两种增长方式时，不要把它们与扩大再生产的两种途径简单地等同起来。

因为在正常情况下，两种扩大再生产都会吸收代表当时生产力发展水平的先进技术和管理，以增进再生产的质量和效益。

一般来说，粗放型增长方式和集约型增长方式是一种理论上的界定，是比较的概念和动态的历史过程，在国民经济实际运行中通常是二者不同情况的混合，没有纯粹的某种方式独立存在。在分析判断一国或一个地区是何种增长方式时，要看其总体上的特征以哪种方式为主。如果把它作为一个变化的历史过程来分析，此时此地是集约型增长，彼时彼地可能是粗放型增长。

（二）经济增长方式转变的必要性

经济增长方式是同一国经济所处的阶段、发展战略和经济体制密切联系的。中华人民共和国成立后，根据当时实现国家工业化的任务，并参照了苏联的经验，我国选择了外延扩张为主的粗放型增长方式。这种增长方式是在一定的客观历史条件下形成的，对增强国家实力、奠定工业化基础、缓解商品匮乏矛盾、改善生产力布局是非常必要的，也取得了显著成效。但是，随着经济规模的扩大，粗放型增长方式的弊端就逐渐凸显出来，特别是在经济进入新的成长阶段和改革开放不断深化的情况下，粗放型经济增长方式难以为继。转变经济增长方式势在必行，刻不容缓。

1. 转变经济增长方式是解决现实经济中诸多矛盾、促进经济良性循环的客观要求。

改革开放以来，我国取得了举世瞩目的巨大成就，经济体制发生了历史性变化，封闭型经济转变为开放型经济，国民经济持续快速发展，综合国力大大增强，人民生活水平明显提高，但也存在一些不可忽视的深层次矛盾和问题。第一，经济发展速度很快，但经济总体运行质量不高。第二，技术进步缓慢，生产工艺设备落后。第三，经济效益低，物耗大，损失浪费多，集约化程度低。第四，农业耕地面积逐年减少，基建投资中用于农业的比重降低，农业基础设施薄弱，抵御自然灾害的能力下降。第五，社会投资规模过大，社会总需求过猛，造成通货膨胀。这些问题的存在，固然有多方面的原因，但症结在于经济增长是粗放型的。只有切实转变经济增长方式，经济生活中深层次的矛盾和问题才能解决，才能使国民经济真正走上良性循环和持续快速发展的轨道。

2. 转变经济增长方式是新发展阶段和新经济体制的客观要求。

一定的增长方式是与一定的经济发展阶段和经济体制密切相关的。从新发展阶段的要求来看，经济增长方式作为不断变化的历史过程，在不同阶段所表现的特征和反映的要求是不同的。一般而言，发展中国家为迅速摆脱贫困和落后，在经济发展的起步阶段，由于条件的限制，实行粗放型增长方式，但长期如此将无法保持经济健康、持久地发展。一般在经济发展到一定阶段，经济总量达到一定规模后，要逐渐走上集约型增长道路，这是经济发展的必然规律。从目前我国的实际情况来看，经过几十年的努力，特别是改革开放以后，我国已建成规模庞大的国民经济体系，经济总量自 2010 年起跃居世界第二，正进入一个新的发展阶段——工业化中期阶段。在这个经济发展阶段，继续实行粗放型增长方式，不符合经济发展的规律。从新经济体制的要求来看，我国目前处于社会主义市场经济体制的完善时期，经济运行将主要由价值规律这只“看不见的手”来主导。在以平等性、竞争性、自主性和开放性为主要特征的市场经济中，对资源配置的有效性和合理性，对经济运行的效率和效益，对经济主体的素质和竞争能力等都提出了极高的要求。计划经济体制下产生的，与其相联系的高消耗、高投放、低质量、低效益的粗放型增长方式是无法满足市场经济发展要求的，必须从根本上转变经济增长方式，才能适应市场竞争和经济发展的要求。

3. 转变经济增长方式是我国经济参与国际竞争、加快与世界经济接轨的迫切要求。

目前，许多国家在谋求抢占高科技和新兴产业的制高点，把加速技术进步、降低消耗、提高产品质量和保护资源环境作为发展战略的核心内容。但是从我国参与国际竞争的效果来看，粗放型经济带来的技术含量低、附加值不高的产品使我们在激烈的竞争中处于不利地位。因此，我们要进一步扩大对外开放，在日益激烈的国际市场竞争中占据主动地位，就必须较大幅度地提高生产技术水平和产品质量，降低成本，增加产品附加值和市场占有率，这就要求尽快转变经济增长方式，提高我国的科技素质、产业素质和企业素质。

4. 转变经济增长方式是我国现代化建设进入新的发展阶段的根本要求。

我国现代化建设进入了新的发展阶段，对全面提高经济整体素质和效益提出了新的更高的要求。今后，我国现代化建设要全面实现第三步战略目标。这是整个经济成长的阶段性变化，不仅要求经济总量和规模继续扩大，而且要求经济质量和效益显著提高，实现结构优化和升级。随着城乡居民收入不断增加，消费选择性增强，既要求商品数量的满足，又要求质量、档次的提高，扩大商品和服务消费领域。为适应消费结构变化和提高国际竞争力，产业结构和产品结构必须有大的调整。我国经济进入新的阶段后，应当改变长期以来农业向工业提供积累的做法，采取“以工补农，以工建农”的方针，工业不仅要积累自身发展所需要的资金，而且要通过多种形式帮助和支持农业。这就要求工业必须大幅度地提高劳动生产率，降低成本，提高投入产出效益。这是在经济发展新阶段中处理好工农关系和城乡关系的重要措施。随着我国经济的持续快速发展，资源开发的难度加大，开发成本也会继续增加。在这种情况下要使工业进一步得到大的发展，必须从资源深度加工、降低消耗、增加附加值上下功夫。还应看到，国民经济现代化是一个国际性的、动态性的标准，只有在不断提高经济素质和效益的基础上扩大经济总量，才能逐步提高现代化水平，缩小同发达国家在经济技术上的差距。否则尽管经济总量和规模有所扩大，不仅不能使差距缩小，反而会使其进一步扩大。

（三）建立和完善转变经济增长方式的经济运行机制

当前，在我国经济增长过程中，实现由粗放型向集约型转变，关键在于全面深化经济体制改革，形成有利于集约式增长的经济运行机制，主要包括企业经营机制、技术进步机制、市场机制和宏观调控机制。

1. 要抓好国有企业改革这一中心环节，分类推进国有企业改革，完善现代企业制度，完善国有资产管理体制，发展混合所有制经济。通过改制后企业内部的利益激励和市场竞争的外部压力，形成节约资源、降低消耗、提高质量、重视技术改革和创新、提高经济效益的企业经营机制，从而把企业塑造成实行集约型增长方式的微观主体。

2. 要认真实施科教兴国战略，形成有利于自主创新的技术进步机制。要深化科技体制和教育体制的改革，实现科技教育与经济建设的紧密结合；促进科技成果向现实生产力转化。深化科技管理体制改革，优化科技资源配置，完善鼓励技术创新和科技成果产业化的法制保障政策体制、激励机制、市场环境，促使技术进步在经济增长中的贡献率得到较大幅度的提高。实施知识产权战略，充分利用国际科技资源。进一步营造鼓励创新的环境，努力造就世界一流科学家和科技领军人才，注重培养一线创新人才。

经济增长方式转变的必要性：
- 是解决现实中诸多矛盾、促进经济良性循环的客观要求。
- 是新发展阶段和新经济体制的客观要求。
- 是我国参与国际竞争、加快与世界经济接轨的迫切要求。
- 是我国现代化建设进入新的发展阶段的根本要求。

3. 通过建立和完善社会主义市场经济体制，形成促进公平竞争和优化资源配置的市场机制。要进一步培育市场体系，发展和完善生产要素市场，建立有序的市场运行规则和制度，有效发挥竞争、价格、供求等市场机制在促进公平竞争和优化资源配置中的决定性作用，使之成为实现经济增长方式转变的有力杠杆。推进各方面体制改革创新，着力构建充满活力、富有效率、更加开放、有利于科学发展的体制机制。

4. 通过深化经济体制改革，形成有利于实现集约化增长的宏观调控机制。把部分综合经济部门改组为宏观调控部门，减少具体事务，强化其调控职能。要运用各项经济政策及相应的经济杠杆和计划、法律等调控手段，在引导投资方向，调整产业结构，确保建设重点，实行规模经营，加大老工业基地技术改造力度，充分发挥大中型国有企业的潜力，促进提高效率、效益和产品及服务质量等方面有效地推动经济增长方式的转变。

当前，我国在经济增长和经济发展过程中也越来越意识到转变经济增长方式的必要性。我国越来越重视可持续发展，提出科学发展观理念和构建社会主义和谐社会，这些都表明我国在逐步转变观念，向集约型经济增长方式迈进。

三、科技进步、经济增长与经济增长方式的转变

（一）科学技术成为第一生产力

在现代经济增长中，科学技术作为第一生产力发挥作用。科学技术成为生产力并上升为第一生产力有其历史发展的过程。

科技进步是经济增长与实现集约型经济增长方式的基础，要实现经济增长和经济增长方式的转变，科技进步具有十分突出的作用。

在机械大工业时期之前，人们使用手工工具，依靠经验进行生产，科学技术还没有作为一个独立的因素从劳动过程中分离出来，经济增长主要由劳动投入的增加来说明。

进入机械大工业时期以后，机械代替手工工具，物质财富成倍地从生产过程中流出。这时科学技术从劳动中分离出来，成为独立的经济部门，专门知识和技术执行着总生产过程所赋予的特定分工职能。在这一阶段，科学的生产力体现在生产资料上，经济增长便主要由物化了科学技术的生产资料投入的增加来说明。

20 世纪中后期，在世界范围内出现的新技术革命使科学成为生产力的作用和过程发生了质的变化，科学技术上升为第一生产力。

首先，科学技术不仅物化在物质条件上，还体现在高度熟练的劳动力以及科学组织和科学管理上。这样，科学技术参与了生产体系中所有组成部分的发展。不仅如此，科技在生产上的应用，不仅节约了劳动，还节约了生产资料，并且人工生产出新材料，这样加入生产过程的要素将是劳动者智力、自动控制的机器、依靠科技再生产的自然界稀缺的或耗尽的资源或新材料。因此，现代经济增长将主要依靠科学技术的进步来实现。今天在许多发达国家，科技在经济增长中所占的比重已达到 60%～80%。

其次，科学发现转化为现实生产力的时间大为缩短。据统计，1900—1930 年间的 75 种重大发现从研究到生产的平均周期是 36 年。20 世纪 50 年代中期以来，从科学发现到实际应用的时间减少到 5～10 年，甚至更短的时间。这意味着科技成为直接生产力有了新的性质，成为生产力要素体系中的主导因素，经济增长速度主要由科技转化现实生产力的速度决定。

科技成为第一生产力后，科技与经济的联系便越来越紧密。发展高科技的重点已经转向提高产业竞争力，抢占高科技产品市场，国际竞争便集中表现为科学技术的竞争。科技进步和技术创新成为我国转变经济发展方式的重要支撑。

（二）科技进步与经济增长方式转变

经济增长方式与科技发展水平存在着密切的联系。在经济发展的第一阶段，由于科学技术还没有成为独立的生产要素，而劳动、土地等生产要素价格便宜，具有比较优势，通过大规模投入生产资源来推动经济增长具有必然性，因此该阶段具有明显的粗放型增长方式的特征。在经济发展的第二阶段，大规模投资以获得规模经济成为主要特征，同时由于技术物化为生产设备，技术进步与资本积累难以分割，因此这一阶段是粗放型增长向集约型增长的过渡阶段，兼具大规模要素投入和全要素生产率提高的特征。在第三阶段，创新取代要素投入成为经济增长的主要推动力，经济增长表现为典型的集约型增长方式的特征。可见，经济增长方式的演变具有内在的规律性，在一定程度上依从于科学技术状况。

（三）科技进步与集约型增长

现代经济是集约型增长的经济。现阶段，经济增长越来越取决于科技进步。科学技术不仅物化在劳动力、物质资本等有形因素上，还作为经济增长的独立因素起作用。斯蒂格利茨在《经济学》一书中指出，引起生产率提高的主要原因有四个：资本积累的增加、劳动力质量的提高、资源配置效率的改善和技术变革。他认为，尽管这四个要素都很重要并且相互联系在一起，但技术变革是最重要的生产率增长的源泉，因此，经济增长建立在技术进步的基础上，是集约型增长方式的主要特征。索洛和纳尔逊也明确认为技术变革在经济增长中起着支配作用。经济增长建立在科技进步的基础上是最可靠的，能保持长期的稳定增长。

长期以来，我国的经济增长主要依靠高投入，以人力、物力和财力投入为基础外延地扩大再生产，而忽视在科技进步的基础上内涵地扩大再生产。尽管我国目前的科研水平并不低，在许多领域已进入世界先进行列，但由于缺少有效机制，大多数科研成果无法进入现实的生产过程，无法转化为现实的生产力。目前，我国科技进步在经济增长中的作用只有30%左右，这个比重不仅低于发达国家，也低于发展中国家的平均水平（35%）。我国目前的劳动生产率只相当于世界先进水平的5%，这种状况主要是由科技进步的作用小导致的。因此，我国同其他国家的差距实际上是科技水平的差距。科技落后、科技与经济脱节严重束缚了我国的经济增长与增长方式的转变。因此，我国要实现集约型经济增长，不仅要大力提高科技水平，还要建立和完善科技成果产业化的有效机制。

四、经济增长的波动与周期

经济增长是有其自身的规律性的，这是不可违背的经济规律，社会主义国家的经济增长也不例外。研究经济增长的周期性，首先要明确经济波动与经济周期的区别和联系。

（一）经济增长波动

只要有经济增长就必须研究它的波动，因为每年的经济增长率不会是相同的。每年的国民收入或国民生产总值增长率不同，便是经济波动。经济波动是一种客观的经济现象。波动的原因在于经济系统的开放性。它不断地与外界交换能量、物质和信息，共同进行运动，在较大程度上修改自己的结构。经济系统也总是由不平衡状态趋向平衡状态，又从平衡状态趋向不平衡状态，进而走向更高级的平衡状态。

在任何社会中，经济增长都不可能是直线上升而只能是在周期性的经济扩张和经济收缩的交替过程中螺旋式上升的。因此，所谓经济周期，是指经济增长（通常用国民生产总值指标衡量）从一个高峰到另一个高峰之间的时间长度，即从经济扩张的高峰算起经历经济收缩的谷底，再到新的经济扩张的高峰这一时间间隔的整个长度。

经济波动和经济周期是两个既相互联系又相互区别的概念。两者的联系表现为经济波动可以涵盖经济周期，也就是说，经济周期便是周期性的波动，它侧重于波动重复发生的时间长度。两者的区别是经济波动并不意味着存在经济周期，它侧重于增长率的差异。

（二）我国经济周期性波动的原因

我国是实行社会主义经济制度的国家，社会主义公有制的建立克服了资本主义基本矛盾，消除了经济发生周期性波动的基本经济制度性的原因，但这并不等于说社会主义经济的增长中不会出现经济周期性波动。长期以来，人们把周期性的经济波动看作是资本主义的特有现象，而对社会主义经济发展中是否存在这一问题却缄口不言。事实上，中华人民共和国成立以来，虽然年均增长率很高，但是这种高速增长都是在较大的波动中实现的，我国经济发展中的“扩张-收缩”交替出现的现象表现得非常强烈，而且两种形态的波动都有。

1. 我国经济波动的特点与原因。

我国经济周期性波动的具体原因主要有以下几个方面：

一是投资增长与投资效果。投资增长与经济增长是社会再生产过程中相关的两个方面。投资增长会引起对本期投资品需求的增加，并扩大对其他相关产品的需求。在生产潜力许可的限度内，促进经济增长。但投资增长过快，会引起投资产出组合的变动，即把现有的资源集中投入固定资产建设，挤压现行生产所需的资源，进一步挤压消费，造成结构失调和短缺现象，迫使下一时期减少投资，形成投资波动，相应地影响经济增长速度。此外，投资项目过多、建筑材料短缺、建设周期长、建筑造价高、投资效益低等，也会影响经济波动。

二是固定资本更新不平衡。在经济发展的过程中，固定资本的更新是不平衡的，带有明显的周期性。固定资本更新之后，科技水平将达到一个新高度，经济增长将以较快的速度向前发展，从而导致经济增长的波动。

三是产业结构的调整。产业结构的合理化意味着国民经济各部门的协调发展，意味着能消除由于比例失调所造成的人力、物力、财力的巨大浪费，能提高物质资料、生产设备和工时利用率，从而能够有效地提高经济效益，促进经济的增长。产业结构不合理将严重影响经济的增长。

此外，经济体制和经济政策、自然灾害等自然条件、科技的发展节奏等都是影响我国经济波动的重要原因。

简而言之，尽管经济增长总是上下起伏变化的，但应当尽量避免大起大落的非常态的经济波动。

2. 经济的适度增长。

在经济增长过程中，并不是经济增长越快越好，为了减少经济波动，应该保持适度增长。经济的适度增长包括四个方面的含义：一是波幅较小、能保持社会总供求大体平衡的经济增长率；二是能够实现产业结构动态协调和基本均衡的经济增长率；三是国民收入的生产和使用以及积累和消费保持合理比例的经济增长率；四是能够促进经济效益提高、人民生活水平得到较大幅度提高的经济增长率。可见，经济适度增长的实质，就是在保持经济总量平衡、产业结构优化、人民消费水平有较大幅度提高基础上的经济快速而稳定的增长。

经济的适度增长要以经济效益为中心，正确处理好增长速度、比例和效益三者之间的关系。经济的快速增长必须以提高经济效益为前提，因为速度和效益是互为条件、互相制约的；而经济适度增长和提高经济效益，又要以主要经济比例的合理性为条件。

第二节 社会主义条件下的经济发展

一、经济发展概述

经济发展是指一个国家或地区随着产品和劳务产出量的增长而出现的经济、社会和政治结构的变化。经济发展具有广泛的内容，它涉及经济社会的各个层面。

（一）经济发展与经济增长

首先，经济发展包含经济增长的内容。经济增长是指一个国家或地区在一定时期内实际的产品和劳务的增加，即经济量方面的增长。经济增长包含在经济发展之中，是促成经济发展的基本动力，是实现经济发展的手段和基础。没有经济增长，一国的经济发展便会失去物质基础，也就不可能有经济的发展，即“无增长便无发展”。

> 经济发展是指一个国家或地区经济的整体演进，它不仅包括这一国家或地区经济的量的增长，而且包括经济的质的变化。

其次，经济发展还包括由经济增长所带来的经济结构、社会结构、政治结构、文化法律甚至观念习俗的变化和健康状况、分配状况、生态环境等方面的改善，其实质是一个国家或地区的经济社会机能和结构的优化，是产出能力的提高，是经济质方面的变化。因此，如果只有单纯的经济增长，而没有伴随经济结构、社会结构、分配状况等经济社会各个层面的相应变化，那么，这种经济增长，即使速度再快，也不能被认为是经济发展，它是“无发展的增长”。

总之，经济发展是指一个国家或地区经济的整体演进。它不仅包括产品和劳务的增加即经济增长，而且包括由经济增长所带来的经济、社会、文化、政治、法律、生活、观念等社会各层面的变化，即社会机能和结构的优化及产出能力的提高。没有增长就没有发展，但是有增长并不一定就有发展。长期以来，我国经济过热、增长过快，但社会生产能力、增加产出的机能没有多大提高，反而带来经济结构失调、经济体制僵化、自然资源的供给条件遭到破坏等严重后果。显然，我们不能单纯追求经济增长，而应致力于经济发展，在发展中求增长。

（二）经济发展的内容

在市场经济条件下，经济发展主要包括以下内容：第一，收入能持续稳定增长，人民的生活水平和生活质量得到较快提高。第二，科学技术发展迅速。技术进步是人类经济生活向前发展的一种推动力。第三，产业结构发生较大的变化。产业结构的不断高级化和合理化是经济发展的主要表现和核心内容。第四，国际经济关系不断扩大。国际交往的扩大既是经济发展的趋势，又是推动经济增长的重要因素。第五，社会结构的调整和价值理念的转变。

（三）经济发展的衡量指标

经济发展是社会经济各个层面的变化，因此，衡量经济发展的指标不应是单一的，既要有量方面的指标，又要有质方面的指标。衡量标准主要有：国民生产总值指标体系（包括国民生产总值、国内生产总值、国民收入及其人均指标等）、社会发展指标体系（预期寿命、教育、保健、营养、收入分配、就业率等）。

（四）经济发展的影响因素

由于经济发展不仅包括经济增长，还包括经济、社会和政治结构的变革，因而影响经济发展的基本因素除了影响经济增长的那些主要因素外，还包括一些非经济因素。

1. 影响经济发展的基本经济因素。

（1）产业结构的合理与优化。产业结构是国民经济中各产业部门之间的质的联系和量的比例关系。产业结构的合理和不断优化，直接影响着社会资源的配置效果，影响着国民经济的稳定增长。产业结构的合理与优化，既是经济发展的内在要求，又是经济发展的必然趋势，也是国民经济整体素质提高和逐步现代化的重要标志。

（2）技术进步。技术和资本、劳动一样，是经济增长的基本要素，技术进步是经济持续发展的内在动力。技术进步可以有效地提高资本和劳动的使用效率。具体来说，技术进步可以提高机器设备的装备水平，为经济发展提供物质基础；技术进步可以引起工艺流程的革新，节省物化劳动和活劳动的消耗，降低产品成本；技术进步可以促进管理水平的不断提高；技术进步可以使产业结构不断优化，增加对经济发展的贡献；技术进步可以促进劳动者素质的提高，可以使人的智力和技能不断发展与完善，成为推动社会经济发展的决定性因素；等等。随着人类社会技术水平的不断进步，技术因素在经济增长中所占的比重不断提高。据测算，在西方发达国家的经济增长中，技术进步的贡献率已由原来的5%～20%上升到现在的50%～70%，不少国家高达60%～80%。

（3）生产要素配置的优化。经济增长既要靠生产要素量的增加，更要靠各种生产要素的合理配置，以提高生产要素的利用率和劳动生产率。由于一定时期内生产要素供给量的增加是有限的，有效的经济增长主要依赖于生产要素配置效率的提高。如果生产要素的配置是低效甚至无效的，那么，即使能实现经济增长，这种增长也将不能有效地促进经济发展的增长。因此，生产要素的配置是否合理和优化，是提高经济增长率、促进经济发展的关键因素。

（4）对外开放水平。随着经济的国际化和国际经济全球化，任何一个国家都必须置身于国际经济关系中。对外贸易、引进外资和先进技术是促进本国经济发展的重要因素。对外开放既是提高劳动生产率、开辟资金来源和解决市场问题的不可缺少的因素，同时也是保证国内市场均衡，促进经济结构合理化的重要的外部条件。

对外开放是一个国家调剂生产要素余缺、优化资源配置的重要途径。不发达的或者发展中国家和地区往往是资金和技术的缺乏者，这就更需要通过发展对外开放来获得自己所需要的资源。对外开放的程度越深，获得资源的途径就越多，就越能在世界经济的竞争中发展自己。因此，任何一个国家要想获得经济发展，都必须逐步提高对外开放水平。

（5）资源和环境的保护能力。人类的资源是有限的，对资源是竭泽而渔还是加以有效利用，直接影响着经济发展的后劲。而在对待环境的问题上，那种先破坏后治理的做法，已经严重地制约着人类的经济发展。因此，在经济发展的过程中，有效地对环境加以保护，以维持经济的可持续发展，已成为整个国家的共识。一个国家对资源和环境的保护能力越强，就越能维持其经济的可持续发展，这已为18世纪第一次科技革命以来的经济发展史所证明。

2. 影响经济发展的主要非经济因素。

影响经济发展的非经济因素主要有社会政治环境、历史文化背景和社会整体教育水平三个方面。

（1）社会政治环境。政治稳定和经济发展相互制约、相互依赖。政治稳定是经济发展的前提和保障，经济发展是政治稳定的基础。一个国家具有良好的社会环境和经济秩序、健全的民主和法律制度，才能保证社会经济的更快发展。反之，如果政局动荡、社会秩序混乱，经济发展就无从谈起。因此，良好的社会政治环境是经济稳定发展的重要保证。

（2）历史文化背景。任何一个国家或者民族都有其深厚的历史文化背景，它是在长期的经济发展过程中产生、形成和发展起来的，同时，历史文化背景的形成又对经济的发展产生深刻的影响。先进合理的文化，有利于国家的决策者正确认识本国的基本国情，科学地制定本国的经济发展战略，促进国民经济的持续协调发展；有利于企业的管理者科学地决策和管理，提高企业的经济效益；有利于劳动者素质的提高，在生产劳动中具有更高的劳动生产率和积极性，因而对经济发展具有巨大的促进作用。反之，保守落后的文化必将造成思想观念的僵化，阻碍经济的发展。人类经济发展历史进程的快慢无不与历史文化背景有关。

（3）社会整体教育水平。教育的基本功能就是通过科学知识的传播，提高劳动者的素质，把潜在的劳动力转化为现实的、高效能的劳动力，从而推动经济增长与经济发展。一个国家的教育水平是由其经济发展水平决定的，经济发展水平越高，国民教育的整体水平和国民素质就越高；反过来，一个国家的教育水平越高，对经济发展的贡献率就越大。教育与经济发展之间存在着互为条件、相互促进、相互制约的关系。

（五）社会主义国民经济发展必须坚持习近平新时代中国特色社会主义思想

2017 年 10 月 18 日，在中国共产党第十九次全国代表大会上，习近平总书记首次提出“新时代中国特色社会主义思想”。习近平新时代中国特色社会主义思想，是对马克思列宁主义、毛泽东思想、邓小平理论、“三个代表”重要思想、科学发展观的继承和发展，是马克思主义中国化的最新成果，是党和人民实践经验和集体智慧的结晶，是中国特色社会主义理论体系的重要组成部分，是全党全国人民为实现中华民族伟大复兴而奋斗的行动指南，必须长期坚持并不断发展。

习近平新时代中国特色社会主义思想体系完整、内容丰富、内涵深刻，主要包括八个方面。

一是明确坚持和发展中国特色社会主义，总任务是实现社会主义现代化和中华民族伟大复兴，在全面建成小康社会的基础上，分两步走在本世纪中叶建成富强民主文明和谐美丽的社会主义现代化强国；

二是明确新时代我国社会主要矛盾是人民日益增长的美好生活需要和不平衡不充分的发展之间的矛盾，必须坚持以人民为中心的发展思想，不断促进人的全面发展、全体人民共同富裕；

三是明确中国特色社会主义事业总体布局是“五位一体”、战略布局是“四个全面”，强调坚定道路自信、理论自信、制度自信、文化自信；

四是明确全面深化改革总目标是完善和发展中国特色社会主义制度、推进国家治理体系和治理能力现代化；

五是明确全面推进依法治国总目标是建设中国特色社会主义法治体系、建设社会主义法治国家；

六是明确党在新时代的强军目标是建设一支听党指挥、能打胜仗、作风优良的人民军队，把人民军队建设成为世界一流军队；

七是明确中国特色大国外交要推动构建新型国际关系，推动构建人类命运共同体；

八是明确中国特色社会主义最本质的特征是中国共产党领导，中国特色社会主义制度的最大优势是中国共产党领导，党是最高政治领导力量，提出新时代党的建设总要求，突出政治建设在党的建设中的重要地位。

改革开放之后，我们党对我国社会主义现代化建设做出战略安排，提出“三步走”战略目标。解决人民温饱问题、人民生活总体上达到小康水平这两个目标已提前实现。在这个基础上，我们党提出，到建党一百年时建成经济更加发展、民主更加健全、科教更加进步、文化更加繁荣、社会更加和谐、人民生活更加殷实的小康社会，然后再奋斗三十年，到新中国成立一百年时，基本实现现代化，把我国建成社会主义现代化国家。实现“两个一百年”奋斗目标、实现中华民族伟大复兴的中国梦，不断提高人民生活水平，必须坚定不移把发展作为党执政兴国的第一要务，坚持解放和发展社会生产力，坚持社会主义市场经济改革方向，推动经济持续健康发展。解放和发展社会生产力，需要我们做到以下重要方面。

1. 深化供给侧结构性改革。建设现代化经济体系，必须把发展经济的着力点放在实体经济上，把提高供给体系质量作为主攻方向，显著增强我国经济质量优势。加快建设制造强国，加快发展先进制造业，推动互联网、大数据、人工智能和实体经济深度融合，在中高端消费、创新引领、绿色低碳、共享经济、现代供应链、人力资本服务等领域培育新增长点、形成新动能。支持传统产业优化升级，加快发展现代服务业，瞄准国际标准提高水平。促进我国产业迈向全球价值链中高端，培育若干世界级先进制造业集群。加强水利、铁路、公路、水运、航空、管道、电网、信息、物流等基础设施网络建设。坚持去产能、去库存、去杠杆、降成本、补短板，优化存量资源配置，扩大优质增量供给，实现供需动态平衡。激发和保护企业家精神，鼓励更多社会主体投身创新创业。建设知识型、技能型、创新型劳动者大军，弘扬劳模精神和工匠精神，营造劳动光荣的社会风尚和精益求精的敬业风气。

2. 加快建设创新型国家。创新是引领发展的第一动力，是建设现代化经济体系的战略支撑。要瞄准世界科技前沿，强化基础研究，实现前瞻性基础研究、引领性原创成果重大突破。加强应用基础研究，拓展实施国家重大科技项目，突出关键共性技术、前沿引领技术、现代工程技术、颠覆性技术创新，为建设科技强国、质量强国、航天强国、网络强国、交通强国、数字中国、智慧社会提供有力支撑。加强国家创新体系建设，强化战略科技力量。深化科技体制改革，建立以企业为主体、市场为导向、产学研深度融合的技术创新体系，加强对中小企业创新的支持，促进科技成果转化。倡导创新文化，强化知识产权创造、保护、运用。培养造就一大批具有国际水平的战略科技人才、科技领军人才、青年科技人才和高水平创新团队。

3. 实施乡村振兴战略。农业农村农民问题是关系国计民生的根本性问题，必须始终把解决好"三农"问题作为全党工作重中之重。要坚持农业农村优先发展，按照产业兴旺、生态宜居、乡风文明、治理有效、生活富裕的总要求，建立健全城乡融合发展体制机制和政策体系，加快推进农业农村现代化。巩固和完善农村基本经营制度，深化农村土地制度改革，完善承包地"三权"分置制度。保持土地承包关系稳定并长久不变，第二轮土地承包到期后再延长三十年。深化农村集体产权制度改革，保障农民财产权益，壮大集体经济。确保国家粮食安全，把中国人的饭碗牢牢端在自己手中。构建现代农业产业体系、生产体系、经营体系，完善农业支持保护制度，发展多种形式适度规模经营，培育新型农业经营主体，健全农业社会化服务体系，实现小农户和现代农业发展有机衔接。促进农村一二三产业融合发展，支持和鼓励农民就业创业，拓宽增收渠道。加强农村基层基础工作，健全自治、法治、德治相结合的乡村治理体系。培养造就一支懂农业、爱农村、爱农民的"三农"工作队伍。

4. 实施区域协调发展战略。加大力度支持革命老区、民族地区、边疆地区、贫困地区加快发展，强化举措推进西部大开发形成新格局，深化改革加快东北等老工业基地振兴，发挥优势推动中部地区崛起，创新引领率先实现东部地区优化发展，建立更加有效的区域协调发展新机制。以城市群为主体构建大中小城市和小城镇协调发展的城镇格局，加快农业转移人口市民化。以疏解北京非首都功能为“牛鼻子”推动京津冀协同发展，高起点规划、高标准建设雄安新区。以共抓大保护、不搞大开发为导向推动长江经济带发展。支持资源型地区经济转型发展。加快边疆发展，确保边疆巩固、边境安全。坚持陆海统筹，加快建设海洋强国。

5. 加快完善社会主义市场经济体制。经济体制改革必须以完善产权制度和要素市场化配置为重点，实现产权有效激励、要素自由流动、价格反应灵活、竞争公平有序、企业优胜劣汰。要完善各类国有资产管理体制，改革国有资本授权经营体制，加快国有经济布局优化、结构调整、战略性重组，促进国有资产保值增值，推动国有资本做强做优做大，有效防止国有资产流失。深化国有企业改革，发展混合所有制经济，培育具有全球竞争力的世界一流企业。全面实施市场准入负面清单制度，清理废除妨碍统一市场和公平竞争的各种规定和做法，支持民营企业发展，激发各类市场主体活力。深化商事制度改革，打破行政性垄断，防止市场垄断，加快要素价格市场化改革，放宽服务业准入限制，完善市场监管体制。创新和完善宏观调控，发挥国家发展规划的战略导向作用，健全财政、货币、产业、区域等经济政策协调机制。完善促进消费的体制机制，增强消费对经济发展的基础性作用。深化投融资体制改革，发挥投资对优化供给结构的关键性作用。加快建立现代财政制度，建立权责清晰、财力协调、区域均衡的中央和地方财政关系。建立全面规范透明、标准科学、约束有力的预算制度，全面实施绩效管理。深化税收制度改革，健全地方税体系。深化金融体制改革，增强金融服务实体经济能力，提高直接融资比重，促进多层次资本市场健康发展。健全货币政策和宏观审慎政策双支柱调控框架，深化利率和汇率市场化改革。健全金融监管体系，守住不发生系统性金融风险的底线。

6. 推动形成全面开放新格局。开放带来进步，封闭必然落后。中国开放的大门不会关闭，只会越开越大。要以“一带一路”建设为重点，坚持引进来和走出去并重，遵循共商共建共享原则，加强创新能力开放合作，形成陆海内外联动、东西双向互济的开放格局。拓展对外贸易，培育贸易新业态新模式，推进贸易强国建设。实行高水平的贸易和投资自由化便利化政策，全面实行准入前国民待遇加负面清单管理制度，大幅度放宽市场准入，扩大服务业对外开放，保护外商投资合法权益。凡是在我国境内注册的企业，都要一视同仁、平等对待。优化区域开放布局，加大西部开放力度。赋予自由贸易试验区更大改革自主权，探索建设自由贸易港。创新对外投资方式，促进国际产能合作，形成面向全球的贸易、投融资、生产、服务网络，加快培育国际经济合作和竞争新优势。

二、产业结构的演进及其优化

（一）产业结构的划分

产业是按社会分工而从事物质产品生产或提供劳务的一切经济活动群体的总称。产业是经济发展过程中分工和专业化的产物，凡是在分工基础上形成的、具有某种相同属性的经济单位的集合，都可以称为产业。产业不仅包括物质生产部门，而且包括非物质生产部门。而所谓产业结构，一般是指国民经济中各产业之间的比例关系和结合状况，是各个产业之间和各个产业内部的组织与构成状况，以及它们之间存在的相互联系、相互制约的关系。产业结构的调整是经济结构调整的主要内容。

产业结构根据对产业的不同划分而有不同的类型，它们分别适应于对国民经济考察分析的需要。其中三次产业分类法是世界通行的最重要的产业结构分类法。

三次产业分类法是以产业发展的层次顺序及其与自然界的关系作为标准的分类方法。三次产业分类法就是把全部的经济活动划分为第一产业、第二产业和第三产业。第一产业是指产品直接取自自然的物质生产部门，即广义的农业，包括种植业、畜牧业、林业、渔业、狩猎业等；第二产业是指加工取自自然物质的物质生产部门，即广义的制造业或工业，包括采矿业、制造业、建筑业、运输业以及煤气、电力、供水等工业部门；第三产业是指在有形物质财富生产活动之上派生出来的无形财富的生产部门，即广义的服务业，包括商业、金融业、保险业、生活服务业、旅游业、公务业（科学、教育、卫生、政府等公共行政事业）以及其他公益事业等。我国现行的三次产业划分是：第一产业，农业；第二产业，工业和建筑业；第三产业，除第一、二产业以外的其他各业，包括流通和服务两大部门。

产业结构的状况主要是通过价值指标或非价值指标的相对比重数来评价或衡量。一般是用各个产业部门在社会总产值、国民收入、国民生产总值、国内生产总值中所占比重来表示，也可用各个产业部门所占劳动力、资金的比重来表示。

（二）产业结构的演进

随着生产力的发展、生产领域的扩大、社会分工的加深，三次产业结构逐步向高层次演进。这一演进过程大体可分为三个阶段：第一阶段是“一、二、三”结构，在一个国家或地区的国内生产总值中，第一产业增加值的比重最大，第二产业次之，第三产业比重最小。第二阶段是“二、一、三”结构和“二、三、一”结构，先是第二产业位居第一位，第一产业退居第二位，随后是第三产业也超过第一产业而位居第二位。第三阶段是“三、二、一”结构，第三产业位居第一位。一般来说，第一阶段处于准工业化时期，第二阶段是工业化时期，第三阶段要在实现工业化之后才会出现。这里有两点需特别注意：一是第一产业比重下降，并不表示农业的基础地位下降；相反，随着非农产业的发展和人民生活的改善，对农产品的数量和质量提出了更多、更高的要求，农业显得愈加重要。二是在整个第二阶段，必须明确经济增长的主体是工业，即使提出第三产业超前发展之类的方针，也需要慎重研究条件是否成熟。

在工业化的不同阶段，工业的部门结构也会呈现不同的特点，从发达国家工业化的历程来看，一般要经过三个成长阶段：第一阶段是轻纺工业化阶段，是以劳动密集型的轻工、纺织和食品加工工业为主的工业化初期；第二阶段是重化工业化阶段，是以资金密集型和技术密集型为主的工业化中期，其中前期是以电力、冶金、钢铁、化工等能源、原材料工业为主，后期是以机械、电子、汽车等加工制造业为主；第三阶段是高加工度化阶段，是以知识密集型产业为主的后工业化阶段，包括微电子、信息、生物、新材料、新能源、航天航空等高新技术产业。这是工业化国家工业结构变迁的一般规律。

（三）产业结构优化

产业结构优化是经济结构优化的重要内容之一。产业结构优化的过程，就是伴随着技术进步和生产社会化程度的提高，不断淘汰衰退产业，加强传统产业的技术改造，实现主导产业的合理转换，扶持和引导新兴战略产业，提高产业结构作为资源转换器的效能和效益的过程。简而言之，产业结构优化就是第一、第二、第三产业中生产要素质的提高和在各产业内部的优化组合、三次产业之间的优化组合的过程。随着生产力的发展，产业结构显示出从低级到高级的逐渐演进变动趋势。因此，产业结构优化就是一个动态概念：在一国经济的不同发展阶段，产业结构优化的具体内容是不同的，并且产业结构优化是相对的、具体的，此时优化的结构在彼时就不是优化的了，因为随着生产力的发展，产业结构发生了新的变化。

产业结构优化包括产业结构合理化和产业结构高度化，是二者的有机统一。也就是说，产业结构优化的方向是产业结构趋于协调，然后在协调的基础上通过制度创新和技术创新推动产业升级，实现协调化和高度化的统一。产业结构合理化是经济健康发展的条件，产业结构高度化是经济发展的重要尺度与标志，产业结构的不断优化是经济发展的不竭动力。

1. 产业结构合理化。

产业结构合理化是指为提高经济效益，要求在一定的经济发展阶段上，根据科学技术水平、消费需求结构、人口基本素质和资源条件，对起初不合理的产业结构进行调整，实现生产要素的合理配置，使各产业协调发展。简单地说，就是指产业之间的经济技术联系和数量比例关系趋向协调平衡的过程。

产业结构合理化的标志主要包括：第一，与资源结构相适应，生产资源在各个部门之间的配置和使用合理，能使本国资源优势得到发挥，使生产要素得到最佳的组合。第二，与社会总需求结构相适应，能实现国民经济较高的增长速度，并且有较好的自我调节能力和应变能力，能应对因技术进步和生产要素的变化出现的各种不平衡现象和失调的情况。第三，各个产业部门之间关系有机协调，生产上相互衔接、密切配合，能保证整体国民经济的顺利运行。第四，能取得较高的整体经济效益，并能保证社会有效需求的满足。第五，能实现人、资源、环境的良性循环。第六，有利于产业结构向高度化、现代化发展。

2. 产业结构高度化。

产业结构高度化是指产业结构根据经济发展的自然历史顺序由较低阶段或层次向较高阶段或层次演进的过程。其实质是科学技术发展和分工深化使产业结构不断向高加工度化、高附加值化发展，从而更充分和有效地利用资源，更好地满足社会发展的一种趋势。社会生产力的不断发展使技术进步能突破资源条件的制约而实现产业结构的不断升级。产业结构高度化是建立在产业结构优化基础之上的；反过来，高度化又是更高层次上的优化。因此，产业结构高度化既是产业结构优化的结果，又是产业结构进一步优化的要求。

从产业结构的演进角度看，产业结构高度化是一国经济发展重点或产业结构重心由第一产业向第二产业和第三产业逐次转移的过程，标志着一国经济发展水平的高低以及发展阶段和方向。产业结构高度化往往具体反映在各产业部门之间产值、就业人员、国民收入比例变动的过程上。产业结构高度化的标志主要包括：第一，产业高附加值化，它反映产业技术密集度不断提高的程度。第二，产品高技术化，它反映产业中新技术和高端技术的应用程度。第三，产业高集约化，它反映产业组织的合理性程度和规模经济效益的水平。第四，产业高加工度化，它反映产业加工的深化和劳动生产率的水平。第五，产业服务化，它反映以服务业为主导的第三产业在国民经济中所占的比重越来越大、在产业结构中越来越成为主导产业的发展趋势。

（四）我国产业结构的主要问题和优化升级

1. 我国产业结构存在的主要问题。

经过几十年的经济发展与结构调整，产业结构正向合理化方向转变，但依然存在着诸多问题，主要表现在：

（1）农业基础依然薄弱、农业结构升级缓慢和农业劳动生产率过低。今后，我国农业将面临既要增加产量、提高质量以满足国民经济发展和人口增长对农产品的需求，又要提高技术水平、加快农业内部产业结构升级和提高农业劳动生产率的双重任务。

（2）第二产业在三次产业中的比重虽然很高，增长速度较快，但工业内部结构仍很不合理，主要是基础工业与加工工业的增长不协调，高附加值、高技术含量的产业和产品比重不高。

（3）第三产业发展较快，但仍然滞后，特别是第三产业中的第一个层次（包括交通运输业、邮电通信业、商业、仓储业等在内的流通部门）和第三个层次（为提高科学文化水平和居民素质服务的部门）数量少、质量低。

（4）部分行业盲目投资扩张、低水平重复建设、结构趋同、加工工业生产能力过剩问题十分突出，加剧了产业结构升级的难度。

（5）经济增长方式没有显著改变。部分重要产业的快速增长在很大程度上是依靠资金、资源等生产要素的粗放投入实现的。特别是对投资和资源的高度依赖，加剧了资源短缺，带来严重的环境污染。高投入、高消耗、高排放和高污染已经成为经济发展与环境和谐之间的突出矛盾。

（6）技术结构不合理，产业素质低，技术进步缓慢，产业升级内在动力不足，缺乏核心技术，在国际市场上竞争力薄弱。

（7）人口与就业的巨大压力和劳动力素质低下并存，加重了结构转换的难度。

（8）我国产业的自主创新能力还不强，服务业、高技术产业的比重仍有待提高。

2. 我国产业结构的优化升级。

首先，优先发展信息产业，积极发展高新技术产业。要加速发展信息产业，广泛应用信息技术，加快国民经济和社会信息化；同时，积极发展对经济增长有突破性重大带动作用的高新技术产业。高新技术产业特别是信息产业，发展速度快，渗透力和带动力强。加快发展信息产业，是顺应当今世界经济和社会发展大趋势的迫切要求，也是我国产业结构优化升级和实现工业化、现代化的关键环节。特别要加速发展微电子和软件产业，提高计算机及网络的普及应用程度，加强信息资源的开发和利用。

其次，坚持用高新技术和先进适用技术改造提升传统产业，大力振兴装备制造业。我国传统产业已有相当牢固的基础，在整个国民经济中的比重很大，在今后相当长的时期内仍然是经济发展的主体力量。用高新技术和先进适用技术改造传统产业，增加科技含量，促进产品更新换代，提高产品质量和经济效益，是加快工业化、现代化的必然要求和重大举措。

再次，抓好自主创新能力的提高，促进内外需结构平衡、产业结构优化，必将有助于提高经济发展的质量，促进经济增长由主要依靠投资、出口拉动向依靠消费、投资、出口协调拉动转变，由主要依靠第二产业带动向依靠第一、二、三产业协同带动转变，由主要依靠增加物质资源消耗向主要依靠科技进步、劳动者素质提高、管理创新转变。

最后，加快发展服务业特别是现代服务业。服务业的兴旺发达是现代化经济的一个显著特征。大力发展服务业是加快工业化、现代化的必然要求。这对于促进国民经济协调发展、提高经济效益和效率、扩大劳动就业、加快城镇化进程、改善人民生活都有着重大的作用。因此，必须更加重视发展服务业，大力提高第三产业在国民经济中的比重。特别要加快发展金融、物流、旅游、咨询等现代服务业，加快发展教育、文化、卫生、保健和体育事业。同时，要继续发展交通运输、仓储、批发和零售贸易、餐饮、修理、美容美发等传统服务业，特别要适应社会需求变化，积极发展家政服务、托老托幼、生活护理、社区保安、保洁保绿等社区服务业。这些对于改善居民消费环境和生活质量有着重要意义。

在推进产业结构优化升级过程中，一定要从我国国情出发，扬长避短，趋利避害，高度重视和正确处理三个关系：一是正确处理发展高新技术产业和发展传统产业的关系；二是正确处理发展资金技术密集型产业和发展劳动密集型产业的关系；三是正确处理发展虚拟经济和发展实体经济的关系。

三、区域经济发展与协调

（一）区域与区域经济结构的概念

区域，是一个客观上存在的，同时又是抽象的人们观念上的空间概念。它往往没有严格的边界，地球表面上的任何一部分、一个地区、一个国家乃至几个国家均可成为一个区域，但不同的学科对区域的含义有着不同的理解。经济学中所研究的区域，简要地讲，就是基于描述、分析、管理或控制活动等目的而以整体加以考虑的一片地区，区内各个部分之间的经济活动具有一种同质性特征，或者在功能上相互影响比较紧密，它通常由一个以上较高等级的中心城市、一定数量的中小城镇以及广大农村地区组成。其中的中心城市一般具有组织区内经济活动和区外经济联系的能力，是该区域经济的组织者和协调者。

区域经济结构是指国民经济中各个经济区域之间的发展关系和结合状况，它也是国民经济结构的一个重要方面。如果说产业结构的调整是生产要素在各个产业之间的合理配置，它使各个产业能够按照客观经济规律协调发展，因而是实现经济发展目标的重要物质基础，那么，区域经济结构的调整则是生产要素在各个区域之间的合理配置，它使各个区域在国民经济的整体活动中能够充分发挥各自的优势，同时相互配合、相互补充、协调一致地发展，因而也是实现经济发展目标的重要条件。

（二）区域经济结构的演变规律

根据区域经济的研究，区域经济的发展呈现出梯度发展的规律。所谓梯度推移或梯度发展，是指在整个国家的发展过程中，只有那些发展条件最好的少数地区才能集中和吸引大量的资本及其他资源要素，获得迅速的经济增长。在这个经济发展阶段，其他地区的各种资源和生产要素会不断流向经济发展条件最好的地区，并会出现地区之间贫富差距的拉大，这种情况要持续到经济发达地区的市场和投资环境出现相对饱和的状况、经济发展的余地已经不大的时候，各种生产要素才会逐步向经济不发达地区转移，使这些地区的经济开始发展。也就是说，地区之间的经济发展是从经济发展条件好的地区开始，然后逐步向不发达地区推移的。整个国家经济在区域之间的发展就呈现出由经济发展水平高的地区向经济发展水平低的地区逐步推进的梯度状态。在这个梯度发展的过程中，相应地出现地区之间经济发展水平差距不断拉大的局面。这里，市场经济所要求的优化资源配置的利润最大化原则得以贯彻，整个国民经济的发展呈现非均衡发展的态势。这是一种经济发展的理论。

梯度推移的区域经济发展理论是有局限性的，它无法说明经济欠发达或不发达地区中一些部门和行业经济较快发展的原因，也无法克服发展过程中区域之间经济发展水平差距拉大的问题。为了弥补梯度推移理论的局限，发展极-增长点的理论应运而生。这种理论认为，在经济发展的过程中，每一地区经济增长的速度之所以不相同，是因为某些大城市有创新能力的主导部门和行业首先高速发展起来，成为这个地区经济发展的发展极和增长点。在这些发展极和增长点的带动下，经济比较落后的地区能够实现超常的发展，不断缩小和经济发达地区的差距，最后赶上甚至超过经济发达地区，实现整个国民经济的协调发展。发展极和增长点的主要作用是它所具有的向心力和离心力所产生的外部经济效果。向心力的作用使得主导部门和有创新能力的行业四周聚集起许多相关部门和行业以及辅助性企业和第三产业；离心力的作用则使中心城市把经济增长和发展的势头通过技术、组织、要素信息等渠道向其周边地区扩散，从而使整个国民经济不是通过平面的板块式推移，而是通过多层次的发展极在不同的点上的带动作用来实现其发展。

上述两种区域经济发展理论实际上从不同的角度说明了区域经济增长的实现过程，两种发展方式起着互补的作用。即在国民经济总体呈现梯度推移的发展格局的条件下，经济不发达地区也可以通过优先建设一些经济发展的发展极和增长点，从而带动地区经济的超常发展，弥补梯度推移的不足。

（三）我国的区域经济发展不平衡

1. 对区域经济发展不平衡的正确理解。

区域经济发展不平衡，是大国经济发展中普遍会遇到的问题。中国幅员辽阔，由于历史和现实诸多方面的原因，各地区之间存在着发展水平的巨大差异。在我国的三大经济地带中，西部与东部的经济发展差异最为明显。改革开放以来，虽然全国各个地区的经济都获得了比较快的发展，但由于经济发展速度的差距没有缩小，东西部之间的经济水平的差距，无论是总量水平，还是人均水平，不但没有缩小，反而出现了拉大的趋势。

对我国区域经济发展的差距问题需要这样去认识：首先，这种差距是区域经济发展中的差距。改革开放以来，东部地区的快速发展不仅为整个国家经济总量增大和综合国力提高做出了较大贡献，而且也通过自身的示范带动中西部地区发展。虽然需要对地区差距过大的历史教训及现实差距形成的原因与危害有清醒的认识，但作为一个发展中的大国，不能过分牺牲效率去谋求不切实际的区域平等。其次，我国地区发展的差距扩大已经成为发展隐患。目前过大的地区经济差距一是有悖于社会主义共同富裕的本质；二是差距过大，超过居民承受能力会造成社会动荡和政治问题，对社会稳定和经济社会的长期稳定发展构成隐患；三是中西部地区还担负着社会安定、民族团结的重任，差距扩大，对民族团结和边疆的稳定会产生不利的影响，也就是说，过大的差距会反过来制约整体经济效率的提高；四是缩小区域差距与经济发展速度，是效率与公平这一两难选择在区域经济协调发展中的表现。我们只能尽可能做到在不牺牲或少牺牲效率的前提下，逐步实现区域经济协调发展，加大协调区域经济发展的政策力度。区域差距扩大的趋势，并不完全是由发展条件差距决定的，地区发展政策或地区战略对区域差距有着直接和重要影响，甚至可以认为地区发展差距是一种区域发展成本。

回顾我国区域发展战略的变化过程，大致经历了由追求公平的平衡发展战略，到追求效率的非平衡发展战略，再到效率与公平兼顾的非平衡协调战略，即统筹区域发展战略。因此，在现阶段提出统筹区域发展，对我国未来经济社会的长期稳定发展，对实现全面建设小康社会的各项目标，具有重要的战略意义。

2. 实现区域经济的协调发展。

区域经济协调发展是指区域之间在经济交往上日趋密切、相互依赖日益加深、发展上关联互动的过程。对区域经济协调发展的理解，应该从以下几个方面加以把握：首先，区域经济协调发展的目的和核心是实现区域之间经济发展的和谐，经济发展水平和人民生活水平的共同提高，社会的共同进步。其次，实现区域经济协调发展的基本方式是使区域之间在经济发展上相互联系、关联互动、正向促进。最后，衡量区域经济是否协调发展，可以把区域之间经济利益是否同向增长、经济差异是否趋于缩小作为检验标准。

实现区域经济的协调发展，主要从以下几个方面去努力：

（1）坚持市场取向，加快改革步伐。打破地区行政分割，形成全国统一市场，努力塑造市场经济条件下新型区域经济关系。区域经济协调发展的核心目标是实现区域经济的协调发展，促进各地区之间形成优势互补、分工协作、相互促进、良性互动的协调关系。目前我国区域经济发展不协调，一方面表现为地区差距不断扩大；另一方面表现为没有形成开放、竞争有序的区域关系，地区封锁和地方保护严重、区域经济摩擦不断、区域分工不合理、区域产业同构问题非常突出。统筹区域发展最根本的方向是努力建设统一开放、竞争有序的市场体系，充分发挥市场机制在调节区域分工、产业空间布局等方面的调节机能。政府部门应该在打破地区行政分割体制、加快全国统一市场建设、逐步建立全国统筹的社会保障体系的基础上充分发挥应有的职能和作用，以保证包括劳动力在内的各种生产要素可以在全国范围内自由流动和充分竞争，形成社会主义市场经济条件下的新型区域经济关系。

（2）积极推进区域经济一体化。充分发挥规划的作用，以科学的规划和有效的措施促进区域协调发展，并最终形成若干各具特色的经济区和经济带。推进区域经济一体化、促进经济区和经济带的形成，需要我国对区域经济开发模式进行必要的调整。原来那种点线结合的开发模式在目前东南沿海地区经济已经较为发达并且城镇非常密集的情况下，已经不适合生产力继续发展的要求。对于长江三角洲、珠江三角洲等人口密集、城市密集的区域，要重视研究区域规划，促进分工协作。在珠三角、长三角、京津唐地区适时采取网络式开发模式，推进区域经济一体化，是新时期我国区域经济发展战略的重要组成部分，也是区域经济发展的一个基本方向。

（3）加强对区域发展的引导和调控。把国家政策支持和发挥市场机制作用结合起来，推进落实中央西部大开发、振兴东北地区等老工业基地、促进中部地区崛起、鼓励东部地区率先发展的战略布局。在过去三大地带划分的基础上，进一步明确区域的主体功能和发展原则，并按区域主体功能制定和实施差别化的区域政策，进一步完善转移支付制度和分税制体制，加大对生态环境脆弱地区和贫困地区的财政转移支付力度。

（4）注重实现基本公共服务均等化，引导生产要素跨区域合理流动。要继续实施区域发展总体战略，深入推进西部大开发，全面振兴东北地区等老工业基地，大力促进中部地区崛起，积极支持东部地区率先发展。加强国土规划，按照形成主体功能区的要求，完善区域政策，调整经济布局。遵循市场经济规律，突破行政区划界限，形成若干带动力强、联系紧密的经济圈和经济带。重大项目布局要充分考虑支持中西部地区发展，鼓励东部地区带动和帮助中西部地区发展。建立区域战略统筹机制。

首先，推动国家重大区域战略融合发展。以“一带一路”建设、京津冀协同发展、长江经济带发展、粤港澳大湾区建设等重大战略为引领，以西部、东北、中部、东部四大板块为基础，促进区域间相互融通补充。以“一带一路”建设助推沿海、内陆、沿边地区协同开放，以国际经济合作走廊为主骨架加强重大基础设施互联互通，构建统筹国内国际、协调国内东中西和南北方的区域发展新格局。以疏解北京非首都功能为“牛鼻子”推动京津冀协同发展，调整区域经济结构和空间结构，推动河北雄安新区和北京城市副中心建设，探索超大城市、特大城市等人口经济密集地区有序疏解功能、有效治理“大城市病”的优化开发模式。充分发挥长江经济带横跨东中西三大板块的区位优势，以共抓大保护、不搞大开发为导向，以生态优先、绿色发展为引领，依托长江黄金水道，推动长江上中下游地区协调发展和沿江地区高质量发展。建立以中心城市引领城市群发展、城市群带动区域发展新模式，推动区域板块之间融合互动发展。以北京、天津为中心引领京津冀城市群发展，带动环渤海地区协同发展。以上海为中心引领长三角城市群发展，带动长江经济带发展。以香港、澳门、广州、深圳为中心引领粤港澳大湾区建设，带动珠江-西江经济带创新绿色发展。以重庆、成都、武汉、郑州、西安等为中心，引领成渝、长江中游、中原、关中平原等城市群发展，带动相关板块融合发展。加强“一带一路”建设、京津冀协同发展、长江经济带发展、粤港澳大湾区建设等重大战略的协调对接，推动各区域合作联动。推进海南全面深化改革开放，着力推动自由贸易试验区建设，探索建设中国特色自由贸易港。

其次，统筹发达地区和欠发达地区发展。推动东部沿海等发达地区改革创新、新旧动能转换和区域一体化发展，支持中西部条件较好地区加快发展，鼓励国家级新区、自由贸易试验区、国家级开发区等各类平台大胆创新，在推动区域高质量发展方面发挥引领作用。坚持“输血”和“造血”相结合，推动欠发达地区加快发展。建立健全长效普惠性的扶持机制和精准有效的差别化支持机制，加快补齐基础设施、公共服务、生态环境、产业发展等短板，打赢精准脱贫攻坚战，确保革命老区、民族地区、边疆地区、贫困地区与全国同步实现全面建成小康社会。健全国土空间用途管制制度，引导资源枯竭地区实现经济、产业衰退地区、生态严重退化地区积极探索特色转型之路。更好发挥经济特区、上海浦东新区、天津滨海新区在改革开放和自主创新中的重要作用。走中国特色城镇化道路，按照统筹发展之路，推动形成绿色发展方式和生活方式。以承接产业转移示范区、跨省合作园区等为平台，支持发达地区与欠发达地区共建产业合作基地和资源深加工基地。建立发达地区与欠发达地区区域联动机制，先富带后富，促进发达地区和欠发达地区共同发展。

再次，推动陆海统筹发展。加强海洋经济发展顶层设计，完善规划体系和管理机制，研究制定陆海统筹政策措施，推动建设一批海洋经济示范区。以规划为引领，促进陆海在空间布局、产业发展、基础设施建设、资源开发、环境保护等方面全方位协同发展。编制实施海岸带保护与利用综合规划，严格围填海管控，促进海岸地区陆海一体化生态保护和整治修复。创新海域海岛资源市场化配置方式，完善资源评估、流转和收储制度。推动海岸带管理立法，完善海洋经济标准体系和指标体系，健全海洋经济统计、核算制度，提升海洋经济监测评估能力，强化部门间数据共享，建立海洋经济调查体系。推进海上务实合作，维护国家海洋权益，积极参与维护和完善国际和地区海洋秩序。

（四）健全市场一体化发展机制

1. 促进城乡区域间要素自由流动。实施全国统一的市场准入负面清单制度，消除歧视性、隐蔽性的区域市场准入限制。深入实施公平竞争审查制度，消除区域市场壁垒，打破行政性垄断，清理和废除妨碍统一市场和公平竞争的各种规定和做法，进一步优化营商环境，激发市场活力。全面放宽城市落户条件，完善配套政策，打破阻碍劳动力在城乡、区域间流动的不合理壁垒，促进人力资源优化配置。加快深化农村土地制度改革，推动建立城乡统一的建设用地市场，进一步完善承包地所有权、承包权、经营权三权分置制度，探索宅基地所有权、资格权、使用权三权分置改革。引导科技资源按照市场需求优化空间配置，促进创新要素充分流动。

2. 推动区域市场一体化建设。按照建设统一、开放、竞争、有序的市场体系要求，推动京津冀、长江经济带、粤港澳等区域市场建设，加快探索建立规划制度统一、发展模式共推、治理方式一致、区域市场联动的区域市场一体化发展新机制，促进形成全国统一大市场。进一步完善长三角区域合作工作机制，深化三省一市在规划衔接、跨省际重大基础设施建设、环保联防联控、产业结构布局调整、改革创新等方面的合作。

3. 完善区域交易平台和制度。建立健全用水权、排污权、碳排放权、用能权初始分配与交易制度，培育发展各类产权交易平台。进一步完善自然资源资产有偿使用制度，构建统一的自然资源资产交易平台。选择条件较好地区建设区域性排污权、碳排放权等交易市场，推进水权、电力市场化交易，进一步完善交易机制。建立健全用能预算管理制度。促进资本跨区域有序自由流动，完善区域性股权市场。

（五）深化区域合作机制

1. 推动区域合作互动。深化京津冀地区、长江经济带、粤港澳大湾区等合作，提升合作层次和水平。积极发展各类社会中介组织，有序发展区域性行业协会商会，鼓励企业组建跨地区跨行业产业、技术、创新、人才等合作平台。加强城市群内部城市间的紧密合作，推动城市间产业分工、基础设施、公共服务、环境治理、对外开放、改革创新等协调联动，加快构建大中小城市和小城镇协调发展的城镇化格局。积极探索建立城市群协调治理模式，鼓励成立多种形式的城市联盟。

2. 促进流域上下游合作发展。加快推进长江经济带、珠江-西江经济带、淮河生态经济带、汉江生态经济带等重点流域经济带上下游间合作发展。建立健全上下游毗邻省市规划对接机制，协调解决地区间合作发展重大问题。完善流域内相关省市政府协商合作机制，构建流域基础设施体系，严格流域环境准入标准，加强流域生态环境共建共治，推进流域产业有序转移和优化升级，推动上下游地区协调发展。

3. 加强省际交界地区合作。支持晋陕豫黄河金三角、粤桂、湘赣、川渝等省际交界地区合作发展，探索建立统一规划、统一管理、合作共建、利益共享的合作新机制。加强省际交界地区城市间交流合作，建立健全跨省城市政府间联席会议制度，完善省际会商机制。

4. 积极开展国际区域合作。以“一带一路”建设为重点，实行更加积极主动的开放战略，推动构建互利共赢的国际区域合作新机制。充分发挥“一带一路”国际合作高峰论坛、上海合作组织、中非合作论坛、中俄东北-远东合作、长江-伏尔加河合作、中国-东盟合作、东盟与中日韩合作、中日韩合作、澜沧江-湄公河合作、图们江地区开发合作等国际区域合作机制作用，加强区域、次区域合作。支持沿边地区利用国际合作平台，积极主动开展国际区域合作。推进重点开发开放试验区建设，支持边境经济合作区发展，稳步建设跨境经济合作区，更好发挥境外产能合作园区、经贸合作区的带动作用。

（六）优化区域互助机制

1. 深入实施东西部扶贫协作。加大东西部扶贫协作力度，推动形成专项扶贫、行业扶贫、社会扶贫等多方力量多种举措有机结合互为支撑的“三位一体”大扶贫格局。强化以企业合作为载体的扶贫协作，组织企业到贫困地区投资兴业、发展产业、带动就业。完善劳务输出精准对接机制，实现贫困人口跨省稳定就业。进一步加强扶贫协作双方党政干部和专业技术人员交流，推动人才、资金、技术向贫困地区和边境地区流动，深化实施携手奔小康行动。积极引导社会力量广泛参与深度贫困地区脱贫攻坚，帮助深度贫困群众解决生产生活困难。

2. 深入开展对口支援。深化全方位、精准对口支援，推动新疆、西藏和青海、四川、云南、甘肃四省藏区经济社会持续健康发展，促进民族交往交流交融，筑牢社会稳定和长治久安基础。强化规划引领，切实维护规划的严肃性，进一步完善和规范对口支援规划的编制实施和评估调整机制。加强资金和项目管理，科学开展绩效综合考核评价，推动对口支援向更深层次、更高质量、更可持续方向发展。

3. 创新开展对口协作（合作）。面向经济转型升级困难地区，组织开展对口协作（合作），构建政府、企业和相关研究机构等社会力量广泛参与的对口协作（合作）体系。深入开展南水北调中线工程水源区对口协作，推动水源区绿色发展。继续开展对口支援三峡库区，支持库区提升基本公共服务供给能力，加快库区移民安稳致富，促进库区社会和谐稳定。进一步深化东部发达省市与东北地区对口合作，开展干部挂职交流和系统培训，建设对口合作重点园区，实现互利共赢。

（七）健全区际利益补偿机制

1. 完善多元化横向生态补偿机制。贯彻绿水青山就是金山银山的重要理念和山水林田湖草是生命共同体的系统思想，按照区际公平、权责对等、试点先行、分步推进的原则，不断完善横向生态补偿机制。鼓励生态受益地区与生态保护地区、流域下游与流域上游通过资金补偿、对口协作、产业转移、人才培训、共建园区等方式建立横向补偿关系。支持在具备重要饮用水功能及生态服务价值、受益主体明确、上下游补偿意愿强烈的跨省流域开展省际横向生态补偿。在京津冀水源涵养区、安徽浙江新安江、广西广东九洲江、福建广东汀江-韩江、江西广东东江、广西广东西江流域等深入开展跨地区生态保护补偿试点，推广可复制的经验。

2. 建立粮食主产区与主销区之间利益补偿机制。研究制定粮食主产区与主销区开展产销合作的具体办法，鼓励粮食主销区通过在主产区建设加工园区、建立优质商品粮基地和建立产销区储备合作机制以及提供资金、人才、技术服务支持等方式开展产销协作。加大对粮食主产区的支持力度，促进主产区提高粮食综合生产能力，充分调动主产区地方政府抓粮食生产和农民种粮的积极性，共同维护国家粮食安全。

3. 健全资源输出地与输入地之间利益补偿机制。围绕煤炭、石油、天然气、水能、风能、太阳能以及其他矿产等重要资源，坚持市场导向和政府调控相结合，加快完善有利于资源集约节约利用和可持续发展的资源价格形成机制，确保资源价格能够涵盖开采成本以及生态修复和环境治理等成本。鼓励资源输入地通过共建园区、产业合作、飞地经济等形式支持输出地发展接续产业和替代产业，加快建立支持资源型地区经济转型长效机制。

（八）完善基本公共服务均等化机制

1. 提升基本公共服务保障能力。在基本公共服务领域，深入推进财政事权和支出责任划分改革，逐步建立起权责清晰、财力协调、标准合理、保障有力的基本公共服务制度体系和保障机制。规范中央与地方共同财政事权事项的支出责任分担方式，调整完善转移支付体系，基本公共服务投入向贫困地区、薄弱环节、重点人群倾斜，以增强综合承载能力为重点，以特大城市为依托，形成辐射市县财政特别是县级财政基本公共服务保障能力。强化省级政府统筹职能，加大对省域范围内基本公共服务薄弱地区扶持力度，通过完善省以下财政事权和支出责任划分、规范转移支付等措施，逐步缩小县域间、市地间基本公共服务差距。

2. 提高基本公共服务统筹层次。完善企业职工基本养老保险基金中央调剂制度，尽快实现养老保险全国统筹。完善基本医疗保险制度，不断提高基本医疗保险统筹层级。巩固完善义务教育管理体制，增加中央财政对义务教育转移支付规模，强化省、市统筹作用，加大对“三区三州”等深度贫困地区和集中连片特困地区支持力度。

3. 推动城乡区域间基本公共服务衔接。加快建立医疗卫生、劳动就业等基本公共服务跨城乡跨区域流转衔接制度，研究制定跨省转移接续具体办法和配套措施，强化跨区域基本公共服务统筹合作。鼓励京津冀、长三角、珠三角地区积极探索基本公共服务跨区域流转衔接具体做法，加快形成可复制可推广的经验。

（九）创新区域政策调控机制

1. 实行差别化的区域政策。充分考虑区域特点，发挥区域比较优势，提高财政、产业、土地、环保、人才等政策的精准性和有效性，因地制宜培育和激发区域发展动能。坚持在用最严格的制度和最严密的法治保护生态环境的前提下，进一步突出重点区域、行业和污染物，有效防范生态环境风险。加强产业转移承接过程中的环境监管，防止跨区域污染转移。对于生态功能重要、生态环境敏感脆弱区域，坚决贯彻保护生态环境就是保护生产力、改善生态环境就是发展生产力的政策导向，严禁不符合主体功能定位的各类开发活动。相关中央预算内投资和中央财政专项转移支付继续向中西部等欠发达地区和东北地区等老工业基地倾斜，研究制定深入推进西部大开发和促进中部地区崛起的政策措施。动态调整西部地区有关产业指导目录，对西部地区优势产业和适宜产业发展给予必要的政策倾斜。在用地政策方面，保障跨区域重大基础设施和民生工程用地需求，对边境和特殊困难地区实行建设用地计划指标倾斜。研究制定鼓励人才到中西部地区、东北地区特别是“三区三州”等深度贫困地区工作的优惠政策，支持地方政府根据发展需要制定吸引国内外人才的区域性政策。

2. 建立区域均衡的财政转移支付制度。根据地区间财力差异状况，调整完善中央对地方一般性转移支付办法，加大均衡性转移支付力度，在充分考虑地区间支出成本因素、切实增强中西部地区自我发展能力的基础上，将常住人口人均财政支出差异控制在合理区间。严守生态保护红线，完善主体功能区配套政策，中央财政加大对重点生态功能区转移支付力度，提供更多优质生态产品。省级政府通过调整收入划分、加大转移支付力度，增强省以下政府区域协调发展经费保障能力。

3. 建立健全区域政策与其他宏观调控政策联动机制。加强区域政策与财政、货币、投资等政策的协调配合，优化政策工具组合，推动宏观调控政策精准落地。财政、货币、投资政策要服务于国家重大区域战略，围绕区域规划及区域政策导向，采取完善财政政策、金融依法合规支持、协同制定引导性和约束性产业政策等措施，加大对跨区域交通、水利、生态环境保护、民生等重大工程项目的支持力度。对因客观原因造成的经济增速放缓地区给予更有针对性的关心、指导和支持，在风险可控的前提下加大政策支持力度，保持区域经济运行在合理区间。加强对杠杆率较高地区的动态监测预警，强化地方金融监管合作和风险联防联控，更加有效防范和化解系统性区域性金融风险。

（十）健全区域发展保障机制

1. 规范区域规划编制管理。加强区域规划编制前期研究，完善区域规划编制、审批和实施工作程序，实行区域规划编制审批计划管理制度，进一步健全区域规划实施机制，加强中期评估和后评估，形成科学合理、管理严格、指导有力的区域规划体系。对实施到期的区域规划，在后评估基础上，确需延期实施的可通过修订规划延期实施，不需延期实施的要及时废止。根据国家重大战略和重大布局需要，适时编制实施新的区域规划。

2. 建立区域发展监测评估预警体系。围绕缩小区域发展差距、区域一体化、资源环境协调等重点领域，建立区域协调发展评价指标体系，科学客观评价区域发展的协调性，为区域政策制定和调整提供参考。引导社会智库研究发布区域协调发展指数。加快建立区域发展风险识别和预警预案制度，密切监控突出问题，预先防范和妥善应对区域发展风险。

3. 建立健全区域协调发展法律法规体系。研究论证促进区域协调发展的法规制度，明确区域协调发展的内涵、战略重点和方向，健全区域政策制定、实施、监督、评价机制，明确有关部门在区域协调发展中的职责，明确地方政府在推进区域协调发展中的责任和义务，发挥社会组织、研究机构、企业在促进区域协调发展中的作用。

总之，解决我国经济发展中的区域经济差异问题，就必须走区域经济协调发展的道路。这条道路既是区域经济发展的必然趋势的反映，也是保持我国经济持续增长、社会稳定的必然选择。

四、经济与社会的可持续发展

（一）可持续发展的内涵与特点

1980年，联合国环境规划署委托世界自然保护联盟起草的《世界自然保护战略》第一次提出“可持续发展”的概念。1987年，联合国通过了由当时的挪威首相布伦特兰夫人主持的世界环境与发展委员会提出的纲领性文件——《我们共同的未来》。该文件在系统阐述了人类面临的一系列重大的经济、社会和环境问题的基础上，把“可持续发展”定义为“既满足当代人的需要，又不对后代人满足其需要的能力构成危害的发展”。并且给出了可持续发展的原则、要求、目标和策略，从而奠定了可持续发展思想及战略的基础。1992年6月，联合国环境与发展大会在巴西里约热内卢召开。这次会议通过了指导各国可持续发展的纲领性文件——《21世纪议程》，这标志着可持续发展已成为当代经济社会发展与生态环境保护事业的主导潮流，是人类面向21世纪的共同选择。

> 可持续发展的实质就是将当前经济发展与长远经济发展相结合，既要满足当前的需要和利益，又要重视后代人的需要和利益，正确处理经济发展与人口、资源、环境的相互关系，使人口增长与社会生产力的发展相适应，经济建设与资源、环境相协调，实现良性循环，促进社会的全面进步。

经过不断充实和完善，可持续发展已拓展为一个内涵十分丰富的概念，即可持续发展应是生态-经济-社会三维复合系统整体的可持续发展。其核心思想是：健康的经济发展，应建立在生态可持续能力、社会公正和人民积极参与自身发展决策的基础之上；其追求的目标是：既要使人类的各种需要得到满足，个人得到充分发展，又要保护资源和生态环境，不对后代的生存和发展构成威胁；衡量可持续发展主要有经济、社会和环境三个方面的指标，缺一不可。

可持续发展具有如下特点：

1. 可持续性。即指人类社会发展具有一种长久维持的过程和状态，这是可持续发展的核心内容，也是与以单纯注重经济增长的传统发展观相区别的关键所在。可持续性具有三层含义：一是生态可持续性。即生态系统受到某种干扰时能保持其生产率的能力，这是实现可持续发展的必要条件。二是经济可持续性。即指不能超越资源与环境承载能力的、可以延续的经济增长过程，这是实现可持续发展的主导。三是社会可持续性。即使社会形成正确发展的伦理，促进知识和技术效率的增进，提高生活质量，从而实现人的全面发展的能力，这是实现可持续发展的动力和目标。三者是统一的整体，相互联系，相互制约，共同构成可持续发展的内容。

2. 公平性。即指人类分配资源和占有财富上的“时空公平”，具体包括三层含义：一是国家范围内的同代人的公平。目前贫富悬殊、两极分化严重的状况是不可能实现可持续发展的，必须把贫困作为优先解决的问题来考虑，给所有人平等的机会，帮助他们实现过较好生活的愿望。二是公平分配有限资源。目前的现实是占世界人口26%的发达国家在利用地球资源上占据优势，它们占据了发展中国家利用地球资源的合理部分来达到经济增长的目的。可持续发展强调在发达国家与发展中国家之间公平分配世界资源。三是代际公平。人类赖以生存的自然资源是有限的，当代人不能只图自己的发展和满足自己的需求而忽视后代对资源、环境需求的权利。而且上一代利用世界资源发展起来的发达国家，应当对资源环境问题承担更大的责任，为解决当代的不公平尽更多的义务。

3. 系统性。即把人类及其赖以生存的地球看成是一个以人为中心、以自然环境为基础的系统，系统的可持续发展有赖于人口的控制能力、资源的承载能力、环境的自净能力、经济的增长能力、社会的需求能力、管理的调控能力的提高，以及各种能力建设的相互协调。评价这个系统的运行状况，应以系统的整体和长远利益为衡量标准，使局部利益与整体利益、短期利益与长期利益、合理的发展目标与适当的环境目标相统一，不能片面地强调系统的一个因素的作用，而忽略其他因素的作用。

4. 共同性。尽管各国由于历史、文化和发展水平的差异，可持续发展的具体目标、政策和实施步骤不可能完全相同，但是，我们只有一个地球，地球的整体性、资源的有限性和相互依存性，要求我们必须采取共同的、联合的行动，在全球范围内实现可持续发展这一总目标。

要实现我国经济社会的可持续发展，就要以科学发展观为指导，做好人口、资源和环境方面的工作。

（二）控制人口增长、提高人口素质

人口问题是制约可持续发展的关键因素。必须坚持实行计划生育的基本国策，促进优生优育，充分认识人口与计划生育工作的重要性、长期性和艰巨性。稳定现行计划生育政策，稳定低生育水平，提高人口素质。高度重视劳动就业、人口老龄化、人口流动与迁移、出生人口性别比等问题。推动人口与计划生育领域的改革和创新，建立和完善依法管理、居民自治、政策推动、综合治理的工作机制。抓好人口与计划生育法规的学习宣传和贯彻实施。人口与计划生育的工作重心，城市应放在社区，农村应放在村组，重点做好农村特别是中西部地区农村计划生育工作。加强对流动人口计划生育的管理和服务，建立以现居住地管理为主的工作机制，完善人口与计划生育工作调控体系和相关政策，建立健全计划生育奖励和社会保障制度。

（三）合理开发和利用资源

要合理开发和节约使用各种自然资源。依法保护和合理开发利用水、土地、矿产、森林、草原、湿地、海洋等国土资源，加强综合整治，实现永续利用。国土资源工作应以提高可持续发展的保障能力为目标，建立政府管理与市场运作相结合的资源优化配置新机制，全面加强资源调查、规划和管理，不断提高资源保护与合理利用水平。

高度重视国土资源规划编制，并严格实施。重点推进水、土地、矿产资源的节约使用和合理利用，提高资源综合利用效率。水是基础性的自然资源和战略性的经济资源，水资源的可持续利用，是经济社会可持续发展的极为重要的保证。要大力兴修水利，防治水害，努力建设节水型社会，提高水资源利用效率。完善各大流域综合治理开发规划，因地制宜修建大中小微型水利工程，合理调蓄水源。要抓紧解决部分地区水资源短缺问题，兴

建南水北调工程，合理调配工农业用水、生活用水和生态环境用水。把节水放在突出位置，节约生产生活用水。普遍推行城市节水工程，推广节水器具和设备，鼓励冷却水、工艺用水循环使用和再生利用。推广节水灌溉，发展节水农业，广泛使用喷灌、滴灌、集雨节灌技术，提高农业用水的利用率。土地特别是耕地是人类赖以生存的根本，必须严格执行基本农田保护制度，切实保护耕地，从严控制城乡建设占用耕地，遏制城镇村庄建设用地规模盲目扩张。在城市化过程中，尤其要加强耕地保护。实施海洋开发，大力发展海洋产业，同时加强近岸海域水质保护，研究预防、控制和治理赤潮，抓好海洋环境综合整治和管理。加强资源调查评价和地质勘查，力争实现战略性矿产资源勘查的新突破，为经济发展和社会进步服务。继续深化资源有偿使用制度改革，推进国土资源市场体系建设，严格整顿矿业秩序，做到产权清晰、规则完善、调控有力、运行规范，依法维护资源所有者和使用者的合法权益。要建立和完善国家重要战略资源储备制度，努力提高矿产资源对国民经济建设的保证程度。正确处理利用国外资源与维护我国资源安全的关系，积极实施"引进来"和"走出去"相结合的战略，更好地利用国内外两种资源、两个市场。

（四）加强环境保护、治理和生态建设

首先，强化城乡污染治理。着力抓好重点流域、区域、海域和大中城市的污染治理，强化对大气污染、水污染、垃圾污染和噪声污染的综合治理。坚持预防优先，严格执行新上基建和技改项目环境评价制度，实行生产能力建设改造与环境保护措施同时设计、同时施工、同时运行。抓紧对达不到国家环保要求的企业进行技术改造和产品升级换代，淘汰落后的生产工艺、设备和产品，整顿和关闭破坏资源、污染严重的各类小企业，有效控制污染物排放总量。引入市场机制，改革污水和垃圾处理机制，全面推行收费政策，加快设施建设，积极推进重点城市的生活污水和垃圾处理。加强农业和农村污染防治，做好规模化畜禽养殖的污染防治。在积极解决点源污染的同时，大力加强面源污染的防治。我国是化学品生产、使用、进出口和消费大国，必须高度重视化学品无害管理，预防化学物质污染环境，消除污染事故隐患。培育和发展环保产业，加强环保设备工艺的开发、设计和生产，使之成为具有良好经济社会效益的新兴产业，提高可持续发展的技术保障水平。

其次，全面推进生态环境保护和治理。我国自然生态条件复杂，很大一部分地区自然条件恶劣，生态环境脆弱，必须加强建设和保护。要积极开展生态环境调查，制定生态功能区划和生态保护规划。在长江和黄河源头等地区建设一批生态功能保护区，加强自然保护区的建设和管理，推进生态省和生态示范区建设。林业发展战略要实现从木材生产为主向生态建设为主的重大转变，坚定不移地推进天然林保护工程和重点防护林体系建设。扩大退耕还林规模，加快宜林荒山荒地造林步伐。抓紧实施以京津风沙源和水源为重点的治理与保护，建设环京津生态圈，减轻风沙危害。以大流域为骨干，以小流域为单元，实施山水田林路综合治理，切实减少水土流失。加强草原建设，在过度放牧地区实行退耕封地育草，推进休牧还草，遏制草原退化和荒漠化。湿地具有调蓄洪水、调节气候、净化水体、保护生物多样性等多种生态功能，要切实加强我国湿地保护，严格控制湿地资源开发。加强陆地、湿地和海洋生物保护，实施野生动物及其栖息地保护建设工程，恢复生态功能和生物多样性。

最后，增强全民环境保护意识，提高实施可持续发展的能力。可持续发展是广大人民根本利益之所在。各级政府、社会各界和广大人民群众共同努力，广泛动员，积极参与，才能取得成效。政府要全面提高环保综合决策能力和行政执法能力，鼓励和支持社会各界以及民间团体和非政府组织参与可持续发展的各项活动。深入开展环保教育，利用各种媒体和舆论工具，大力宣传环境保护知识和环境法规，提高公民环保意识，大幅度提高社会公众参与可持续发展的意识。健全环境、气象和防灾减灾监测预报和安全网络体系，增强各种灾害的防御反应、紧急救援和抗灾减灾能力。完善有关环境保护、资源管理和生态建设的法律法规，加强执法，加快制定符合国际惯例和我国国情的可持续发展认证体系、产品质量标准体系、环境标志和标准体系，促进经济社会和人口资源环境协调发展。

（五）科学发展观与经济社会的可持续发展

走可持续发展道路，全面做好人口、资源和环境工作，把实施可持续发展战略放到更加突出的位置，推动经济社会与人口资源环境的持续协调发展。实施可持续发展战略，实质就是要树立新的发展观，改变传统发展思维和模式，经济发展不能以浪费资源和破坏环境为代价，而是要努力实现经济持续发展、社会全面进步、资源永续利用、环境不断改善和生态良性循环的协调统一。

科学发展观就是坚持以人为本，实现经济社会全面、协调、可持续发展。全面，就是要以经济建设为中心，全面推进经济、政治、文化建设，实现经济发展和社会全面进步。协调，就是要坚持“五个统筹”。推进生产力和生产关系、经济基础和上层建筑相协调，推进经济、政治、文化建设的各个环节、各个方面相协调。可持续，就是要促进人与自然的和谐，实现经济发展和人口、资源、环境相协调，坚持走生产发展、生活富裕、生态良好的文明发展之路，保证一代接一代地永续发展。全面、协调、可持续发展，是经济、政治、文化、社会等各方面的发展与人的全面发展的统一，是经济、社会与人口、资源、环境的统一，是物质文明、政治文明和精神文明建设的统一。

科学发展观是在现代经济发展中人与自然的矛盾日益激化的背景下提出的。第二次世界大战后，人们一度把经济发展和经济增长等同起来，把财富增长速度看作发展的基本尺度。随着社会经济的发展和生活水平的提高，人们逐渐认识到，虽然经济增长了，但社会问题并不可能随之解决，甚至社会矛盾越来越突出，自然环境的污染和自然资源的耗竭日益严重，已经发展到威胁人类生存的地步。由此总结出，发展是一个更加丰富和复杂的概念，经济发展的最终目的是以人为本，改善人们的生活条件，扩大人们的选择空间，而不仅仅是增加收入。

科学发展观是在社会主义市场经济条件下经济社会发展规律在认识上的重要升华，是在充分肯定新时期我国发展成就的基础上，从新世纪、新阶段的实际出发，适应现代化建设需要，努力把握发展的客观规律，汲取人类关于发展的有益成果，着眼于丰富发展内涵、创新发展观念、开拓发展思路、破解发展难题提出来的。

以人为本是科学发展观的核心理念。坚持以人为本，就是要以实现人的全面发展为目标，从人民群众的根本利益出发谋发展、促发展，不断满足人民群众日益增长的物质文化需要，切实保障人民群众的经济、政治和文化权益，让发展的成果惠及全体人民。实践科学发展观，必须坚定地以科学发展观统领经济社会发展全局。要始终不渝地坚持把科学发展观作为建设和发展的指导思想，统领经济社会发展各项工作，切实把经济社会发展转入全面、协调、可持续发展的轨道。要坚定以人为本的发展理念。人民是发展的主体，也是发展的目的。我们一方面要充分发挥人的潜能，极大地调动人民群众的积极性和创造性，依靠人民谋发展；另一方面要让发展的成果惠及广大人民群众，最大限度地满足人民群众的物质文化需求。同时，要注重提高全民素质，促进人的全面发展。要坚定符合规律的发展理念。人类社会是由经济、政治、文化以及人口、资源、环境等诸多因素相互联系、相互作用而构成的一个复杂系统。人类社会的发展是系统的、综合的、整体的发展，是经济、政治、文化、社会全面协调的发展，是人与自然和谐共存的可持续发展。因此，在谋求经济增长的同时，还要加强政治、文化、社会建设以及生态环境建设，为实现经济又快又好发展提供制度保障、精神动力、生活条件和生态环境的支持。

本章小结

1. 经济增长是指一个国家或地区在一定时期内由生产要素的投入增加或效率提高引起的商品和劳务数量的增加。衡量经济增长的主要指标是国民生产总值（GNP）、国内生产总值（GDP）、国民收入（NI），以及它们的人均数额。影响经济增长的因素包括人口、科技与教育、自然资源等。

2. 经济增长方式，实质上是指生产要素的分配、投入、组合和使用方式，它决定着生产力系统的整体效能和发展状况。一般来说，经济增长方式分为粗放型（外延型）和集约型（内涵型）两种。必须转变经济增长方式，这是解决现实经济中诸多矛盾、促进经济良性循环的客观要求，是新发展阶段和新经济体制的客观要求，是我国经济参与国际竞争、加快与世界经济接轨的迫切要求，是我国现代化建设进入新的发展阶段的根本要求。

3. 科学技术逐步成为第一生产力。经济增长方式的演变具有内在的规律性，在一定程度上依从于科学技术状况，必须依靠科技进步实现经济增长方式的转变。经济增长建立在科技进步的基础上，是集约型增长方式的主要特征。

4. 研究经济增长就必须研究它的波动。在任何社会中，经济增长都不可能是直线上升而只能是在周期性的经济扩张和经济收缩的交替过程中螺旋式上升的。经济周期是指经济增长（通常用国民生产总值指标衡量）从一个高峰到另一个高峰之间的时间长度。我国经济波动有其自身的原因，为减少波动，应努力实现经济的适度平稳增长。

5. 经济发展是指一个国家或地区随着产品和劳务产出量的增长而出现的经济、社会和政治结构的变化。经济发展与经济增长既有联系也有区别。影响经济发展的要素包括经济要素和非经济要素。

6. 产业结构，是指国民经济中各产业之间的比例关系和结合状况，是各个产业之间和各个产业内部的组织与构成状况，以及它们之间存在的相互联系、相互制约的关系。三次产业分类法是世界通行的最重要的产业结构分类法。产业结构演进具有规律性。产业结构优化包括产业结构的合理化和产业结构的高度化，是二者的有机统一。优化我国的产业结构，需要优先发展信息产业，积极发展高新技术产业；坚持用高新技术和先进适用技术改造提升传统产业，大力振兴装备制造业；加快发展服务业特别是现代服务业。

7. 区域经济结构是指国民经济中各个经济区域之间的发展关系和结合状况。区域经济的发展呈现出梯度发展与发展极-增长点并存的特点。区域经济发展不平衡，是所有大国经济发展中都会遇到的问题。实现区域经济的协调发展，要坚持市场取向，加快改革步伐；要积极推进区域经济一体化；要加强对区域发展的引导和调控。

8. 可持续发展就是既要使人类的各种需要得到满足，个人得到充分发展，又要保护资源和生态环境，不对后代的生存和发展构成威胁。它具有可持续性、公平性、系统性、共同性的特点。要实现我国经济社会的可持续发展，就要以科学发展观为指导，控制人口增长与提高人口素质；合理开发和利用资源；加强环境保护和治理。

练习与思考

一、名词解释

经济发展　　经济增长　　经济增长方式　　经济周期

产业结构　　产业结构合理化　　产业结构高度化　　区域结构

可持续发展

二、不定项选择题

1. 科学发展观的实质是（　　）。

A. 实现科技的飞跃

B. 实现经济社会更快更好地发展

C. 实现精神文明的进步

D. 实现综合国力的增长

2. 当前，我国经济增长方式的转变是指（　　）。

A. 由粗放型向集约型转变　　B. 由外延型向内涵型转变

C. 由速度型向效益型转变　　D. 由数量型向质量型转变

3. 实现集约型经济增长方式推动经济增长，主要是依靠（　　）。

A. 科技进步和提高劳动者素质　　B. 增加积累和扩大生产规模

C. 增加生产资料和劳动力数量　　D. 增加资金和资源的投入量

4. 我国现阶段大力提倡要实现经济增长方式从粗放型向集约型转变，集约型经济增长方式的实质是（　　）。

A. 以生产要素大量投入为中心　　B. 质量效益型增长方式

C. 适度紧缩型增长方式　　D. 主要是更加有效地利用生产要素

5. 新时代我国社会主要矛盾是（　　）

A. 人民日益增长的美好生活需要和不平衡不充分的发展之间的矛盾

B. 人民日益增长的美好生活需要和落后的生产力之间的矛盾

C. 人民日益增长的物质文化需要同落后的生产之间的矛盾

D. 人民日益增长的物质文化需要同不平衡不充分的发展之间的矛盾

6. 我国产业结构优化和升级的目标是（　　）。

A. 优先发展信息产业，积极发展高新技术产业

B. 坚持用高新技术和先进适用技术改造提升传统产业，大力振兴装备制造业

C. 优先发展重工业

D. 加快发展服务业特别是现代服务业

7. 我国经济结构调整面临的主要问题是（　　）。

A. 产业结构不合理　　B. 地区发展不协调

C. 国有经济比例过大　　D. 城镇化水平比较低

三、问答题

1. 经济增长和经济发展的区别与联系是什么？
2. 转变经济增长方式的必要性及其重要意义有哪些？
3. 如何推进经济结构调整和经济增长方式转变？
4. 简述习近平新时代中国特色社会主义思想的主要内容。
5. 如何推进产业结构优化升级？
6. 我国经济波动的原因是什么？如何减少经济波动？
7. 我国区域经济发展有何特点？如何实现区域经济的协调发展？
8. 可持续发展的特点有哪些？如何实现经济社会的可持续发展？

第11章 经济全球化与社会主义经济中的对外经济关系

经济全球化是生产力发展的必然要求，对外开放是建设中国特色社会主义的一项基本国策。实行对外开放和参与经济全球化，有力地促进了我国生产力发展和社会全面进步。同时，以资本主义的全球扩张为动力的全球化具有二重性，包含着深刻的矛盾和巨大的风险，因此，必须把积极参与全球化同独立自主相结合，走自主发展道路，注重维护国家经济安全，积极参与全球治理，推动世界经济秩序朝着更加公正合理的方向前进。

第一节　经济全球化发展的客观趋势

一、经济全球化的表现及特点

经济全球化，是指生产要素突破国家的界限在全世界范围内流动和配置的过程，是减少乃至消除国家间的各种壁垒，使不同国家的经济相互渗透、相互影响、相互依存的程度不断加深的过程。经济全球化具体表现为贸易自由化程度提高、金融国际化趋势加强、全球生产经营网络形成、区域经济集团化向纵深发展等众多方面。

经济全球化是经济关系国际化发展的一个新阶段。它具有许多不同于生产和资本国际化的特点或重要标志：第一，贸易全球化。

相当规模的商品贸易跨越了国家之间的地域界限，国际贸易交易量大幅度提高。尤其是21世纪以来，商品贸易迅速增长，同时服务贸易增长势头也异常迅猛。伴随着国际贸易规模的不断增长，贸易结构也在经历重大变化，贸易自由化的深度和广度均在不断拓展，因此贸易全球化已经成为经济全球化的重要表现。第二，金融全球化。金融全球化是指世界各国和地区放松金融管制、开放金融业务、放开资本项目管制、使资本在全球各地区、各国的金融市场上自由流动，最终形成全球统一的金融市场和货币体系的趋势。第三，生产全球化。生产全球化是以国际分工的发展为基础的。根据国际分工形式的不同，生产全球化包括了两种主要形式：第一种形式以传统的垂直型分工为基础，即国家之间的劳动分工按照不同的产业进行；第二种形式是以水平型国际分工为基础的专业化形式，即分工在同一产业的同一部门之内，按照产品生产的不同环节进行分工。第四，跨国公司。跨国公司是经济全球化的最高表现形式，它把传统的国际分工变成了企业内部的分工，在全球范围内对生产要素进行直接配置，组织跨国经营，形成了全球化的生产网络。跨国公司的发展，推动了国际贸易的增长，加速了资本流动，促进了技术的转移和扩散，推动了经济全球化的发展。

二、经济全球化的二重作用

经济全球化是世界范围内生产力发展的产物，反过来，它对促进全球经济的发展和生产力水平的提高具有巨大作用。它有利于冲破国家之间各种保护主义的壁垒，使生产、资本、商品以及各种其他生产要素在全球范围内顺利运行；有利于各国在全球密切交往中实现资源优势互补；有利于生产要素在全球范围内优化配置，提高经济资源的配置和利用效率；有利于加速科技成果在全球范围的流动、传播和在生产中的运用，促进各国社会生产力的发展；有利于各国经济结构合理化、高级化；有利于世界各国市场经济体制的建立和完善；有利于各国参与国际分工，充分发挥各自的优势；有利于打破某些国家对世界经济的垄断，形成国家间、地区间的相互抗衡，使世界经济走向多极化；有利于发展中国家参与国际市场的竞争，加快经济发展的步伐；有利于发展中国家“后发优势”的实现；有利于世界各国更好地解决环境、资源和人口等人类面临的迫切需要解决的共同性问题；等等。

但是，也必须看到经济全球化具有明显的问题和局限性：

（1）经济全球化使各国商品经济、市场经济全球化，商品经济、市场经济的盲目性、自发性、滞后性等消极方面自然也不可避免地全球化了。特别是普遍性的生产过剩危机和某些国家的经济衰退，都会随着经济全球化在一定程度上对世界经济造成影响，甚至会造成全球经济危机和全球经济衰退。

> 经济全球化的实质是以发达资本主义国家为主导的经济运动，是资本主义关系的全球化。

（2）经济全球化增大了经济风险。在经济全球化条件下，国际金融市场的急剧扩大、金融创新工具的增加以及投资的自由化，导致局部金融危机很容易蔓延，以致引发全球性金融危机。对发展中国家来说，扩大开放更容易遭受金融风险与金融危机的冲击。

（3）市场竞争造成两极分化。由于目前经济全球化处于西方主要资本主义国家的主导之下，国际经济法律、惯例等不可避免地体现出西方垄断资产阶级的利益、愿望和需要，因而世界财富随着全球化的发展越来越多地流向西方主要资本主义国家。发展中国家虽然通过全球化能够受益，但是在国际经济旧秩序没有根本改变、发达资本主义国家占主导的情况下，广大的发展中国家总体上处于不利地位，经济全球化使发达国家和发展中国家的差距进一步扩大。因此，对发展中国家来说，经济全球化趋势既是前所未有的发展机遇，也是巨大的挑战和风险。

(4) 全球市场的发展还使得人类生态环境问题更加尖锐。经济全球化在创造大量的社会财富的同时，也引发了全球变暖、臭氧层变薄、森林过度砍伐和土地沙漠化等问题，许多种类的植物群和动物群濒临灭绝，也造成了严重的环境污染问题。

(5) 经济全球化还会使西方主要资本主义国家本来存在的经济发展不平衡进一步加剧，使它们之间的矛盾更加广泛、复杂、尖锐。

三、反全球化运动的兴起、特点及其影响

(一) 反全球化运动的兴起

经济全球化迅猛发展的同时，反全球化浪潮在一些国家和地区也在日益高涨。1999年11月底至12月初发生在美国的“西雅图风暴”，拉开了世界范围内的反全球化运动的序幕。尽管反对全球化的手段和形式可谓五花八门，但总体而言，基本形式是以示威游行为表现形式的街头抗议以及以反全球化为宗旨的世界社会论坛。

(二) 反全球化的特点及其影响

反全球化运动在世界各地的广泛发展，迄今为止主要表现为以下几方面特点：

1. 发展十分迅速。拉开反全球化序幕的美国“西雅图风暴”参加人数为4万人，其后不到两年发生在意大利热那亚的反全球化运动，人数激增至12万人。

2. 出发点和着眼点多种多样。有的人批判经济全球化在推动世界经济发展的同时又导致社会分配的不公；有的人认为全球化损害了本民族传统文化与生活方式，造成了文化的趋同与消失；有的人批判经济全球化导致了世界经济发展不平衡及带来了南北差距拉大。

3. 反全球化人士来自各个阶层与行业。从西方媒体的报道中可以看到，有的是来自西方国家的社会活动家、环境保护主义者、消费者利益保护者及工会领袖，有的是来自发展中国家的各阶层人士。

4. 形式由单一逐渐多样化。目前，反全球化运动采取以互联网为工具，组织和召集各阶层人士，筹划行动方略，共同采取一致行动的形式。反全球化运动不仅在首脑会议所在地展开，而且发展到其他国家的重要城市与地区。

5. 反全球化运动遭到了西方发达国家的打压。但是无论催泪瓦斯、橡胶子弹、高压水枪还是逮捕、监禁，都未能阻止一浪高过一浪的反全球化运动。

反全球化运动的兴起，是对标榜公正与平等、繁荣与富足的全球化的一个极大讽刺，它构成了全球化时代一个极不和谐的音符，反全球化运动已越来越成为一场世界性的运动，其本身也已全球化了。反全球化运动促使各国领导人及大众开始反思经济全球化带来的各种问题，客观上在一定程度上有利于减少或纠正经济全球化所带来的负面效应。

第二节　社会主义国家的对外经济关系

对外经济关系是指一国同其他国家或地区之间的经济联系。它主要包括商品贸易、资本流动、技术交流、国际旅游、国际工程与劳务合作、经济援助等。

一、社会主义国家发展对外关系的理论基础

（一）马克思关于“世界市场”和“国际分工”的理论

由于受到时代限制，马克思没有使用过“对外经济关系”，而是使用了“世界生产”“国际分工”等概念。从资本主义生产方式产生和发展的条件上着重分析了世界市场的发展及其本质。马克思还强调指出，大工业造成的新的世界市场关系也引起了产品的精致化和多样化，不仅有更多的外国消费品同本国的产品相交换，而且有更多的外国原料、材料、半成品等作为生产资料进入本国工业，因此，一种和机器生产中心相适应的新的国际分工产生了。世界市场形成与国际分工推动了国际贸易发展，即带动了各国对外经济关系的密切联系及合作。

（二）列宁关于落后国家的对外经济关系思想

列宁在领导俄国人民进行社会主义革命和建设的过程中，对于落后的苏维埃俄国积极开展对外贸易、引进外资和先进技术的必要性、可能性、原则及其途径等进行了开创性的探索。在列宁的倡导下，苏维埃俄国积极探索利用资本主义的途径和形式。一是积极开展与发达资本主义国家的经贸关系。列宁提倡在外贸部门实行“分级制”，对采购员、经理人、代办人等按涉外贸易额的一定百分比分成。二是抓住有利形势，大胆引进外资和先进的机器设备。列宁全面论证了建立社会主义物质基础必须从资本主义国家引进先进技术设备和外资。三是用高薪聘请外国优秀专家，吸收外国先进工人参加苏维埃经济建设。四是向资本主义国家学习先进的“管理制度和经营方式”。五是采用实行租让制、兴办合营公司、同外商签订贸易合同等开放形式。

（三）邓小平的全面对外开放理论

毛泽东在社会主义建设中也曾主张发展对外关系，欢迎外商投资，学习外国先进科学技术和管理经验。但囿于国内外的历史环境，毛泽东没能更好地、更深入地探讨和解决这一重大课题。

邓小平从中国国情出发，与世界经济发展实际相结合，提出了对外开放是我国经济发展的必然趋势，是我国必须坚持的一项长期政策。邓小平强调指出：现在的世界是开放的世界，中国的发展离不开世界，对外开放具有重要意义，任何国家要发展，孤立起来、闭关自守是不可能的。邓小平的对外开放理论主要包括：中国的发展离不开世界；兴办经济特区，逐步扩大对外开放；积极发展对外贸易，引进外国资金、人才、技术。

（四）习近平“一带一路”的对外经济战略思想

习近平根据深刻复杂的世界现状与中国经济发展中出现的新状况和新问题，提出了共

建“一带一路”对外经济发展战略新构想，在世界多极化、经济全球化、文化多样化、社会信息化的世界背景下，“一带一路”建设秉持开放的区域合作精神，旨在促进经济要素有序自由流动、资源高效配置和市场深度融合，推动沿线各国实现经济政策协调，开展更大范围、更高水平、更深层次的区域合作，共同打造开放、包容、均衡、普惠的区域经济合作架构，致力于维护全球自由贸易体系和开放型世界经济。通过合理地发挥国家的支持作用，与周边国家和区域开展基础设施互联互通建设等，为中国经济转型打开一扇新的窗口。

二、社会主义国家发展对外经济关系的必要性

当今世界经济一体化的发展使得各国经济相互交织融合，形成了世界经济的有机整体。在这一趋势下，社会主义国家要取得社会主义建设的成功，就必须积极参与国际竞争，发展对外经济关系。任何一个国家要发展，孤立起来、闭关自守是不可能的，不加强国际交往，不引进发达国家的先进经验、先进科学技术和资金，是不可能的。

> 人类社会的历史进程已经表明，社会主义与资本主义两种经济制度在一个相当长的历史时期内的共存是不可避免的。社会主义国家在经济上以国际市场为纽带，与资本主义国家既相互联系又存在竞争，这是由社会主义国家经济发展的客观要求决定的。

(1) 社会主义国家发展对外经济关系，是社会化大生产的客观要求。社会主义经济是建立在社会化大生产基础上的。马克思的社会再生产理论指出：社会生产各部类之间以及每个部类的内部都必须保持适当的比例关系，社会再生产才能顺利发展，取得高的经济发展速度和好的经济效益。社会生产各部类之间及其内部的比例关系，不仅在价值形态上要求平衡，而且在实物形态上也要求平衡。但是，由于各国生产水平、经济结构、科学技术条件以及资源和气候等因素的影响，各国社会总产品的实际实物构成，往往与社会化大生产的发展所要求的实物构成有差距。也就是说，在一国范围内，不可能在实物形态上达到社会扩大再生产所要求的平衡关系，任何一个国家都不可能生产本国发展经济所需要的一切产品。而发展对外经济关系就可以用国内一部分产品到国外去换取本国社会再生产所需要的另一部分产品，实现本国社会再生产的比例平衡，从而取得社会经济发展的宏观经济效益。因此，社会主义国家同其他国家之间的贸易往来和经济技术交流是不可避免的，也是国民经济协调发展所必要的。

(2) 社会主义国家发展对外经济关系，可以利用国际分工，节约社会劳动，提高经济效益。马克思的价值理论指出：商品的价值量取决于生产商品的社会必要劳动时间。当各国的产品在世界市场相遇时，各国各不相同的社会必要劳动时间，是以个别劳动时间的身份出现的，商品的国际价值是由国际社会必要劳动时间决定的，因而同一种商品具有国内价值和国际价值两种根本不同的价值尺度。由于存在国内价值和国际价值的比较差异，在正常情况下，每个国家既有自己的优势，也有自己的劣势。各个国家的生产条件、技术水平不同，生产同类产品的劳动生产率有高有低，贸易双方都可能通过国际交换，实现以较少的劳动消耗，获得较多的劳动产品。社会主义国家可以根据自己的特点，扬长避短，多生产那些适宜本国生产的产品，以便用较少的劳动耗费取得最大的经济效益。然后用这些产品去换取自己所需要的本国生产成本高、效益差的产品。这样，充分利用国际分工，积

极发展对外经济关系，就可以节约社会劳动，提高经济效益。

（3）社会主义国家发展对外经济关系，有利于促进科学技术的进步，加快社会生产力的发展。科学技术是第一生产力，而且是先进生产力的集中体现和主要标志。科学技术的突飞猛进，给世界生产力和人类经济社会的发展带来了极大的推动。科学技术在现代生产中显示出越来越重要的作用。而任何一个国家不可能在一切科学技术领域都居于领先地位，因此各个国家都有必要吸收其他国家的先进科学技术成果，以使本国的科学技术水平得以较快提高。科学技术是人类共同创造的财富。社会主义国家可以通过积极开展国际科学技术交流，学习别国的先进科学技术，这样才能加快本国科学技术的进步，促进社会生产力的发展。

（4）社会主义国家发展对外经济关系，是经济全球化的时代要求。当今世界经济正朝着全球化和一体化的方向发展，特别是20世纪90年代以来，在新经济的推动下，经济全球化与地区经济一体化的趋势，在更大范围、更深程度上将世界各国或地区融为一体，对外开放与合作已成为世界经济发展的大趋势。就其经济内容而言，开放的世界的客观基础在于国际分工和生产国际化。而国际分工和生产国际化的发展，则是生产社会化和商品经济、市场经济发展的必然趋势。随着生产力的发展，以及世界市场和世界经济体系的形成，生产社会化日益越出国界获得了国际化的形式，整个世界经济的开放趋势也随之得到加强和深化。第二次世界大战后，科技革命和世界经济的发展，使各国之间的经济联系和关系更加密切。各国都已不同程度地卷入国际分工和世界经济体系之中，都在利用国际分工和国际交流发展对外经济关系，加快本国经济的发展。对于社会主义国家来说，从世界经济与政治发展全局的高度，深刻把握世界发展的新变化，把本国的发展及世界的发展同时代主题变换紧密联系起来，积极融入世界经济体系，在融入中解决问题，发展自己，已是一个必然选择。

三、社会主义国家发展对外经济关系的形式

社会主义国家发展对外经济关系可以采取多种形式，就中国来说，主要有对外贸易、利用外资、对外投资、对外技术交流、国际劳务合作与承包工程、国际旅游、国际援助等。

（一）积极发展对外贸易

对外贸易是对外经济关系的基础和主要内容。它有利于促进社会主义经济发展，加快社会主义现代化建设。在对外贸易活动中，通过出口使本国产品进入国际市场，可以促进国内生产发展，并带动相关经济部门的发展。要使产品进入国际市场，必须使它们在国际市场的激烈竞争中取得优势，这就迫使企业不断采用先进技术，提高劳动生产率和经济效益。同时，通过进出口还可以引进先进的科学技术，进口成套设备，提高国民经济实力；有利于协调国民经济中的供求平衡，促进社会主义经济稳定、协调发展；有利于调节市场供应，更好地满足人们的物质文化需要。我国现代化经济建设需要大量技术准备和原材料，有的国内尚不能生产，有的供不应求，同时又有不少产品的生产能力过剩。这种供求矛盾仅靠国内力量难以解决，而通过国际贸易

> 资本在国家间流动，商品在国家间交易，劳动力在国家间组合，技术在国家间转让，信息在国家间传播，极大地提高了社会生产力，增加了各国的比较利益。

则可以较好地解决。

坚持对外开放的基本国策，扩大开放领域，优化开放结构，提高开放质量，完善内外联动、互利共赢、安全高效的开放型经济体系，形成经济全球化条件下参与国际经济合作和竞争新优势。深化沿海开放，加快内地开放，提升沿边开放，实现对内对外开放相互促进。加快转变外贸增长方式，立足以质取胜，调整进出口结构，促进加工贸易转型升级，大力发展服务贸易。

坚定贯彻创新、协调、绿色、开放、共享的新发展理念，坚决端正发展观念，转变发展方式，不断提升发展质量和效益；深入推进供给侧结构性改革，不断优化经济结构，推动数字经济等新兴产业蓬勃发展；推动"一带一路"建设，逐步完善开放型经济新体制；主动参与和推动全球化进程，发展更高层次的开放型经济，不断壮大我国经济实力和综合国力。

要深化对外经济贸易体制改革，以适应新形势的要求。它主要包括以下几个方面的改革：深化外贸企业改革，加速转换企业经营机制；建立和完善外贸的宏观管理体系；改革进出口管理制度；推进外贸主体多元化。

当前，应根据国际国内经济形势，制定适宜的进出口战略。在出口方面要优化出口商品结构、提高出口商品档次、完善出口贸易的地理方向、减少和化解出口贸易摩擦；同时要积极扩大进口，特别是高新技术和设备、能源、原材料等，努力实现进出口平衡。

（二）大力引进先进的科学技术

科学技术是人类在长期生产斗争和科学实验活动中创造的共同财富，没有国家和民族的界限，各国都可利用。科学技术是第一生产力。社会主义国家应积极吸取世界上一切先进的科学技术为己所用，促进经济发展。从这个意义上说，引进国外先进技术，是进行社会主义建设的重要条件。

目前，我国引进国外先进技术，主要包括专利技术、培训人才、关键设备和部件、经营管理知识和委托外国公司提供技术服务等。

通过对外技术交流，吸收和借鉴国外的先进科学技术、管理经验和优秀文化成果，对于加速社会主义现代化进程具有十分重要的作用。可以加快我国科学技术的发展，促进国民经济的技术改造；可以节约现代化建设资金；有利于提高劳动生产率。

引进先进技术，既要积极又要谨慎，要按照合理、经济、有利的要求，解决好以下几个方面的问题：第一，要从本国实际出发，根据本国的经济条件和技术结构特点，有计划、有选择、有重点地引进。我国目前应着重引进先进技术和关键设备。第二，引进项目要进行技术和经济可行性分析。既要注意引进技术的先进性、可靠性，又要考虑国内适应性和经济效益。第三，采取灵活多样的引进方式，提高引进技术的综合效益。第四，要避免盲目引进和重复引进，并把引进技术同国内消化、吸收、运用、创新相结合。

（三）创新利用外资与开展对外投资

利用外资是指利用国外资金从事国内建设或从事对外经济活动，按形式可分为间接利用外资和直接利用外资。加强国际资金往来，合理有效地利用国外资金是我国对外经济关系的主要形式之一。有效利用外资可以弥补国内资金不足，获取国外先进技术和管理经验，促进新兴产业的建立和发展，改善出口结构，扩大就业，调节国际收支平衡等。利用外资的基本原则和要求是：维护国家主权和民族利益；从实际出发，改善投资环境，实现双方互利共赢；充分有效地利用外资，保证重点建设。

在利用外资的同时，也要积极开展对外投资。对外投资包括对外直接投资和对外间接投资。对外直接投资是指一国的企业以独资或合资的方式在他国新建企业，或者以并购的方式控制他国已有的企业，从事商品生产和销售的经济活动。对外间接投资是指一国企业或政府在国际资本市场上进行具有较高风险的资本投资活动，比如国际股票投资、国际债券投资、国际期货投资等。对外投资有利于转移国内过剩的生产能力，带动国内产品的出口，获取海外资源和核心技术；有利于获取利润或实现套期保值；也有利于平衡国际收支，从而最终有利于本国经济的更好发展。

创新利用外资方式，优化利用外资结构，发挥利用外资在推动自主创新、产业升级、区域协调发展等方面的积极作用。创新对外投资和合作方式，支持企业在研发、生产、销售等方面开展国际化经营，加快培育我国的跨国公司和国际知名品牌。积极开展国际能源资源互利合作。实施自由贸易区战略，加强双边多边经贸合作。采取综合措施促进国际收支基本平衡。注重防范国际经济风险。

此外，我国还可以采用国际劳务合作、国际工程承包、国际旅游、对外经济援助等多种形式发展对外经济关系。

总之，采取多种形式的对外开放，在坚持“引进来”的同时，不失时机地实施“走出去”战略，积极参与国际竞争和合作，逐步增强我国的综合国力，推动我国经济的不断发展。

本章小结

1. 经济全球化又称经济国际化，是指随着科学技术和国际分工的发展以及生产社会化程度的提高，世界各国、各地区的经济活动越来越超出一国和地区的范围而相互联系和密切结合的趋势。经济全球化具有双重作用：一方面，它对促进全球经济的发展和生产力水平的提高具有巨大作用；另一方面，它也具有明显的问题和局限性。

2. 社会主义国家发展对外经济关系的理论基础包括：马克思关于“世界市场”和“国际分工”的理论；列宁关于落后国家对外经济关系的思想；邓小平的全面对外开放理论；习近平“一带一路”的对外经济战略思想。社会主义国家发展对外经济关系具有客观必要性：它是社会化大生产的客观要求；可以利用国际分工，节约社会劳动，提高经济效益；有利于促进科学技术的进步，加快社会生产力的发展；是经济全球化的时代要求。

练习与思考

一、名词解释

经济全球化

二、单项选择题

1. 经济全球化发展的物质基础是（　　）。

A. 国际贸易的发展

B. 社会分工

C. 新科技革命和生产的高度社会化

D. 国际互联网

2. 生产国际化和资本国际化是以（　　）。

A. 高新技术产业的发展为基础的　B. 国际分工的发展为基础的

C. 经济全球化的发展为基础的　D. 科学技术的发展为基础的

3. 从本质上，经济全球化是（　　）。

A. 资源配置的国际化　B. 各国经济发展计划的同一化

C. 各种经济制度的趋同化　D. 各国经济增长速度的一致化

4. 经济全球化的现实基础是（　　）。

A. 新科技革命和生产的社会化　B. 国际金融的迅速发展

C. 跨国公司　D. 国际贸易的高度发展

5. 经济全球化的重要推动力是（　　）。

A. 国际金融的迅速发展　B. 国际贸易的高度发展

C. 跨国公司的发展　D. 新科技革命和生产的社会化

6. 经济全球化对世界经济发展（　　）。

A. 只有消极的影响　B. 只有积极的影响

C. 无所谓积极与消极的影响　D. 既有积极的影响也有消极的影响

7. “走出去”战略主要是指（　　）。

A. 到境外去招商　B. 到境外去旅游考察

C. 到境外去销售商品　D. 到境外去投资，培育跨国公司

8. 我国对外开放发展到新阶段实施的一项重大举措是（　　）。

A. 实施“走出去”战略　B. 实施市场多元化战略

C. 实施“引进来”战略　D. 实施劳动密集型产品出口战略

9. 现阶段全面提高我国的对外开放水平，要求我们实施（　　）。

A. 推动经济特区发展的战略

B. 推进沿海地区经济发展的战略

C. 大力引进外资的战略

D. “引进来”和“走出去”相结合的战略

三、问答题

1. 经济全球化的特点与表现有哪些？

2. 经济全球化的内容是什么？

3. 试述社会主义国家发展对外经济关系的必要性。

4. 试述社会主义国家发展对外经济关系的理论依据。

5. 什么是比较优势陷阱？

6. 社会主义国家发展对外经济关系有哪些形式？

7. 可持续发展的实质是什么？所要达到的客观效果是什么？

8. 为什么说发展对外经济关系是我国实现现代化的需要？

9. 简述反全球化运动的特点及影响。

参考文献

1. 马克思. 资本论：第 1、2、3 卷. 2 版. 北京：人民出版社，2004.

2. 卫兴华，顾学荣. 政治经济学. 北京：经济科学出版社，1989.

3. 张宇，等. 高级政治经济学. 北京：经济科学出版社，2002.

4. 吴树青. 政治经济学. 北京：高等教育出版社，2001.

5. 布兰查德. 宏观经济学高级教程. 北京：经济科学出版社，1998.

6. 瓦里安. 微观经济学高级教程. 北京：经济科学出版社，1997.

7. 王元璋. 政治经济学概论. 武汉：武汉大学出版社，2001.

8. 朱巧玲，等. 政治经济学. 北京：中国财政经济出版社，2004.

9. 卫兴华，等. 马克思主义政治经济学原理. 3 版. 北京：中国人民大学出版社，2012.

10. 葛素洁，等. 政治经济学. 北京：经济管理出版社，2002.

11. 宋承先. 现代西方经济学. 上海：复旦大学出版社，1997.

12. 逄锦聚，等. 政治经济学. 北京：高等教育出版社，2003.

13. 郑海源，陈全福. 政治经济学. 北京：中国财政经济出版社，1997.

14. 特格希，张忠谊. 政治经济学概论. 呼和浩特：内蒙古大学出版社，1987.

15. 蒋学模. 政治经济学. 上海：上海人民出版社，1981.

16. 高稚光，等. 政治经济学. 北京：经济科学出版社，1997.

17. 杨干忠，等. 政治经济学. 北京：中国人民大学出版社，2004.

18. 张淑智，等. 政治经济学（社会主义部分）. 2 版. 大连：东北财经大学出版社，1999.

19. 杨镇安，等. 政治经济学原理（社会主义部分）. 3 版. 天津：南开大学出版社，2002.

20. 朱方明，等. 政治经济学. 成都：四川大学出版社，2001.

21. 陈亚平，等. 马克思主义政治经济学原理. 上海：华东理工大学出版社，2004.

22. 刘炳英. 政治经济学. 2 版. 北京：经济科学出版社，2000.

23. 程恩富. 政治经济学. 北京：高等教育出版社，2000.

24. 宋涛. 政治经济学教程. 10 版. 北京：中国人民大学出版社，2013.

25. 周敏倩. 政治经济学——经济运行与生产关系变革. 南京：东南大学出版社，2003.

26. 金家富，等. 政治经济学教程. 上海：立信会计出版社，2002.

27. 胡强仁，等. 马克思主义政治经济学教程构想. 北京：经济管理出版社，2006.

28. 白永秀，等. 市场经济教程. 3 版. 北京：中国人民大学出版社，2011.

29. 刘诗白. 社会主义市场经济理论. 成都：西南财经大学出版社，2004.

30. 刘舒年. 国际金融. 北京：对外经济贸易大学出版社，2006.

31. 缪玉林. 国际金融理论与实务. 上海：立信会计出版社，2006.

32. 迟国泰. 国际金融. 大连：东北财经大学出版社，2004.

33. 葛成群. 政治经济学. 海口：南海出版公司，2006.

34. 张国富. 政治经济学. 北京：中国农业出版社，2004.

35. 高鸿业. 西方经济学. 7 版. 北京：中国人民大学出版社，2018.

36. 吴勤学. 中国海外直接投资理论与实务. 北京：首都经济贸易大学出版社，2006.

37. 薛荣久，等. 国际贸易. 北京：对外经济贸易大学出版社，1997.

38. 洪银兴. 发展经济学与中国经济发展. 北京：高等教育出版社，2005.

39. 厉以宁，秦宛顺. 现代西方经济学概论. 北京：北京大学出版社，1983.

40. 杨培雷. 当代西方经济学流派. 上海：上海财经大学出版社，2003.

41. 马克思，恩格斯. 马克思恩格斯选集：第 1、2、3、4 卷. 3 版. 北京：人民出版社，2012.

图书在版编目（CIP）数据

政治经济学/刘春生主编. --4版. --北京：中国人民大学出版社，2020.8
教育部经济管理类主干课程教材
ISBN 978-7-300-28380-7

Ⅰ.①政… Ⅱ.①刘… Ⅲ.①政治经济学-高等学校-教材 Ⅳ.①F0

中国版本图书馆CIP数据核字（2020）第123467号

教育部经济管理类主干课程教材
政治经济学（第四版）
主　编　刘春生
Zhengzhi Jingjixue

出版发行	中国人民大学出版社		
社　　址	北京中关村大街31号	**邮政编码**	100080
电　　话	010－62511242（总编室）		010－62511770（质管部）
	010－82501766（邮购部）		010－62514148（门市部）
	010－62515195（发行公司）		010－62515275（盗版举报）
网　　址	http：//www.crup.com.cn		
经　　销	新华书店		
印　　刷	北京昌联印刷有限公司	**版　　次**	2009年3月第1版
规　　格	185 mm×260 mm　16开本		2020年8月第4版
印　　张	14.5	**印　　次**	2020年8月第1次印刷
字　　数	326 000	**定　　价**	38.00元

教学支持说明

1. 教辅资源获取方式

为秉承中国人民大学出版社对教材类产品一贯的教学支持，我们将向采纳本书作为教材的教师免费提供丰富的教辅资源。您可直接到中国人民大学出版社官网的教师服务中心注册下载——http://www.crup.com.cn/Teacher。

如遇到注册、搜索等技术问题，可咨询网页右下角在线 QQ 客服，周一到周五工作时间有专人负责处理。

注册成为我社教师会员后，您可长期根据您所属的课程类别申请纸质样书、电子样书和教辅资源，自行完成免费下载。您也可登录我社官网的“教师服务中心”，我们经常举办赠送纸质样书、赠送电子样书、线上直播、资源下载、全国各专业培训及会议信息共享等网上教材进校园活动，期待您的积极参与!

2. 赠送“经管之家”论坛币

经管之家（http://www.jg.com.cn）于 2003 年成立，致力于推动经济学科的进步，传播优秀教育资源，做最好的经管教育。目前已经发展成国内最大的经济、管理、金融、统计类在线教育平台，也是国内最活跃和最具影响力的经济类网站。

为了更好地服务于教学一线的任课教师，凡使用中国人民大学出版社经济分社教材的教师，注册成为我社教师会员后，可填写以下信息调查表，发送电子邮件或者邮寄或者传真给我们，我们将会向您赠送经管之家论坛币 200 个。

教师信息表
姓名：
学校：
论坛 ID：
教授课程：
使用教材：
论坛识别码：pinggu_com_1501511_8899768

3. 高校教师可加入下述学科教师 QQ 交流群，获取更多教学服务

经济类教师交流群：140105952

财政金融教师交流群：一群：182073309（已满），或二群：766895628

国际贸易教师交流群：162921240

税收教师交流群：119667851

4. 购书联系方式

网上书店咨询电话：010-82501766

邮购咨询电话：010-62515351

团购咨询电话：010-62513136

中国人民大学出版社经济分社

地址：北京市海淀区中关村大街甲 59 号文化大厦 1506 室　100872

电话：010-62513572　010-62515803

传真：010-62514775

E-mail：jjfs@crup.com.cn